한국수학교육학회 수학교사 시리즈 11

An Introduction to Mathematics

초등학교 교사를 위한

수학개론

신현용 · 이지영 · 강호진 · 김지영 지음

KYOWOOSA 教友社

개정판 서문

'초등학교 교사를 위한 책은 초등학교 교사에게 직접적인 도움을 줄 내용을 보다 많이 제공할 필요가 있다'는 요구에 부응하기 위하여 '초등학교 교사를 위한 대수학'의 개정판을 내고자 하였다. 그러나 새로 집필된 책의 내용이 원래의 책과 반절 이상 다르고 저자도 달라지므로 '개정판'이라고 하기에는 무리라는 데에 공동저자들과 출판사가 의견을 같이 하고, 이 책의 제목을 '초등학교 교사를 위한 수학개론'으로 정하였다. 초등학교 수학과 교육과정에서 대수학이 차지하는 비중이 절대적이기 때문에 대수학이 주된 내용인 이 책을 '수학개론'이라고 하는 데에 무리가 없다는 생각에서이다.

모두 12 장(章)으로 구성된 이 책의 내용은 기존의 책인 '초등학교 교사를 위한 대수학'과 네 개의 장에서 거의 겹친다.

이 책에서는, 각 장에서 다루는 수학 내용이 어떻게 학교수학 또는 실생활에 적용될 수 있는지 간단한 예를 각 장의 뒤에 제시하였다. 이때의 '학생활동지' 해답은 다음 QR 코드를 인식하면 볼 수 있다. 이 자료는 http://teacheredu.co.kr 의 '초등학교 교사를 위한 수학개론'에 있다.

이 책이 다루는 범위를 초등학교 교육과정에 제한하지 않는다. 교사는 교육과정에 준하여 가르쳐야 하지만 교사의 지식은 그 이상이어야 한다는 인식 때문이다.

각 장에서 수학의 몇몇 개념이나 이론을 기초적인 수준에서 소개하고, 그 개념이나 이론을 실생활이나 다른 교과 내용과 연계시키려는 시도를 한다. 이러한 시도는 수학 개념의 이해를 심화시키는 것은 물론이거니와 적절한 '수학이야기' 구성이나 '융·복합 교육'에 도움을 줄 것이다.

앞부분에서는 수학기초론(Foundations of Mathematics)을 다룬다. 수학뿐만이 아니라 모든 학문에 적용되는 논리의 근거를 집합론과 함께 제시한다. 집합론은 전통적인 집합론과 함께 퍼지집합론(Fuzzy Set Theory)도 소개한다.

정수론은 초등학교 수학과 교육과정에 직접적인 관련이 있는 분야이므로 비교적 상세히 다룬다. 약수와 배수는 물론이거니와 무리수도 다룬다. 초등학교 교육과정에 나오는 분수(유리수)의 개념을 보다 명백하게 하기 위함이다.

수학의 중요한 영역으로서 선형대수학(Linear Algebra)을 들 수 있다. 선형대수학은 수학에서뿐 만이 아니라 자연과학, 공학, 사회학 등에 매우 유용한 분야이지만 초등학교 수학과는 직접적인 관계가 상대적으로 적어 초등학교 교사를 위한 책에서는 보통 다루지 않는다. 그러나 일차방정식의 형식과 그 풀이가 초등학교 교육과정에 포함된 것으로 보면, 교사에게 미지수가 여러 개인 일차연립방정식에 관한 이해는 유의미하다고 볼 수 있다. 이는 곧 선형대수학의 문제이기 때문에 이 책에서는 행렬 등 선형대수학에서의 기본 개념을 다룬다.

대수적 구조는 대수학의 핵심 개념이다. 수(numbers) 집합에 덧셈이나 곱셈 등과 같은 연산이 주어지면 대수적 구조에 관한 이해는 중요하기 때문이다. 보통 '추상대수학(Abstract Algebra)' 또는 '현대대수학(Modern Algebra)'이라고 하는 이 분야를 '대수적 구조', '부분 구조', 그리고 '구조의 비교' 등 세 장(章)에 걸쳐 소개한다.

이 책의 마지막 부분은 자연, 실생활, 그리고 예술에 깃들어 있는 수학을 소개한다. 이 부분에 제시된 내용들은 학교 현장에서 교사에 의해 재구성되어 스토리텔링 소재로 활용될 수 있을 것이다.

이 책은 두 학기 90시간 강의용으로 개발되었다. 한 학기(45 시간) 만을 강의해야 하는 경우에는 Ⅰ, Ⅴ, Ⅶ, Ⅹ, Ⅺ, Ⅻ 장을 권한다.

일반적으로 과제로 제시된 문제의 해답을 책 뒤에 제시하지만 이 책에서는 다른 형태로 해답을 제공한다. 즉, 아래 QR 코드를 인식하면 일부 과제에 대한 답을 일괄적으로 볼 수 있을 것이다. 이 자료는 http://teacheredu.co.kr의 '초등학교 교사를 위한 수학개론'에 있다.

한편, QR 코드가 독립적으로 제시된 과제의 경우에 코드를 인식하면 해당 과제에 관한 답 또는 참고 자료를 볼 수 있게 하였다.

이 책에서의 내용, 과제, 또는 토의 및 참고 자료 중 '알아보아라' 나 '확인하여라'의 문제는 증명이 가능한 경우도 있지만 증명 없이 대략 이해하는 것을 뜻한다. 특히, * 표가 된 부분은 생략하여도 무방하다.

이 책의 내용 중 어떤 부분은 저자의 다른 책의 내용과 같을 수 있다. 내용이 이 책의 취지에 부합하기 때문이다. 이 경우 일일이 그 출처를 밝히지 않고 이 책의 참고문헌으로 일괄하여 제시하였다.

이 책에 혹시 존재할 수 있는 오자나 탈자 등의 잘못은 오른쪽 QR 코드를 통하여 수정한다.

부족한 내용을 책으로 만들어 준 한국수학교육학회와 교우사에 감사한다.

아무쪼록 이 책이 초등학교 교사에게 조금이나마 도움이 되기를 바란다.

2014년 2월

청원 聖住골에서

저자 일동

기호

$\mathbb{N}$: 자연수 전체로 이루어진 집합

$\mathbb{Z}$: 정수 전체로 이루어진 집합

$\mathbb{Q}$: 유리수 전체로 이루어진 집합

$\mathbb{R}$: 실수 전체로 이루어진 집합

$\mathrm{Mat}_{m\times n}(\mathbb{R})$: 실수 성분을 가지는 $m\times n$행렬 전체의 집합

$\mathrm{Mat}_{n\times n}(\mathbb{R})$ $(\equiv \mathrm{Mat}_n(\mathbb{R}))$: 실수 성분을 가지는 $n\times n$행렬 전체의 집합

$\mathrm{GL}_n(\mathbb{R})$: 실수 성분을 가지는 $n\times n$ 정칙 행렬 전체의 집합

$\vee$: 논리합

$\wedge$: 논리곱

$A\times B$: 두 집합 A, B의 데카르트 곱

$\aleph_0$: 자연수 전체의 집합 $\mathbb{N}$ 의 농도(cardinality)

$b \mid a$: b는 a를 나눈다. a는 b로 나누어진다.

$(a,\ b)=d$: d는 a와 b의 최대공약수

$[a,\ b]=l$: l은 a와 b의 최소공배수

$a\mathbb{Z}$: 정수 a의 배수 전체의 집합

$\overline{a}$: 동치관계에 의한 a의 동치류

$\overline{\mathbb{Z}_m}$: $\mathbb{Z}$ 의 법 m 에 관한 잉여류 전체의 집합

I_n : $n\times n$ 항등(단위)행렬

S_n : n 차의 대칭군(symmetric group of degree n)

$S_X=\{f|f : X\to X$는 치환$\}$

$\mathbb{Z}_n$: (잉여류)군, (잉여류)환

D_n : n차 정이면체군(dihedral group)

G/H : 부분구조 H에 의한 G의 동치류 전체의 집합

$H \leq G$: H는 G의 부분구조(부분군, 부분환)

$|G : H|$: 군 G에서의 부분군 H의 지수

$|A|$: 행렬 A의 행렬식, 유한 집합 A의 위수, 유한 군 A의 위수

0 : 환의 덧셈에 관한 항등원 즉, 영원

1 : 군의 항등원 또는 환의 곱셈에 관한 항등원 즉, 단위원

x^{-1} : 군 G의 원소 x의 역원 또는 환 R의 원소 x의 곱셈에 관한 역원

$-x$: 가환군 G의 원소 x의 역원 또는 환 R의 원소 x의 덧셈에 관한 역원

A^{-1} : 정칙행렬 A의 역행렬

$G \cong H$: 두 군(환) G와 H는 동형(isomorphic)이다.

$\mathrm{Ker}\, f = \{x \in G | f(x) = e\}$: 군(환)준동형사상 f의 핵(核, kernel)

$\mathrm{Im}\, f = \{f(x) | x \in G\}$: 군(환)준동형사상 f의 상(像, image)

$< a_0 ;\ a_1, a_2, \ldots, a_n >$: 유한단순연분수

$< a_0 ;\ a_1, a_2, a_3, \ldots >$: 무한단순연분수

그리스 문자

A	α	Alpha	P	ρ	Rho
B	β	Beta	Σ	σ	Sigma
Γ	γ	Gamma	T	τ	Tau
Δ	δ	Delta	Y	υ	Upsilon
N	ν	Nu	I	ι	Iota
Ξ	ξ	Xi	K	κ	Kappa
O	o	Omicron	Λ	λ	Lambda
Π	π	Pi	M	μ	Mu
E	ϵ	Epsilon	Φ	ϕ	Phi
Z	ζ	Zeta	X	χ	Chi
H	η	Eta	Ψ	ψ	Psi
Θ	θ	Theta	Ω	ω	Omega

차례

CHAPTER

01 들어가며

초등학교와 중등학교 교육과정에서 수학 교과가 차지하는 비중은 적지 않다. 왜 그럴까? 이 장에서는 수학 교과 자체에 관하여 생각하여 보자.

■ 수학

수학이란 무엇인가?

이 질문에 대한 답을 쉽게 하기는 어렵다. 다음 모든 주장이 정확한 답은 아니겠지만 크게 틀린 말도 아니다.

수학은 논리(logic)이다.
수학은 형식(form)이론이다.
수학은 구조(structure)를 연구한다.

이 책의 내용 전체를 통하여 수학이 무엇인지 어느 정도 이해하게 될 것이다.

수학은 가장 오래된 학문 중의 하나이다. 약 2,500년 전의 수학자 피타고라스의 수학이 오늘날에도 유효하고, 약 2,300년 전에 이미 현대 수학의 틀이 형성되었다.

게다가 인류의 역사에서 수학은 항상 중요하게 여겨졌다. 당대 최고의 수학을 가진 나라가 당시 세계를 지배하였다고 하여도 과언이 아니다.

> **과제 1-1** 중세 시대의 'Trivium'과 'Quadrivium'이 무엇인지 알아보고, 이를 통하여 그 시대에 수학 교과가 어떠한 위치에 있었는지 살펴보아라.

■ 수학의 유용성

다음 주장을 어떻게 설명할 수 있을까?

구구단의 '9단'은 다음과 같다.

$$9 \times 1 = 09$$
$$9 \times 2 = 18$$
$$9 \times 3 = 27$$
$$\cdots$$
$$9 \times 9 = 81$$
$$9 \times 10 = 90$$

위 오른쪽 항에서 두 개의 자리수의 합은 9이다.

왜 그럴까?

이 주장이 타당하다는 것을 설명하기 위하여 위의 주장을 다음과 같이 표현하여보자.

자연수 n이 $1 \le n \le 10$이며,

$$9 \times n = a \times 10 + b,\ 0 \le a,\ b \le 9$$

라고 할 때, $a+b=9$이다.

이 주장의 증명은 비교적 쉽다. $a=n-1$이라는 사실을 어렵지 않게 설명할 수 있기 때문이다. 다음과 같이 증명할 수도 있다.

식 $9 \times n = a \times 10 + b,\ 0 \le a,\ b \le 9$에서

$$9 \times n = a \times 9 + a + b,\ 0 \le a,\ b \le 9$$

이므로 $a+b$는 9의 배수이다. 그런데 $0 \le a, b \le 9$이고 $a+b$는 18이 아니므로 $a+b$는 9이다.

이렇게 볼 때, 수학은 유용한 언어, 기술, 또는 도구가 될 수 있음을 인정할 수 있다.

수학은 언어이다.
수학은 기술이다.
수학은 도구이다.

이 책은 수학의 이러한 면을 여러 측면에서 살필 것이다.

■ 수학의 틀

사람마다 각자의 생각을 표현하는 방법은 다양하다. 수학자마다 자기의 수학을 나타내는 방법도 다양하다. 그러나 수학은 어떤 모범적인 틀을 가지지 않을까?

가. 유클리드 원론

지금부터 약 23세기 이전에 쓰인 것으로 여겨지는 유클리드(Euclid)의 '원론(Elements)'은 수학의 틀을 제시한 책이라고 할 수 있다.

이 책에서 중요한 점은 몇 개의 기본 '공준(postulates)'을 설정하고 거기에 근거하여 여러 명제들을 유추하는 체계이다. 이러한 체계를 '공리적(axiomatic) 방법'이라고 한다.

과제 1-2 다음 책들은 공리적 방법으로 저술되었음을 확인하여라.

(1) 데카르트(R. Descartes, 1596-1650)
'논증(Arguments)'(Descartes, 1952)

(2) 스피노자(B. Spinoza, 1632-1677)
'윤리학(Ethics)'(Spinoza, 1952)

(3) 뉴턴(I. Newton, 1642-1727)
'광학(Optics)'(Newton, 1952)

나. 자연수 공리

수학(數學)에서 '수(數)'는 중요하고, 수(數) 중에서 자연수가 중요하다.

> **과제 1-3** 크로네커의 다음 말은 무엇을 뜻하는지 논의하여라. 여기서 '정수'는 자연수를 뜻하는 것으로 이해하는 것이 바람직하다.
> God made the integers; all the rest is the work of man.
> 정수는 하나님께서 만드셨다. 그 나머지는 모두 인간이 만들어낸 것이다.

자연수의 구성은 공리적 방법에 의한다. 즉, 다음 조건을 만족시키는 집합 N 의 원소를 자연수라고 한다.

≪정의 1.4≫ 페아노(Peano) 공리

- $1 \in \mathrm{N}$
- $x \in \mathrm{N}$ 이면 $x^+ \in \mathrm{N}$ 이다.
- 모든 $x \in \mathrm{N}$ 에 대하여, $x^+ \neq 1$ 이다.
- $x^+ = y^+$ 이면 $x = y$ 이다.
- N 의 한 부분 집합 $X(\neq \varnothing)$가 다음 두 조건을 만족시킨다고 하자.
  $1 \in X$이다.
  $x \in X$이면 $x^+ \in X$이다.
  그러면, $X = \mathrm{N}$ 이다.

이 공리를 다음과 같이 직관적으로 이해할 수 있다.

- 수 '1'은 자연수이다. 즉, 자연수가 적어도 하나는 존재한다.
- 어떤 자연수가 있으면 그 바로 뒤에 있는 자연수가 있다. 예를 들어, 1의 바로 뒤에는 2가 있고, 2 바로 뒤에는 3이 있으며 이와 같은 과정

을 계속할 수 있다.

- 1은 처음 자연수이다.
- 서로 다른 두 자연수의 바로 뒤 자연수가 같을 수는 없다.
- 자연수 집합에서는 '수학적 귀납법(mathematical induction)'이 성립한다.

페아노 공리는 자연수의 구성을 공리적으로 보장하지만 자연수를 다음과 같이 구체적으로 구성할 수 있다. 이때에는 편의상 처음 수를 0으로 한다.

$$0 = \varnothing$$
$$1 = 0^+ = \varnothing \cup \{\varnothing\} = \{0\}$$
$$2 = 1^+ = 1 \cup \{1\} = \{\varnothing, \{\varnothing\}\} = \{0,1\}$$
$$3 = 2^+ = 2 \cup \{2\} = \{\varnothing, \{\varnothing\}, \{\varnothing, \{\varnothing\}\}\} = \{0,1,2\}$$
$$\cdots$$

■ 대수학

수학은 '대수학', '기하학', '해석학' 등 여러 분야로 나누어진다. '대수학(Algebra)'의 특징은 무엇인가?

대수학에서는 연산이 정의된 집합을 주로 다룬다. 수학의 모든 분야가 대수학과 관련되지만, 대수학과 직접적으로 관련된 분야로서 다음을 들 수 있다.

- 수리논리학

수리논리학(Mathematical Logic)은 '수학기초론(Foundations of Mathematics)'의 한 분야로 다뤄진다. 논리학은 수학뿐만이 아니라 모든 학문의 논리 체계를 제공하므로, 논리학은 철학에서도 주요 주제이다.

• 집합론

전통적으로 집합론(Set Theory)도 '수학기초론(Foundations of Mathematics)'의 한 분야로 다룬다. 집합론을 대수학의 영역이라고는 할 수 없지만, 이 책은 대수학의 기초 분야로서 집합론을 간략히 소개한다.

• 퍼지집합론

전통적인 수학에서는 참 또는 거짓을 분명히 판정할 수 있는 명제에 대해서 논의하고, 이러한 접근은 '이치논리(二值論理, logic of bivalence)'를 유도한다. 이 책은 '다치논리(多值論理, logic of multivalence)'체계의 바탕으로서 퍼지집합론(Fuzzy Set Theory)도 소개한다.

• 정수론

초등학교 수학과 직접적으로 관련된다. 이 책에서는 약수와 배수, 일차부정방정식, 합동식 정도를 다룬다. 정수론의 궁극적인 관심은 자연수이지만 정수와 유리수 그리고 무리수를 언급한다. 정수론의 응용으로서 정보보호 기법을 소개한다.

• 선형대수학

모든 수학의 분야에서 매우 중요하지만 초등학교 교육과정과는 직접적인 관계가 크지 않다. 그러나 이 책은 행렬과 연립방정식과 관련하여 행렬을 간략히 다룬다. 선형대수학의 응용으로서 정보통신 기법을 소개한다.

• 추상대수학

연산이 정의된 집합의 다양한 구조와 성질을 살핀다. 군과 환이 주요 내용이다. 대수적 구조와 부분 구조 그리고 상(quotient) 구조를 소개한다. 여러 가지 대수적 구조를 비교하는 함수도 다룬다.

■ 연산

대수학의 중요한 특징이라고 할 수 있는 '연산(operation)'이란 무엇인가? 자연수의 덧셈이나 곱셈 외에 다른 연산은 무엇이 있을까?

가. 정의

대수학의 중요한 특징은 주어진 집합에서 연산의 여러 성질을 살핀다는 것이다.

≪**정의 1.5**≫ 집합 $A(\neq \varnothing)$에서의 이항연산(binary operation) $\cdot$ 이란 데카르트 곱(Cartesian product) $A\times A$ 에서 A 로의 함수

$$\begin{array}{rccc} \cdot : & A\times A & \to & A \\ & \Cup & & \Cup \\ & (a,\ b) & \mapsto & a\cdot b \end{array}$$

이다.

함수 $\cdot$ 가 집합 A 에서의 연산일 때 'A 에 연산 $\cdot$ 가 (잘) 정의되어 있다(well-defined)' 또는 'A는 연산 $\cdot$ 에 관하여 닫혀 있다(closed)'라고 한다.

> **과제 1-6** 이 책에서는 '이항연산'만을 다루지만 '단항연산' 이나 '삼항연산'도 생각할 수 있다. 단항연산 또는 삼항연산의 예로서 어떤 것을 생각할 수 있을까?

나. 연산법칙

덧셈 $123+345+(-345)$을 계산할 때, 앞에서부터 차례대로 계산하는 것보다 뒤 부분을 먼저 계산하면 편리하다.

곱셈 $23 \times 35 \times \frac{1}{35}$을 계산할 때에도 마찬가지이다. 즉, 뒤 부분 $35 \times \frac{1}{35}$을 먼저 계산하는 것이 효과적이다.

곱셈이나 덧셈 외의 다른 연산이라고 하더라도 이러한 성질을 가지면 계산하기가 편리하다.

≪정의 1.7≫ 결합법칙

집합 A에 정의된 연산 $\cdot$가 다음 조건을 만족시킨다고 하자.

모든 $a, b, c \in A$에 대하여 $(a \cdot b) \cdot c = a \cdot (b \cdot c)$이다.

이 경우 '연산 $\cdot$ 에 관하여 결합(associative)법칙이 성립한다'라고 한다.

과제 1-8 다음을 확인하여라.

- 유리수 전체의 집합에서 뺄셈에 관해서는 결합법칙이 성립하지 않는다.
- 0이 아닌 유리수 전체의 집합 $\mathbb{Q}^* = \mathbb{Q} - \{0\}$에서 나눗셈에 관해서는 결합법칙이 성립하지 않는다.

덧셈에서 0과 곱셈에서 1은 좌측에서 연산을 하거나 우측에서 연산을 하여도 아무런 변화가 없다. 즉, 덧셈에서의 0과 곱셈에서의 1은 특별한 수이다.

≪정의 1.9≫ 항등원

집합 A에 정의된 연산 $\cdot$ 에 관하여 다음 조건을 만족시키는 원소 e가 있다고 하자.

$$\text{모든 } a \in A \text{에 대하여 } e \cdot a = a \cdot e = a \text{이다.}$$

이 원소 $e \in A$를 '연산 $\cdot$ 에 관한 항등원(identity)'이라고 한다.

다음 정리로부터 항등원이 있으면 유일함을 알 수 있다.

정리 1.10

집합 A에서의 연산 $\cdot$에 관한 항등원 $e \in A$가 있으면 그 항등원 e는 유일하다.

증명 e와 e'가 연산 $\cdot$에 대한 항등원이라고 하면 $e = e \cdot e' = e'$이므로 두 원소는 같을 수밖에 없다. ■

항등원의 정의 중에서 '모든 $a \in A$에 대하여 $e \cdot a = a \cdot e = a$이다'라는 조건이 위 정리의 증명에서 사용되었음을 알 수 있다.

항등원이 존재하는 경우 다음과 같은 개념을 생각할 수 있다.

≪정의 1.11≫ 역원

집합 A에 연산 $\cdot$가 정의되어 있다고 하고 $e \in A$를 연산 $\cdot$에 관한 항등원이라고 하자. 이제 한 원소 $a \in A$에 대하여 다음 조건을 만족시키는 원소 $a^{-1} \in A$가 있다고 하자.

$$a \cdot a^{-1} = a^{-1} \cdot a = e$$

이 경우 a^{-1}를 원소 a의 연산 $\cdot$에 관한 역원(inverse, inverse element)이라고 한다.

역원은 항등원이 존재하는 경우에만 생각할 수 있다.

정리 1.12

집합 A에 연산 $\cdot$가 정의되고 그 연산에 관하여 항등원이 있고 결합법칙이 성립한다고 하자. 원소 $a \in A$의 역원이 있으면 그 역원은 유일하다.

증명 원소 $e \in A$를 연산 $\cdot$에 관한 항등원이라고 하자. 이제 원소 $a \in A$의 $\cdot$에 관한 역원을 b와 c라고 하면 다음이 성립한다.

$$b = b \cdot e = b \cdot (a \cdot c) = (b \cdot a) \cdot c = e \cdot c = c$$

결국 b와 c는 같다. ■

항등원의 정의 중에서 '모든 $a \in A$에 대하여 $e \cdot a = a \cdot e = a$이다'라는 조건과 역원의 정의 중에서 '$a \cdot a^{-1} = a^{-1} \cdot a = e$'라는 조건이 위 정리의 증명에서 사용되었음을 알 수 있다.

정수 전체의 집합 $\mathbb{Z}$에서는 모든 원소(정수)의 덧셈에 관한 역원이 존재한다. 따라서 $\mathbb{Z}$에서는 뺄셈(−)을 다음과 같이 정의할 수 있다.

$$a - b = a + (-b)$$

여기서 괄호 속의 $-b$는 'b의 덧셈에 관한 역원'이다.

마찬가지로, 0이 아닌 유리수 전체의 집합 $\mathbb{Q}^* = \mathbb{Q} - \{0\}$에는 곱셈에 관한 역원이 존재한다. 따라서 $\mathbb{Q}^*$에서는 나눗셈(÷)을 다음과 같이 정의할 수 있다.

$$a \div b = a \times b^{-1}$$

여기서 b^{-1}는 'b의 곱셈에 관한 역원'이다.

과제 1-13 다음 주장에 관하여 논의하여라.
수학적 관점에서는 덧셈, 뺄셈, 곱셈, 나눗셈을 뜻하는 '4칙 연산'이라는 용어는 오해를 불러일으킬 수 있다. 실수 전체의 집합 $\mathbb{R}$에서 덧셈과 뺄셈, 그리고 곱셈은 잘 정의되지만 나눗셈의 경우는 그렇지 않기 때문이다. 예를 들어, $5 \div 0$은 정의되지 않는다. 사실, $5 \div 0$은 $5 \times (0^{-1})$으로 정의되는데 0^{-1} 즉 0의 곱셈에 관한 역원은 존재하지 않는다. 결국, 실수 전체의 집합 $\mathbb{R}$에서 나눗셈은 '연산'이라고 할 수 없다.

연산의 결합법칙과 함께 다음 법칙은 유용하다.

≪정의 1.14≫ 교환법칙

집합 A에 정의된 연산 $\cdot$ 가 다음 조건을 만족시킨다고 하자.

모든 $a, b \in A$에 대하여 $a \cdot b = b \cdot a$이다.

이 경우 '연산 $\cdot$ 에 관하여 교환(commutative)법칙이 성립한다'라고 한다.

과제 1-15 다음을 확인하여라.

가. 유리수 전체의 집합에서 뺄셈에 관해서는 교환법칙이 성립하지 않는다.

나. 0이 아닌 유리수 전체의 집합 $\mathbb{Q}^*$에서 나눗셈에 관해서는 교환법칙이 성립하지 않는다.

집합에 두 개의 연산이 정의되는 경우에는 다음과 같은 성질을 살펴볼 필요가 있다.

≪정의 1.16≫ 분배(배분)법칙

집합 A에 정의된 두 연산 $\cdot$, $*$가 다음 조건을 만족시킨다고 하자.

모든 $a, b, c \in A$에 대하여 $a \cdot (b * c) = (a \cdot b) * (a \cdot c)$이다.

이 경우 '연산 $*$ 에 대하여 $\cdot$ 의 좌(left) 분배(distributive)법칙이 성립한다'라고 한다. 마찬가지로 우(right) 분배법칙도 생각할 수 있다. 일반적으로 좌/우 분배법칙이 모두 성립할 때 '연산 $*$ 에 대하여 $\cdot$ 의 분배법칙이 성립한다'라고 한다.

수의 덧셈연산에 대하여 곱셈의 분배법칙이 성립하지만 곱셈 연산에 대하여 덧셈의 분배법칙은 성립하지 않는다. 한편, 합집합 연산에 대하여 교집합의 분배법칙이 성립하고, 교집합 연산에 대하여 합집합의 분배법칙도 성립한다.

> **과제 1-17** 다음 식을 넓이를 나타내는 그림으로 설명할 수 있는 방안을 제시하여라.
>
> $$a(b+c)=ab+ac$$
> $$(a+b)(c+d)=ac+bc+ad+bd$$

■ 나눗셈알고리즘

자연수 전체의 집합에서 나눗셈을 하여 몫과 나머지를 구할 수 있다. 이러한 나눗셈은 정수 전체의 집합에서도 할 수 있다. 이 경우, 나누는 수는 자연수이다. 음의 정수를 자연수로 나누는 경우의 몫과 나머지는 어떻게 구하나?

정리 1.18 나눗셈알고리즘

두 정수 $a, b \in \mathbb{Z}$, $b>0$에 대하여 $a=bq+r$, $0 \le r < b$인 두 정수 $q, r \in \mathbb{Z}$가 존재하고, 이와 같은 q, r은 각각 하나뿐이다.

나눗셈알고리즘에서 중요한 것은, 나머지는 0 이상이고 나누는 수보다는 작다는 조건이다. 예를 들어, 다음 나눗셈을 하여 몫과 나머지를 구하여보자.

$$\begin{aligned} 0 &= (-1)\times 5+5 \\ &= 0\times 5+0 \\ &= 1\times 5+(-5) \end{aligned}$$

등 여러 가지 형태로 나타낼 수 있지만, $0 \div 5$의 경우에는 몫이 0이고 나머지는 0이다. 마찬가지 방법으로, $2 \div 5$의 경우에는 몫이 0이고 나머지는 2이다.

> **과제 1-19** 다음을 확인하여라.
> $(-2) \div 5$의 경우에는 몫이 -1이고 나머지는 3이다.

나눗셈알고리즘이 유리수 집합에서는 성립하지 않는다. 예를 들어, 2를 3으로 나눌 때, $2 = 3 \times q + r$, $0 \leq r < 3$을 만족시키는 q, r가 유일하게 정해질 수 없기 때문이다.

> **과제 1-20** 실수 전체의 집합에서도 나눗셈 알고리즘이 성립하지 않음을 확인하여라.

진법

과거 로마시대에는 수를 나타내는 방법이 오늘날과 달랐다. 로마 방식에는 자릿값이 없고 몇 가지 대표적인 수에 대한 기호를 몇 개 정해놓고, 주어진 수에 해당하는 기호를 일렬로 나열하여 나타낸 것이다. 아래 표는 수를 나타내는 몇 가지 예이다.

수	1	2	3	4	5	6	7	8	9	10	50	100	500	1,000
로마의 표현	I	II	III	IV	V	VI	VII	VIII	IX	X	L	C	D	M

예를 들어, 238을 다음과 같이 나타내었다.

CCXXXVIII

10이나 100과 같이 기호가 특별히 정해져 있는 경우 외에는 수, 특히 큰 수를 나타내기가 불편하였다.

큰 수도 편리하게 나타낼 수 있는 방법은 무엇일까?

가. 십진법

수의 각 자리에 '자릿값'을 지정하면 큰 수도 쉽게 나타낼 수 있다. 예를 들어, 수 '423'은 '사백 이십 삼'이다. '백(100) 네(4) 개와 십(10) 두(2) 개 그리고 일(1) 세(3) 개'로 이루어진 수이다. 각 자리에 '값'을 지정한 것이다.

이렇게 $1 = 10^0$, $10 = 10^1$, $100 = 10^2$, ⋯ 등 10의 거듭제곱을 자릿값으로 하여 수를 나타내는 방법을 '십진법'이라고 한다.

과제 1-21 어떤 학생이 $34 > 4$이기 때문에 $2.34 > 2.4$라고 생각하는 경우 어떻게 지도하여야 하는지 논의하여라.

나. p-진법

우리는 보통 자연수를 십진법으로 나타낸다. 그러나 반드시 수를 십진법으로만 나타낼 필요는 없고, 우리가 원하는 여러 가지 방법으로 나타낼 수 있다. 실제로 다음을 알 수 있다.

정리 1.22

고정된 정수 p $(p \ge 2)$에 대하여, 임의의 자연수 n은 단 한 가지 방법으로 다음과 같은 꼴로 나타낼 수 있다.

$$n = r_m p^m + r_{m-1} p^{m-1} + \cdots + r_1 p + r_0$$

여기서

$$m \ge 0, 1 \le r_m \le p-1, 0 \le r_i \le p-1, 0 \le i \le m-1$$

이다.

자연수 n에 대하여 위와 같은 식이 성립할 때, 이 사실을 다음과 같이 나타낸다.

$$n = r_m r_{m-1} \cdots r_1 r_{0(p)}$$

1 보다 작은 양의 분수도 여러 가지 진법으로 나타낼 수 있다.

정리 1.23

고정된 정수 p $(p \geq 2)$에 대하여, 1보다 작은 임의의 양의 수 q는 단 한 가지 방법으로 다음과 같은 꼴로 나타낼 수 있다.

$$q = \frac{r_{-1}}{p} + \frac{r_{-2}}{p^2} + \cdots + \frac{r_{-m}}{p^m} + \cdots$$

$$m \geq 1, 0 \leq r_{-i} \leq p-1, i = 1,\ 2,\ 3,\ \cdots$$

1 보다 작은 양의 수 q 에 대하여 위와 같은 식이 성립할 때, 이 사실을 다음과 같이 나타낸다.

$$q = 0.r_{-1}r_{-2} \cdots r_{-m} \cdots {}_{(p)}$$

다. 진법의 관계

진법의 변환에 관하여 십진법과 임의의 p-진법을 생각할 수 있지만 여기에서는 편의상 십진법과 이진법 사이의 관계만을 살핀다.

먼저, 이진법으로 나타내어진 수를 십진법으로 나타내는 방법은 쉽다. 예를 들어, $101_{(2)}$를 다음과 같이 십진법으로 나타낼 수 있다.

$$101_{(2)} = 1 \times 2^2 + 0 \times 2 + 1 = 5$$

이제, 십진법으로 나타내어진 수를 어떻게 이진법으로 나타낼까? 십진법으로 나타내어진 자연수 n을 이진법으로 나타내려면 다음 조건을 만족시키는 수 $r_1, r_2, \cdots, r_m, \cdots$ 을 찾아야 한다.

$$n = \cdots + r_m \times 2^m + r_{m-1} \times 2^{m-1} + \cdots + r_1 \times 2 + r_0 \times 2^0$$

$$m \geq 0, 0 \leq r_i \leq p-1, i = 0, 1,\ 2,\ \cdots$$

위 식으로부터 다음을 알 수 있다.

수 n을 2로 나눈 몫은 $\cdots + r_m \times 2^{m-1} + r_{m-1} \times 2^{m-2} + \cdots + r_1$이고 나머지는 r_0이다.

또, 앞에서 얻은 몫 $\cdots + r_m \times 2^{m-1} + r_{m-1} \times 2^{m-2} + \cdots + r_1$이 0보다 큰 경우, 그 몫을 다시 2로 나누면 몫은 $\cdots + r_m \times 2^{m-2} + r_{m-1} \times 2^{m-3} + \cdots + r_2$이고 나머지는 r_1이다.

위의 과정을 계속하면 어느 단계에서 몫이 0이 된다. 이때의 나머지를 r_m이라고 하면

$$n = r_m \times 2^m + r_{m-1} \times 2^{m-1} + \cdots + r_1 \times 2 + r_0 \times 2^0$$

가 되어 자연수 n은 이진법으로 $r_m r_{m-1} \cdots r_1 r_{0\,(2)}$와 같이 나타내어진다.

예를 들어, 위의 과정을 자연수 2014의 경우에 그림으로 나타내면 다음과 같다.

```
2) 2014
2) 1007 … 0   ↑
2)  503 … 1
2)  251 … 1
2)  125 … 1
2)   62 … 1
2)   31 … 0
2)   15 … 1
2)    7 … 1
2)    3 … 1
2)    1 … 1
      0 … 1
```

$$2014 = 11111011110_{(2)}$$

과제 1-24 동양사상에 이진법을 어떻게 적용할 수 있는지 조사하여라.

라. 소수의 진법 표현

자연수를 십진법으로 나타낼 수 있듯이 소수(小數, 1보다 작은 양의 수)도 십진법이나 이진법으로 나타낼 수 있다. 다음과 같은 예를 들 수 있다.

십진법으로 나타낸 소수 0.123은 다음을 뜻한다.

$$0.123 = 1 \times \frac{1}{10} + 2 \times \frac{1}{10^2} + 3 \times \frac{1}{10^3}$$

이진법으로 나타낸 소수 $0.011_{(2)}$는 다음을 뜻한다.

$$0.011_{(2)} = 0 \times \frac{1}{2} + 1 \times \frac{1}{2^2} + 1 \times \frac{1}{2^3}$$

이진법으로 나타내어진 소수를 십진법으로 나타내는 것은 쉽다. 위의 예에서

$$0.011_{(2)} = 0 \times \frac{1}{2} + 1 \times \frac{1}{2^2} + 1 \times \frac{1}{2^3} = \frac{3}{8}$$

이다.

이제, 십진법으로 나타내어진 소수를 이진법으로 나타내려면 어떻게 하여야 할까?

십진법으로 나타내어진 소수 a를 이진법으로 나타내려면 다음 조건을 만족시키는 수 r_{-1}, $r_{-2}, \cdots$, r_{-m}, $\cdots$을 찾아야 한다.

$$a = \frac{r_{-1}}{2} + \frac{r_{-2}}{2^2} + \cdots + \frac{r_{-m}}{2^m} + \cdots$$

$$m \geq 1, 0 \leq r_{-i} \leq p-1, i = 1,\ 2,\ 3,\ \cdots$$

위 식의 양변에 2를 곱하면

$$2a = r_{-1} + \frac{r_{-2}}{2} + \cdots + \frac{r_{-m}}{2^{m-1}} + \cdots$$

이다. 이 값이 1보다 작으면 r_{-1}은 0이고

$$2a = \frac{r_{-2}}{2} + \cdots + \frac{r_{-m}}{2^{m-1}} + \cdots \text{이며,}$$

이 값이 1보다 크면 r_{-1}은 1이고

$$2a - 1 = \frac{r_{-2}}{2} + \cdots + \frac{r_{-m}}{2^{m-1}} + \cdots \text{이다.}$$

위의 과정을 계속하여 모든 r_{-i}를 구할 수 있다.

특히, 위 과정의 어느 단계(예를 들어, m 번째)에서 좌변이 0이 되면, $a = 0.r_{-1}r_{-2} \cdots r_{-m\,(2)}$와 같이 나타낼 수 있다.

비록, 어느 단계에서도 좌변이 0이 되지 않는다고 하더라도 a가 유리수이면 어느 단계에서부터는 일정 부분이 순환하게 된다는 것을 알 수 있다. 예를 들어, $a = \frac{q}{p}$이면 각 단계마다 가능한 경우의 수는 p개 이하이기 때문이다.

> **과제 1-25** 다음 주장에 관하여 논하여라.
> 유리수, 정수, 자연수는 모두 수(數)이고, 이러한 수는 분수(fraction)의 꼴 또는 소수(decimal fraction)의 꼴로 나타낼 수 있고 또 십진법과 이진법 등으로 나타낼 수 있다. 진법은 수를 나타내는 방법에 지나지 않으므로 수를 이진법으로 나타낸 것을 마치 새로운 수인 것처럼 '이진수' 등과 같은 용어로 부르는 것은 바람직하지 않다.

■ 유리수와 무리수

피타고라스가 '만물의 근본은 수'라고 말했을 때의 '수'는 '유리(有理)수'였다. 유리수는 영어로 'rational number'이다. 여기서 'rational'은 '이성(理性)적으로 납득할 수 있는' 또는 '합리적인'의 뜻으로 본다면, '무리(無理, irrational)수'는 '이성적으로 납득하기 어려운 수' 정도로 이해할 수 있을 것이다.

영어 'rational'의 어원인 'ratio'는 그 뜻이 '이성(理性)' 외에 '비례(比例)'라는 뜻도 있다. 결국 유리수는 '비례를 나타내는 수'로서 '두 정수의 비'로 이해할 수 있다. 실제로, 수가 유리수이기 위한 필요충분조건은 그 수가 '정수의 비, 즉 $\dfrac{(\text{정수})}{(0\text{이 아닌 정수})}$의 꼴로 표현되는 수'이다.

초등학교 교육과정에 나타나는 유리수는 어떤 모습인가?

가. 유리수

사과 한 개를 두 명이 골고루 나누어 먹으려면 각 사람은 '반쪽'씩 먹으면 된다. 이를 다른 방식으로 나타내보자.

한 사람 몫을 □로 나타내면 다음과 같이 나타낼 수 있다.

$$\square + \square = 1$$

□를 'x'로 나타내면 다음과 같다.

$$x + x = 1$$

이제, 수학을 하면 다음과 같다.

$$x + x = 1$$
$$2x = 1$$
$$x = \frac{1}{2}$$

'반쪽'을 수학적으로 나타내면 '$\frac{1}{2}$'이다.

마찬가지 방법으로 '사과 두 개를 세 사람이 골고루 나누어 먹으려면 각 사람이 먹는 양은 다음과 같이 나타낼 수 있다.

$$x + x + x = 2$$
$$3x = 2$$
$$x = \frac{2}{3}$$

위에서 구한 수처럼 $\frac{(자연수)}{(자연수)}$ 꼴의 수는 $\frac{(정수)}{(0이 아닌 정수)}$ 꼴의 특별한 경우로서 '유리수'이다. 초등학교 교육과정에 나오는 '분수'는 모두 유리수이다.

나. 무리수

넓이가 2인 정사각형의 한 변의 길이는 얼마인가?

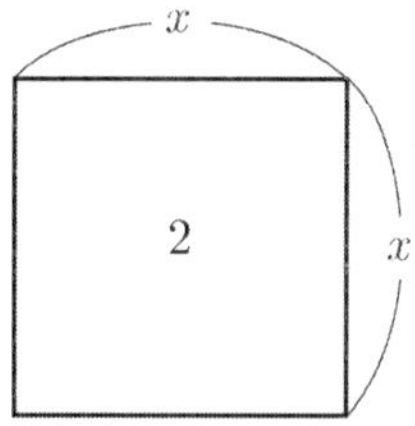

이 문제에서 한 변의 길이를 구하기 위해서는 다음 식에서 x를 구하여야 한다.

$$x^2 = 2$$

위 식을 만족시키는 수는 유리수가 아니다. 이 사실을 확인하기 위하여 x를 유리수라고 하면 $x = \frac{p}{q}$(p와 q는 공약수가 없는 자연수)의 꼴로 나타낼 수 있다. 이제 다음 절차에 따라 모순을 얻을 수 있다.

- 자연수 중에서 짝수는 $2k$(k는 자연수)의 꼴이고, 홀수는 $2k+1$(k 는 자연수)의 꼴이다.
- 다음이 성립한다.

(짝수) × (짝수) = (짝수)
(홀수) × (홀수) = (홀수)

- $(\frac{p}{q})^2 = 2$ 이면 $p^2 = 2q^2$ 이다. 우변이 짝수이므로 좌변도 짝수이다. 따라서 p는 짝수이다. 이제 p를 $2k$(k는 자연수)라고 놓으면

$4k^2 = 2q^2$이므로 $2k^2 = q^2$이고, 이는 q도 짝수라는 뜻이다. 결국 p와 q 모두가 짝수 즉 2의 배수이므로 'p와 q는 공약수가 없는 자연수'라는 기본 전제에 모순이다. 따라서 $x = \frac{p}{q}$(p와 q는 공약수가 없는 자연수)의 꼴로 나타낼 수 없다. 다시 말하면, x는 유리수가 아니다. 유리수가 아닌 수를 '무리수(irrational number)'라고 한다.

과제 1-26 다음을 증명하여라.

- $x^3 = 2$ 를 만족시키는 수는 유리수가 아니다.
- $x^{12} = 2$ 를 만족시키는 수는 유리수가 아니다.

■ 유리수와 무리수의 분류

피타고라스조차도 무리수를 인식하지 못하였다고 하니, 보통 사람이 무리수를 이해하는 것은 '무리'인가 보다.

유리수와 무리수는 어떻게 다른가? 유리수와 무리수를 어떻게 구별할 수 있을까?

가. 유한 또는 무한?

중학교 교육과정에서 유리수를 '두 정수의 비', 즉 $\frac{(\text{정수})}{(0\text{이 아닌 정수})}$와 같은 꼴의 수로 도입한다. 양의 유리수, 즉 $\frac{(\text{자연수})}{(\text{자연수})}$ 꼴의 수를 소수(小數, decimal number)로 나타내고, '모든 유리수는 유한소수 또는 순환 무한소수로 나타낼 수 있고, 순환 무한소수는 $\frac{(\text{자연수})}{(\text{자연수})}$의 꼴로 나타낼 수 있음'을 설명한다. 그 후 무리수를 '순환하지 않는 무한소수'로 소개한다.

그러나 '유한소수'의 개념은 적절하지 않다는 것을 다음과 같은 이유로부터 알 수 있다.

• 모든 유한소수는 무한소수로 표현할 수 있다. 다음과 같은 예를 들 수 있다.

$$1 = 0.999\cdots$$
$$0.5 = 0.4999\cdots$$
$$0.25 = 0.24999\cdots$$

• 같은 수라고 하더라도 유한소수인지 무한소수인지는 진법에 따라 달라진다. 예를 들어, $\frac{1}{3}$은 십진법으로 표현하면 $0.333\cdots$으로서 무한소수이나 삼진법으로 표현하면 $0.1_{(3)}$으로서 유한소수이다. 한편, 분수 $\frac{1}{5}$을 십진법을 사용하여 소수로 나타내면 0.2로서 유한소수이지만, 이진법을 사용하여 소수로 나타내면 $0.001100110011\cdots_{(2)}$로서 무한소수이다.

과제 1-27 다음을 확인하여라.
이진법의 경우에도 모든 유한소수는 무한소수로 나타낼 수 있다. 예를 들어 다음과 같다.

$$0.1_{(2)} = 0.0111\cdots_{(2)}$$
$$0.01_{(2)} = 0.00111\cdots_{(2)}$$
$$0.2_{(3)} = 0.1222\cdots_{(3)}$$
$$0.12_{(3)} = 0.11222\cdots_{(3)}$$

나. 순환성

앞에서 모든 유리수는 이진법을 사용하여 나타내더라도 순환소수라는 것을 알았다. 실제로 순환성은 진법과 무관하다. 즉, 어떠한 진법으로 나타내더라도 유리수는 순환하는 무한소수이고 무리수는 순환하지 않는 무한소수이다.

이 사실을 알아보기 위하여 어떤 소수를 이진법으로 나타내었더니 순환소수라면 그 수는 유리수라는 것을 구체적인 예를 통하여 설명하자.

$a = 0.111011011011\cdots_{(2)}$라고 하면 다음이 성립한다.

$$a = 0.111_{(2)} + 0.000011_{(2)} + 0.000000011_{(2)} + \cdots$$

여기서 두 번째 이하는 초항이 유리수 $0.000011_{(2)}$이고 공비가 유리수 $(0.001_{(2)})$인 등비급수이므로 그 값은 유리수이다. 따라서 a는 '유리수 $(0.111_{(2)})$ + 유리수'이므로 유리수이다.

결국 유리수와 무리수의 구별은 순환소수인가 아닌가에 따라 분류될 수 있다.

■ 생활 속의 수학

우리의 일상생활에 항상 수학이 개입한다. 단순히 돈을 세고, 나이를 계산하는 정도에 그치지 않는다. 좀 더 구체적인 예를 들자면 어떤 것이 있을까?

가. 부가세

우리가 물건을 살 때 대부분 부가가치세(부가세, V.A.T.)를 낸다. 구매하는 물품의 가격의 10%를 부가가치 세금으로 더 내는 것이다.

아래는 8,400원짜리 책을 한 권 구입하고 받은 영수증의 내용이다.

부가세제외금액:	7,636
부가세(V.A.T):	764
합계금액:	8,400

책값 8,400원은 '부가세 포함'이다. 영수증을 보니 부가세가 10%보다 약간 많이 부과되었는데, 납세자(구매자)의 불만이 발생하지 않을까? 혹시, 1원 정도의 범위 안에서는 소비자에게 추가 부담을 시킬 수 있나?

아래는 또 다른 기회에 받은 영수증의 내용이다.

거래금액:	72,728원
부가세:	7,272원
봉사료:	0원
총합계:	80,000원

판매금액이 72,728원이고 부가세는 7,272원이며, 이 경우에는 부가세가 10%보다 약간 적다. 이는 국가 또는 업소가 부가세를 추가 부담한다는 뜻이니 납세자(구매자) 입장에서는 불만이 없을 것 같다.

쉽게 짐작이 가겠지만, 판매원은 부가세 포함한 금액을 계산대에 있는 계산기에 입력하면 계산기가 스스로 판매금액과 부가세를 계산하여 영수증을 발급한다.

계산기는 어떠한 원리로 '판매액+부가세' 액수가 입력되면 판매액과 부가세 각각을 계산할까?

나. 11로 나누기

어떤 자연수를 11로 나누면 나누어떨어지든가 아니면 소수점 이하가 순환하는 소수가 된다. 나누어떨어지지 않는 경우에는 소수점 이하 순환하는 소수에 특징이 있다.

먼저, 다음을 관찰하자.

$$\frac{1}{11} = 0.\overline{09} = 0.090909\cdots$$

$$\frac{2}{11} = 0.\overline{18}$$

$$\vdots$$

$$\frac{9}{11} = 0.\overline{81}$$

$$\frac{10}{11} = 0.\overline{90}$$

위에 있는 순환소수는 모두 순환마디가 두 개의 수로 되어 있으며 그 두 수의 합은 9이다. 이 사실은 모든 수를 11로 나눌 때, 나누어떨어지든가 아니면 소수점 이하는 순환마디가 합이 9인 두 개의 수로 되어 있음을 알게 한다.

다. 부가세 계산 알고리즘

계산대에 있는 기계가 어떠한 원리로 판매액과 부가세를 계산하는지 알아보자.

판매액을 x 라고 하면 부가세는 $0.1\times x$이다. 구매자가 실제로 지불하여야 할 금액은 '판매액+부가세'이며, 이를 n이라고 하면 다음이 성립한다.

$$n=x+0.1\times x=1.1\times x$$

이제, x의 정수 부분을 a라고 하고, 소수 부분을 r이라고 하면 $x=a+r$이다.

먼저, $r=0$인 경우는 쉽다. 그러나 이런 경우는 흔치 않다. 우리 경험으로 보아 전체 지불하는 금액이 11의 배수인 경우는 거의 없기 때문이다. 따라서 $0<r<1$인 경우를 주로 생각하여야 한다.

앞의 '11로 나누기'로부터 다음 사실을 알 수 있다.

$$r\le 0.9090\cdots$$

따라서 다음을 알 수 있다.

$$0<r+0.1\times r\le 0.9090\cdots+0.0909\cdots=1$$

$$n=a+0.1\times a+r+0.1\times r$$

좌변에서는 1을 빼고 우변에서는 $r+0.1\times r$을 빼면 다음 부등식을 얻는다.

$$n-1\le a+0.1\times a<n$$

이때, 논의의 편의를 위해 하나의 기호를 소개한다.

임의의 실수 r에 대하여 $[r]$는 r보다 크지 않은 최대 정수를 나타낸다.[1)]

예를 들어, $[3.5]=3$ 이고 $[-3.5]=-4$이다.

원래의 문제로 돌아가자.

부등식 $n-1 \le a+0.1\times a < n$에서 다음을 알 수 있다.

$$[a+0.1\times a]=a+[0.1\times a]=n-1$$

따라서 판매액을 a 로 책정하고 $0.1\times a$에서 소수점 이하를 무조건 올려 부가세로 부과하면 '거래금액(부가세 제외금액)'은 a이고 부가세는 $[0.1\times a]+1$이 되어 '합계'는 $a+[0.1\times a]+1=n$이 된다. 앞의 예 중에서 처음 영수증이 이 경우이다.

한편, 판매액을 $a+1$로 책정하고 부가세를 $0.1\times a$에서 소수점 이하를 무조건 버리는 것으로 하여도 $a+1+[0.1\times a]=n$가 된다. 앞의 예 중에서 나중의 두 영수증이 이 경우이다.

*과제 1-28 부가가치세에 관한 법령은 무엇인지 조사하여라. 특히, 부가가치세 10%를 정확히 부과할 수 없는 경우에는 어떻게 하는지 조사하여라. 실제로, 부가세를 포함한 물건 값이 11의 배수가 아닌 한, 부가세를 정확히 10% 부과하기는 불가능하다.

라. 9단과 부가세

구구단의 '9단'은 다음과 같다.

$$9\times1=09$$
$$9\times2=18$$
$$9\times3=27$$
$$\vdots$$
$$9\times9=81$$
$$9\times10=90$$

1) 기호 [ ]를 '가우스 기호'라고 한다.

위 오른쪽 항에서 두 개의 자리수의 합은 9이다.

한편, '11로 나누기'에서도

$$\frac{1}{11} = 0.\overline{09}$$

$$\frac{2}{11} = 0.\overline{18}$$

$$\vdots$$

$$\frac{9}{11} = 0.\overline{81}$$

$$\frac{10}{11} = 0.\overline{90}$$

부가세를 부과하여야 하는 경우에는 11로 나누는 상황이 발생하므로 소수점 이하는 '두 개의 자리수의 합은 9'인 두 수가 순환하게 된다. 아래는 앞에서 제시한 세 개의 영수증 각각의 물건 값이다.

$$\frac{8400}{1.1} = \frac{84000}{11} = 7636.3636\cdots$$

$$\frac{80000}{1.1} = \frac{800000}{11} = 72727.2727\cdots$$

$$\frac{51000}{1.1} = \frac{510000}{11} = 46363.6363\cdots$$

위의 '9단'과 '부가세'에서 발생하는 두 현상은 우연의 일치가 아님을 다음과 같은 계산에서 알 수 있다.

$$(9 \times 1) \times \frac{1}{100} = 0.09$$

$$(9 \times 1) \times (\frac{1}{100})^2 = 0.0009$$

$$\vdots$$

따라서 다음이 성립한다.

$$(9\times 1)\times(\frac{1}{100}+(\frac{1}{100})^2+\cdots)$$
$$=(9\times 1)\times\frac{1}{100}\times(\frac{1}{1-\frac{1}{100}})=\frac{1}{11}$$

마찬가지 방법으로, 9×2와 $\frac{2}{11}$, 9×3과 $\frac{3}{11}$ 등 다른 경우에서도 '9단'과 '11로 나누기'의 관계를 설명할 수 있다.

과제 1-29 다음을 확인하여라.

순환소수 $0.\overline{ab}=0.abababab\cdots$ $(0\le a, b\le 9,\ \ a, b\in\{0\}\cup\mathbb{N})$에 대하여, 다음을 알 수 있다.

$$0.\overline{ab}=\frac{a}{10}+\frac{b}{10^2}+\frac{a}{10^3}+\frac{b}{10^4}+\cdots$$
$$=\sum_{n=0}^{\infty}\frac{1}{10^{2n}}(\frac{a}{10}+\frac{b}{10^2})=\frac{10a+b}{99}$$
$$=\frac{10a+b}{99}$$

이제, $\frac{q}{11}=\frac{9q}{99}$이고 $10a+b$가 9의 배수이기위한 필요충분조건이 $a+b$가 9의 배수인 것이므로 다음을 알 수 있다. 즉, $1\le q\le 10$인 q에 대하여 $\frac{q}{11}$은 소수점 이하의 순환마디가 합이 9인 두 개의 수로 되어 있다.

CHAPTER

02 수리논리

의사소통은 실생활의 주요 부분이다. 우리는 가끔 우리의 주장을 설득력 있게 설명할 필요가 있다. 그러기 위해서는 주장이 확실한 근거에 기초하고 논리적이어야 한다.

모든 학문에서 논리적 이론 전개는 필수적이다. '논리의 학문'이라고 할 수 있는 수학에서 논리의 중요성은 두 말할 나위가 없다.

수학이 논리적이어야 하는 것은 물론이고 논리의 타당성 자체를 수학이 보장한다.

■ 아리스토텔레스

우리가 사용하는 논리체계가 타당한지 그렇지 않은지 누가 판단할 수 있을까?

인류의 긴 역사를 거치면서 이 쉽지 않은 문제에 나름의 답을 제시한 것은 논리학이다.

고대 그리스 철학자들은 어떤 방식으로 이 문제에 접근하였을까?

가. 오르가논

보통 논리학의 효시를 아리스토텔레스(Aristotle, 384-322 BC)로 본다. 그는 그의 저서 '오르가논(Organon)'에서 삼단논법(syllogism) 등 연역법을 논의한다. 아리스토텔레스의 '오르가논'은 '범주(Categories)', '명제에 관하여(On Interpretation)', '분석론 전편(Prior Analytics)', '분석론 후편(Posterior Analytics)', '논제(Topics)', 그리고 '소피스트적 논박(On Sophistical Refutations)'으로 이루어져 있다(Aristotle, 1952).

아리스토텔레스가 주로 논의한 명제는 다음과 같은 네 가지 형태이다.

> 모든 C는 D이다.
> 모든 C는 D가 아니다.
> 어떤 C는 D이다.
> 어떤 C는 D가 아니다.

위의 명제 각각을 편의상 다음과 같이 나타낸다.

> $C\,a\,D$
> $C\,e\,D$
> $C\,iD$
> $C\,o\,D$

이제, 이 네 가지 명제를 결합하여 삼단논법으로 구성하자. 이를 위해 C와 D 외의 변수 M을 도입하면 다음과 같이 네 가지 형태를 생각할 수 있다.

> MxD이고 CyM이면 CzD이다.
> MxD이고 MyC이면 CzD이다.
> DxM이고 CyM이면 CzD이다.
> DxM이고 MyC이면 CzD이다.

위의 모든 삼단논법에서 x, y, z는 각각 a, e, i, o중 하나이다. 따라서 가능한 삼단논법구성은 $4\times4\times4\times4=256$가지가 있다. 그러나 이 모두가 타당한 구성이라고는 할 수 없다. 아리스토텔레스는 이 중에서 어느 것이 타당한 삼단논법 구성인가를 논의하였다.

*과제 2-1 오일러(L. Euler, 1707-1783)는 원(circle)을 이용하여 삼단논법의 타당성을 살폈다. 오일러의 방법을 벤(J. Venn, 1834–1923)의 다이어그램과 관련하여 조사하여라.

나. 새 오르가논

‘아는 것이 힘이다’라는 말로 유명한 베이컨(F. Bacon, 1561–1626)은 아리스토텔레스의 연역적 논리체계(특히 삼단논법, syllogism)는 새로운 진리를 획득함에 크게 유용하지 않다고 비판하며 풍부한 경험과 관찰에 의한 귀납법의 중요성을 강조하였다. ‘오르가논(Organon)’에 제시된 아리스토텔레스의 논리학에 대하여 베이컨은 ‘새 오르가논’이라고 할 수 있는 ‘Novum Organum’을 저술하여 귀납적 논리의 중요성과 유용성을 논하였다.[2)]

*과제 2-2 ‘Novum Organum’의 표지 그림이 무엇인지 살피고, 그 그림과 관련하여 다음을 조사하여라.

- 헤라클레스의 12과업
- 헤라클레스의 두 기둥
- 지중해에서 대서양으로
- 새로운 지식을 찾아서
- 다니엘서(성경 구약) 12장 4절

다. 부울 대수

영국의 수학자 부울(G. Boole, 1815–1864)은 논리의 문제를 대수적 방

2) 베이컨의 이러한 자세는 경험주의 철학을 탄생하게 하였다.

법으로 바꾸어 보다 더 명확하고 간편하게 하였다. 부울의 접근 방식은 다음과 같다.

집합을 x, y, z 등과 같은 문자로 나타낸다. 특히, 공집합은 0, 전체집합은 1로 나타낸다.

두 집합 x, y의 합집합은 $x+y$, 교집합은 xy로 나타낸다. 집합 x의 여집합은 $1-x$으로 나타낸다.

과제 2-3 집합 x에 대한 집합 y의 차집합은 $x(1-y)$임을 확인하여라.

임의의 세 집합 x, y, z에 대하여 다음 사실을 쉽게 알 수 있다.

$$x+x=x,\ \ xx=x$$
$$x+y=y+x,\ \ xy=yx$$
$$(x+y)+z=x+(y+z),\ \ (xy)z=x(yz)$$

$$(xy)+x=x,\ \ (x+y)x=x$$
$$(x+y)z=xz+yz,\ \ (xy)+z=(x+z)(y+z)$$

$$0x=0, 0+x=x$$
$$1x=x, 1+x=1$$
$$x(1-x)=0,\ \ x+(1-x)=1$$

이 논리체계를 부울대수(Boolean Algebra)라고 한다.

위에서 마지막 성질 '$x(1-x)=0$, $x+(1-x)=1$'이 '배중률(law of excluded-middle)[3)]'이다.

명제 $x(1-x)=0$와 명제 $x+(1-x)=1$은 드 모르간의 정리에 의하여 동치이다.

3) '중간배제의 법칙' 또는 '모순의 법칙(law of contradiction)'이라고도 한다.

> **과제 2-4** 아리스토텔레스, 오일러, 부울의 논리체계 모두에게는 기본적으로 타당하다고 전제하는 것이 있다. 이와 관련하여 다음에 관하여 조사하여라.
> - 공리(axioms), 공준(postulates)
> - 제1원리, 아르케(arche)

라. 대수적 논증

아리스토텔레스의 논의를 부울 대수를 사용하여 살펴보자.

먼저, CaD, CeD, CiD, CoD 각각은 다음과 같은 식으로 표현된다. 여기서 c 와 d는 각각 변수 C 와 D가 취할 수 있는 모든 원소들의 집합이다.

$$c(1-d)=0$$
$$cd=0$$
$$cd\neq 0$$
$$c(1-d)\neq 0$$

아리스토텔레스가 논의한 여러 개의 삼단논법 모형에서 몇 가지 예를 들어 그 타당성을 살펴보자.

MaD이고 CaM이면 CaD인가?

이는 다음과 같이 표현된다.

$m(1-d)=0$이고 $c(1-m)=0$이면 $c(1-d)=0$인가?

이 논리가 타당한지 알아보자.

$m(1-d)=0$과 $c(1-m)=0$ 각각에서 $m=md$이고 $c=cm$임을 알 수 있다. 이제, $c=cm=cmd=cd$이므로 $c(1-d)=0$이다.

'MaD 이고 CaM 이면 CaD 이다'라는 논리가 타당함을 알 수 있다. 예를 들어, 다음은 타당한 논리이다.

> 사람은 죽는다.
> 소크라테스는 사람이다.
> 따라서 소크라테스는 죽는다.

보통, '삼단논법(syllogism)'은 위와 같은 논리 체계를 말한다.

> **과제 2-5** 위의 타당성을 다음과 같이 논증하면 어떨까?
>
> $$c(1-d)=c-cd=cm-cmd=cm-cm=0$$

한 가지 경우를 더 살펴보자.

$$MaD\text{이고 } MaC\text{이면 } CiD\text{인가?}$$

이는 다음과 같이 표현된다.

$$m(1-d)=0\text{이고 } m(1-c)=0\text{이면 } cd\neq 0\text{인가?}$$

$m=md$이고 $m=mc$이므로 $m=mcd$이다. 여기서 $m\neq 0$이면 $cd\neq 0$이다. 그러나 $m=0$이면 $cd\neq 0$라고 주장할 수 없다.

일반적으로, MaD이고 MaC 일 때 CiD라고 할 수 없다는 것을 알 수 있다.

> **과제 2-6** 앞에서 언급한 256개의 삼단논법 형식 중에서 타당한 형식 몇 개를 더 찾아라.

■ 수리논리

현대의 수학이나 철학에서 채택하고 있는 표준적인 논리체계는 무엇인가? 현대의 수리논리학은 어떠한 체계로 구성되나?

가. 진리표

(1) 명제

보통 '명제(proposition)'는 참 또는 거짓을 분명하게 구분할 수 있는 문장(sentence)이나 식을 말하며 p, q, r, ⋯ 등으로 나타낸다. 따라서 참인 동시에 거짓인 문장이나 참과 거짓의 판단이 불가능한 문장은 명제라고 하지 않는다.

한 명제의 참(true), 거짓(false)을 그 명제의 진리값(truth value)이라 하고, 이를 각각 T, F 로 나타낸다. 주어진 명제의 참 또는 거짓을 T나 F을 사용하여 나타낸 표를 진리표(truth table)라고 한다.

(2) 결합자

집합론에서 한 개 또는 두 개 이상의 명제를 결합하기 위하여 주로 사용하는 결합자(connective)는 '아니다($\sim$)', '그리고($\wedge$)', '또는($\vee$)', '이면($\rightarrow$)' 이다.

• 부정

명제 p에 대하여 'p가 아니다'를 $\sim p$로 나타내고 이를 p의 부정(negation)이라고 한다. p가 참이면 $\sim p$는 거짓이고, p가 거짓이면 $\sim p$는 참으로 정한다.

p	$\sim p$
T	F
F	T

• 논리곱

두 명제가 '그리고'로 연결된 합성명제를 논리곱(logical product) 또는 합접(conjunction)이라고 한다.

p와 q의 두 명제의 논리곱은 $p \wedge q$로 나타낸다. $p \wedge q$의 진리값은 p, q가 모두 참일 때만 참이고, 그 외의 경우는 모두 거짓으로 정한다

p	q	$p \wedge q$
T	T	T
T	F	F
F	T	F
F	F	F

• 논리합

두 명제가 '또는'으로 연결된 합성명제를 논리합(logical sum) 또는 이접(disjunction)이라고 한다.

p와 q의 두 명제의 논리합은 $p \vee q$ 로 나타낸다. $p \vee q$ 의 진리값은 p, q 중 적어도 하나가 참일 때 $p \vee q$는 참이고 p, q가 모두 거짓일 때만 거짓으로 정한다.

p	q	$p \vee q$
T	T	T
T	F	T
F	T	T
F	F	F

• 조건부

두 명제가 '…이면'으로 연결된 합성명제를 p와 q의 조건문(conditional statement)이라고 하고, 기호 $p \rightarrow q$로 나타낸다. 이때의 결합자 $\rightarrow$를 조건부(conditional)라고 한다. 이 합성 명제에서는 먼저 p가 참일 때, q도 참이면 $p \rightarrow q$는 참이고 q가 거짓이면 $p \rightarrow q$는 거짓으로 정한다. 한편, p가 거짓이면 q의 참・거짓에 관계없이 $p \rightarrow q$는 항상 참이라고 정한다.

p	q	$p \to q$
T	T	T
T	F	F
F	T	T
F	F	T

나. 논리연산

명제의 논리연산에서 '참'을 '1'로 나타내고, '거짓'을 '0'으로 나타내면, 논리곱 ∧와 논리합 ∨에 관하여 다음과 같은 표를 얻을 수 있다.

∧	0	1
0	0	0
1	0	1

∨	0	1
0	0	1
1	1	1

명제의 부정 ~의 규칙은 다음 같다. $1-0=1$이고 $1-1=0$으로 이해한 것이다.

	~
0	1
1	0

집합 $\{0,\ 1\}$은 부정 ~, 논리곱 ∧, 그리고 논리합 ∨에 관하여 부울대수가 됨을 쉽게 알 수 있다.

다. 조건명제

집합 U가 있어서 U의 원소 x 에 의한 문장이나 식 $p(x)$가 x의 값에 따라 $p(x)$의 참, 거짓이 정해질 때 $p(x)$를 U에서의 조건명제(conditional predicate)라고 한다.

두 개의 조건명제 $p(x), q(x)$에 대하여 $p(x) \to q(x)$는 명제이다. 어떠한 $p(x), q(x)$에 대해서도 $p(x) \to q(x)$의 참과 거짓을 결정할 수 있기 때문이다.

> **과제 2-7** 어떠한 $p(x), q(x)$에 대해서도 $p(x) \to q(x)$의 참과 거짓을 결정할 수 있다는 것을 설명하여라.

모든 x에 대하여 $p(x) \to q(x)$가 항상 참일 때, 즉 $p(x) \to q(x)$가 참명제일 때 $p(x) \Rightarrow q(x)$와 같이 나타낸다.

앞으로 '$p \to q$' 꼴의 명제에서 p와 q는 명제일 수도 있고 조건명제일 수도 있다.

라. 논증기법

두 개의 명제 p, q에 대하여 p가 참이면 q가 참이고 p가 거짓이면 q가 거짓일 때 'p와 q는 동치명제'라고 하며 '$p \equiv q$'와 같이 나타낸다.

진리표를 이용하면 다음을 증명할 수 있다.

$$p \wedge q \equiv q \wedge p$$
$$p \to q \equiv \sim q \to \sim p$$
$$p \to q \equiv \sim p \vee q$$
$$p \to (q \vee r) \equiv (p \wedge \sim q) \to r$$
$$(p \wedge q) \wedge r \equiv p \wedge (q \wedge r)$$
$$(p \vee q) \vee r \equiv p \vee (q \vee r)$$
$$p \vee (q \wedge r) \equiv (p \vee q) \wedge (p \vee r)$$
$$p \wedge (q \vee r) \equiv (p \wedge q) \vee (p \wedge r)$$
$$[(p \to q) \wedge (q \to r)] \Rightarrow [p \to r]$$
$$\sim (p \vee q) \equiv \sim p \wedge \sim q$$
$$\sim (p \wedge q) \equiv \sim p \vee \sim q$$

과제 2-8 위 사실을 증명하여라.

위에서 증명한 $p \rightarrow (q \vee r) \equiv (p \wedge \sim q) \rightarrow r$를 이용하여 다음 주장을 증명하여보자.

두 수 x, y에 대하여 $xy = 0$이면 $x = 0$이든가 $y = 0$이다.

이 주장을 다음과 같이 이해할 수 있다.

$$p:\ xy = 0$$
$$q:\ x = 0$$
$$r:\ y = 0$$

위 주장은 $p \rightarrow (q \vee r)$ 의 꼴이다. $p \rightarrow (q \vee r) \equiv (p \wedge \sim q) \rightarrow r$이므로 $p \rightarrow (q \vee r)$ 의 참 또는 거짓을 판별하기 위하여 $(p \wedge \sim q) \rightarrow r$의 참 또는 거짓을 판별하면 된다. 즉, '$xy = 0$이고 $x \neq 0$ 이면 $y = 0$'임을 증명하면 된다. 그런데 $x \neq 0$이므로 양변에 $\frac{1}{x}$을 곱해주면 $y = 0$임을 알 수 있다.

다음 세 가지는 유용한 증명기법으로서 자주 사용된다.

- **삼단논법**

$[(p \rightarrow q) \wedge (q \rightarrow r)] \Rightarrow [p \rightarrow r]$

- **대우명제**

$p \rightarrow q \equiv \sim q \rightarrow \sim p$

- **드모르간 법칙**

$\sim (p \vee q) \equiv \sim p \wedge \sim q, \ \sim (p \wedge q) \equiv \sim p \vee \sim q$

마. 수학적 귀납법

앞에서 소개한 논증기법들은 모두 연역적(deductive) 방법이라고 할 수 있다. 이러한 방법과 약간 다른 증명기법이 '수학적 귀납법(mathematical induction)'이다.

(1) 원리

수학적 귀납법은 페아노공리 중 다섯 번째로서 다음과 같다.

$\mathbb{N}$의 한 부분 집합 $X(\neq \varnothing)$가 다음 두 조건을 만족시킨다고 하자.

- $1 \in X$
- $x \in X$이면, $x^{+} \in X$이다.

그러면, $X = \mathbb{N}$ 이다.

(2) 예

모든 자연수 n에 대하여 $1+2+\cdots+n = \dfrac{n(n+1)}{2}$이 성립한다는 것을 수학적 귀납법으로 증명하여 보자.

먼저, $n=1$ 인 경우에는 좌변과 우변이 같으므로 위 등식이 성립한다.

이제, $n=k$인 경우에 성립한다고 가정하자. 즉, 다음을 가정한다.

$$1+2+\cdots+k = \frac{k(k+1)}{2}$$

$n=k+1$인 경우의 좌변 $1+2+\cdots+k+(k+1)$을 위의 귀납적 가정을 이용하여 계산하면 다음과 같다.

$$\begin{aligned} 1+2+\cdots+k+(k+1) &= \frac{k(k+1)}{2} + (k+1) \\ &= \frac{k(k+1)}{2} + \frac{2(k+1)}{2} \\ &= \frac{(k+1)(k+2)}{2} \end{aligned}$$

이는 증명하고자 하는 식의 우변에서 $n=k+1$인 경우이다.

이제, $1+2+\cdots+n = \dfrac{n(n+1)}{2}$가 성립하는 자연수 전체의 집합을 X라고 하면, $1 \in X$ 이고 $k \in X$이면 $k^{+} = k+1 \in X$이다. 따라서 $X = \mathbb{N}$,

즉 모든 자연수 n에 대하여 $1+2+\cdots+n=\frac{n(n+1)}{2}$이 성립한다.

■ 초등학교에서의 수리논리의 활용

초등학교 학생들의 수준에서 엄밀한 수리논리를 적용하기란 쉽지 않다. 수리논리에서 등장하는 조건명제나 삼단논법 등과 같은 증명기법도 초등학교 교육과정에서는 등장하지 않는다. 하지만 교육과정에 등장하지 않는다고 해서 초등학교에서 수리논리가 전혀 필요하지 않은 것은 아니다. 수학과 논리는 서로의 학습에 도움을 주기 때문에 수학교육에 있어서 논리교육 역시 큰 역할을 차지한다. 그렇지만 수리논리의 형식적인 면과 엄밀성으로 인해 초등학교에서의 무리한 수리논리의 교육은 오히려 역효과를 불러일으킬 수 있다. 따라서 학생들이 흥미를 가질만한 요소를 통해 수리논리를 활용한다면 전반적인 수학학습에 도움을 주는 것과 더불어 장차 살아가면서 필수적으로 필요한 논리적인 판단 또한 가능할 것이다.

학생들의 논리적 사고력을 높이면서 흥미를 유발하는데 효과적인 방법 중에 하나로 수학퍼즐을 들 수 있다. 특히, 논리퍼즐은 수리논리를 활용한 퍼즐로써 초등학교에서 수리논리를 활용하는 한 방안으로서 유용하게 활용할 수 있다. 따라서 여기서는 초등학교 학생들에게 활용할 수 있을만한 몇 가지 논리퍼즐을 제공하여 초등학교 현장에서 직접 활용할 수 있게끔 도움을 주고자 한다.

가. 논리퍼즐

논리퍼즐에서는 명제 또는 조건문 등이 등장하는데, 조건문이란 두 명제 p와 q에 대해서 'p가 참이면 q는 거짓이다'와 같은 형식을 지니는 문장을 말한다. 논리퍼즐에서는 이러한 문장들을 통해 단서를 얻어서 답을 찾게 된다.

이제부터 논리퍼즐에 관한 구체적인 예를 살펴보자.

한 마을에 거짓말만을 말하는 도둑과 항상 사실만을 말하는 판사가 산다고 한다. 이 마을에 사는 A가 “나는 도둑이거나 혹은 B는 판사이다”라고 말했다. 그렇다면 A와 B는 각기 어떤 사람인가?

이 퍼즐의 답을 생각해보자. A는 “나는 도둑이거나 혹은 B는 판사이다”라는 선언적인 진술을 했다. 우선, A를 도둑이라고 생각해보자. 그러면 A는 거짓말만 함으로 B는 판사가 아니며 A는 도둑이 아니다. 따라서 A를 도둑이라고 했던 가정에 모순이 생기므로 A는 판사가 되며 역시 B도 판사가 된다.

이처럼 논리퍼즐에서는 수리논리를 적용한 접근이 가능하다. 초등학생들의 수준에서는 직관적인 접근이 주가 될 지라도 이러한 논리퍼즐을 통해 수리논리를 초등학교 학생들에게도 접근 가능할 것이다. 따라서 초등학교 수준에서 접근 가능한 논리퍼즐을 다음과 같이 학습지 형태로 제공하여 실제 현장에서 수리논리를 적용한 수업을 진행하는데 도움을 주고자 한다.

수업자료

위와 같은 내용을 학교 현장에서 활용할 수 있도록 다음과 같이 활동지를 제공한다.

[학생활동지 2-1]

논리퍼즐 1

1. 청록마을에 네 가족이 이사를 오게 되었습니다. A, B, C, D가족은 각각 지붕의 색을 다르게 칠해서 집을 구분하기로 하였습니다. 다음의 진술이 모두 참이라고 할 때, A가족의 집은 어떤 지붕의 색일까요?
   1) 지붕 색은 노란색, 붉은색, 초록색, 파랑색입니다.
   2) B가족의 지붕 색은 노란색이 아닙니다.
   3) C가족의 지붕 색은 파란색입니다.
   4) D가족의 지붕 색은 노란색도 초록색도 아닙니다.

2. 마음초등학교의 5학년은 1반부터 5반까지 있습니다. 이 중 1반 학생들은 축구를 굉장히 좋아해서 기회만 있으면 다른 반과 축구시합을 하였습니다. 다음 진술이 모두 참이라고 할 때, 1반 학생들과 축구시합을 한 반은 어느 반인지 모두 찾아보세요.
   1) 1반은 2반과 축구시합을 하지 않았다.
   2) 1반은 3반과 축구시합을 했거나 그렇지 않으면 5반과 축구시합을 했다.
   3) 1반은 4반과 축구시합을 하지 않았다면 2반과 축구시합을 했다.
   4) 1반이 3반과 축구시합을 했다면 4반과 축구시합을 하지 않았다.

[학생활동지 2-2]

논리퍼즐 2

언제나 진실만을 이야기하는 '판사'와 거짓말만 하는 '도둑'이 살고 있는 섬에 관한 퍼즐입니다. 이 섬에 사는 주민들은 누구나 판사이거나 또는 도둑입니다. 이 섬에 사는 주민들에 관한 문제인 다음 퍼즐을 풀어봅시다.

1. A와 B가 함께 길을 걷다가 그늘에서 쉬고 있는 노인을 만났습니다. A가 그 노인에게 "적어도 저와 B 중 한 사람은 도둑이다"라고 말했습니다. A와 B는 도둑일까요 아니면 판사일까요?

2. A가 "나는 도둑이거나 혹은 B는 판사이다"라고 말했다. A와 B는 어떤 사람일까요?

3. A가 "나는 도둑이지만 B는 도둑이 아니다"라고 말했다. A와 B는 어떤 사람일까요?

CHAPTER

03 집합

집합론(Set Theory)은 수리논리학과 함께 수학기초론(Foundations of Mathematics)의 주요 영역이다.

■ 관계

두 수 사이의 관계가 중요하고, 사람 사이의 관계도 중요하다. 어떤 집합이 있을 때, 그 집합에 속하는 두 원소 사이의 관계는 중요한 수학적 관심사이다. 수학에서 관계를 말할 때, 관계의 어떠한 성질에 관심을 가질까? 수학이 특별한 관심을 가지는 관계는 무엇일까?

가. 정의

A, B가 두 집합일 때 $a \in A$, $b \in B$인 모든 순서쌍 (a,b) 모두를 원소로 하는 집합을 A, B의 데카르트 곱(Cartesian product)이라고 하고

$$A \times B$$

로 표시한다. 즉, A, B의 데카르트 곱은

$$A \times B = \{(a,b) \mid a \in A, b \in B\}$$

인 집합을 의미한다.

두 집합 A, B의 데카르트 곱 $A \times B$의 부분집합 R를 A에서 B로의 관계(relation)라고 한다.

과제 3-1 두 집합 A, B 각각의 원소의 개수가 a, b라면 A에서 B로의 관계는 모두 몇 가지 있을까?

관계 R가 집합 A에서 A로의 관계일 때 관계 R는 집합 A위에서의 관계라고 한다. 집합 A 위에 관계 R 가 정의되어 있고 두 원소 $x,y \in A$가 관계있을 때 $(x,y) \in R$와 같이 나타낸다. 두 원소 $x,y \in A$가 관계있을 때 '$(x,y) \in R$' 대신 'xRy'와 같이 나타내기도 한다.

나. 반사적 관계

관계 R를 집합 A위에서의 관계라고 하자. 모든 $a \in A$에 대하여

$$(a,a) \in R$$

이면 R를 반사적(reflexive)이라고 한다. 다시 말해서 A의 모든 원소가 그 자신과 관계가 있을 때 R는 반사적이라고 한다.

다. 대칭적 관계

관계 R를 집합 A위에서의 관계라고 하자. $a,\ b \in A$에 대하여 $(a,b) \in R$이면, $(b,a) \in R$일 때 R를 대칭적(symmetric)이라고 한다. 즉, a와 b가 관계가 있으면 b와 a도 관계가 있을 때 R는 대칭적이다.

라. 반대칭적 관계

A위에서의 관계 R에서

$$(a,b) \in R\text{이고 } (b,a) \in R\text{이면 } a = b$$

일 때 R 를 반대칭적(anti-symmetric)이라고 한다. 다시 말해 a와 b가 관계가 있고 b와 a가 관계가 있으면 $a = b$일 때 관계 R를 반대칭적이라고 한다.

마. 추이적 관계

A 위에서의 관계 R에서

$$(a,b)\in R \text{이고 } (b,c)\in R \text{이면 } (a,c)\in R$$

일 때 R를 추이적(transitive)이라고 한다. 즉 a가 b와 관계가 있고, b가 c와 관계가 있으면 a와 c가 관계가 있을 때 관계 R는 추이적이다.

■ 동치관계

사람은 남성과 여성으로 분류할 수 있다. 우리나라 사람은 성(姓)에 따라 '김(金) 씨', '이(李) 씨', '신(申) 씨' 등으로 분류할 수 있다. 수학적 대상을 분류하는 데에 편리한 방법은 무엇인가?

가. 정의

집합 A 위에서 관계 R가 다음 조건을 만족시킬 때, 관계 R는 동치관계(equivalence relation)라고 한다.

- R는 반사적이다. 즉, 모든 $a\in A$에 대하여 $(a,a)\in R$이다.
- R는 대칭적이다. 즉, $(a,b)\in R$이면 $(b,a)\in R$이다.
- R는 추이적이다. 즉, $(a,b)\in R$이고 $(b,c)\in R$이면 $(a,c)\in R$이다.

나. 분할

집합 $A=\{1,2,3,\cdots,10\}$와 부분집합 $B_1=\{1,3\}$, $B_2=\{7,8,10\}$, $B_3=\{2,5,6\}$, $B_4=\{4,9\}$를 생각하여 보자.

집합 족$\{\mathrm{B_i}\}_{\mathrm{i}\in\mathrm{I}}(\mathrm{I}=\{1,2,3,4\})$는 다음의 두 성질을 가진다.

- $A=B_1\cup B_2\cup B_3\cup B_4$
- 임의의 $i,j\in I$ 에 대해서, $i\neq j$이면 $B_i\cap B_j=\varnothing$ 이다.

이와 관련하여 다음 정의는 수학에서 중요하다.

≪정의 3.2≫ $\{B_i\}_{i\in I}$ 를 A의 공집합이 아닌 부분집합 족이라고 하자. 다음 조건을 만족시킬 때 $\{B_i\}_{i\in I}$를 A의 분할(partition)이라고 한다.

- $\bigcup_{i\in I} B_i = A$
- 임의의 $i,\ j\in I$에 대하여, $i\neq j$이면 $B_i\cap B_j=\varnothing$이다.

다. 동치관계에 의한 분할

동치관계가 수학에서 중요한 이유는 동치관계가 분할을 유도하기 때문이다. 이제 동치관계와 분할 사이의 관계를 알아보자.

≪정의 3.3≫ 집합 A 위에서 동치관계 R와 임의의 $x\in A$에 대하여 집합 $\overline{x}=\{y\in A \mid (x,y)\in R\}$를 $x\in A$의 동치류(equivalence class)라고 한다.

> **과제 3-4** 집합 A 위에 동치관계가 정의될 때, 임의의 $x\in A$에 대하여 $x\in\overline{x}$ 임을 설명하여라.

집합 A 위의 관계 R가 어떤 관계인지 분명한 경우에는, 두 원소 $x,y\in A$가 관계있을 때 '$(x,y)\in R$'나 'xRy' 대신에 '$x\sim y$'와 같이 나타내기도 한다.

정리 3.5

집합 X에 동치관계 $\sim$가 정의되면 임의의 $x,\ y\in X$에 대하여 다음이 성립한다.

- $x\sim y \Leftrightarrow \overline{x}=\overline{y}$
- $x\nsim y \Leftrightarrow \overline{x}\cap\overline{y}=\varnothing$

증명 • 먼저, $x \sim y$라고 하자.

$$z \in \overline{x} \Rightarrow z \sim x \Rightarrow z \sim x \sim y \Rightarrow z \in \overline{y}$$

$$z \in \overline{y} \Rightarrow z \sim y \Rightarrow z \sim y \sim x \Rightarrow z \in \overline{x}$$

따라서 $\overline{x} = \overline{y}$ 이다.

한편, $\overline{x} = \overline{y}$라고 하자. $x \in \overline{x} = \overline{y}$ 이므로 $x \in \overline{y}$ 곧 $x \sim y$이다.

• 먼저, $x \nsim y$라고 하자. 분명히 $\varnothing \subset \overline{x} \cap \overline{y}$이므로 $\overline{x} \cap \overline{y} \subset \varnothing$ 임을 보이자. 즉, $\overline{x} \cap \overline{y} = \varnothing$ 임을 보이자. 이를 위하여 $\overline{x} \cap \overline{y} \neq \varnothing$ 라고 해보자. 그러면, $z \in \overline{x} \cap \overline{y}$인 z가 존재한다. $z \sim x \wedge z \sim y$ 이고, 이는 $x \sim y$을 뜻하는데 이것은 모순이다. 따라서 $\overline{x} \cap \overline{y} = \varnothing$ 이다. 한편, $x \sim y$이면 $x \in \overline{x} = \overline{y}$ 이므로 $\overline{x} \cap \overline{y} \neq \varnothing$ 이다. 따라서 $\overline{x} \cap \overline{y} = \varnothing$ 이면 $x \nsim y$이다. ■

정리 3.6

$\{\overline{x} \mid x \in A\}$는 A의 분할이다.

증명 위의 정리에 의하여

임의의 $x,\ y \in A$ 에 대하여, $\overline{x} = \overline{y}$ 또는 $\overline{x} \cap \overline{y} = \varnothing$ 이다. 이제 $\bigcup_{x \in A} \overline{x} \subset A$ 임은 분명하고, 임의의 $x \in A$ 에 대하여 $x \in \overline{x}$ 이므로 $A \subset \bigcup_{x \in A} \overline{x}$ 이다. ■

■ 함수관계

우리는 어떤 두 요인의 상호 관계를 말할 때, '함수'라는 말을 자주 사용한다. 학교 수학 시간에도 '함수'라는 용어를 많이 사용한다. '함수'라는 개념의 정확한 의미는 무엇일까?

가. 정의

두 집합을 A, B 라고 하고 f 가 A에서 B로의 관계일 때 f가 다음 성질을 만족시키면 f를 A에서 B로의 함수라고 한다.

- A에 속하는 모든 원소 x에 대하여, $(x,y)\in f$ 가 되는 y가 B 안에 존재한다.
- A의 원소 x에 대하여, $(x,y_1)\in f$, $(x,y_2)\in f$인 y_1, y_2가 B 안에 존재하면 $y_1 = y_2$이어야 한다.

지금까지 관계를 나타내는 기호로 R를 사용했으나 이 관계가 함수를 나타낼 때에는, 관례에 따라 R 대신에 f, g, $h, \cdots$ 등의 기호를 사용한다. 또 $(x,y)\in R$ 대신에 $y=f(x)$라고 표시하기로 한다. 이때 y를 x의 상(image)이라고 하거나 'y는 f에 의하여 x에 대응한다'라고 한다.

f가 A에서 B로의 함수일 때 $f : A\to B$ 라고 나타낸다. 이때 집합 A는 함수 f의 정의역(domain), B를 f의 공변역(co-domain)이라고 한다. 공변역을 '공역'이라고도 한다.

함수 $f : A\to B$에서 A의 서로 다른 두 원소의 상이 같지 않을 때 함수 f 를 '단사함수(injective function)' 또는 '일대일 함수(one-to-one function)'라고 한다. 다시 말하면 $a\in A$, $a'\in A$일 때 $f(a)=f(a')$이면 $a=a'$인 경우 $f : A\to B$는 단사함수이다.

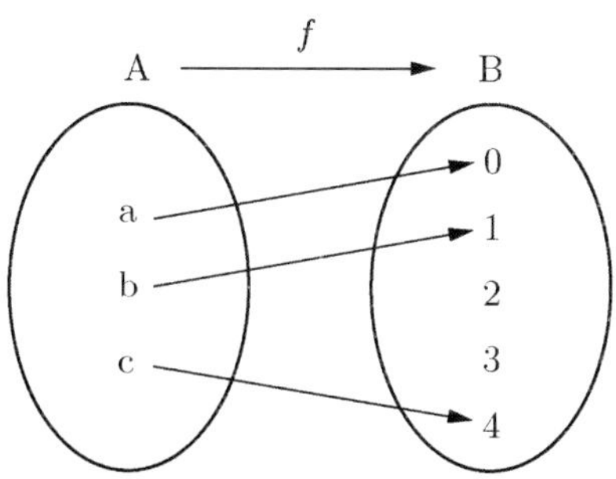

임의의 함수 $f : A\to B$ 에 대하여 f의 치역 $f(A)$는 B의 부분집합이

다. 즉 $f(A) \subset B$ 이다. 그런데 B 의 모든 원소가 상일 때, 즉 $f(A) = B$ 일 때 f 를 '전사함수(surjective function)' 또는 '위로의 함수(onto function)'라고 한다.

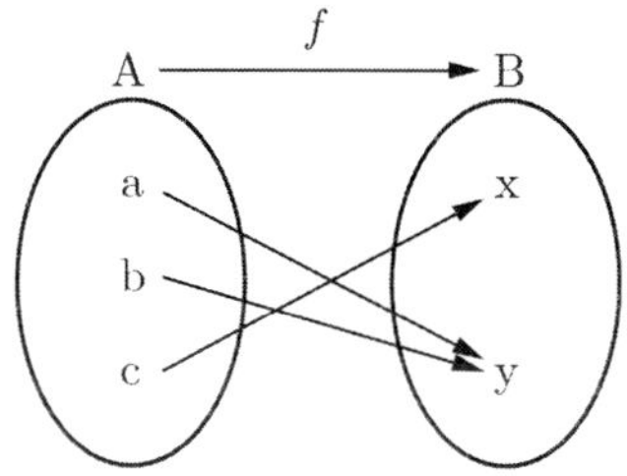

단사인 동시에 전사인 함수를 전단사(bijective)함수 또는 일대일대응[4] (ono-to-one correspondence)이라고 한다.

나. 학교 수학에서의 함수

학교수학에서는 수학적 개념을 도입할 때 상당 부분은 상식과 경험에 근거하여 직관적으로 도입한다고 볼 수 있다. 바로 여기에 수학적 개념 도입의 어려움이 있다. 엄밀하게 할 수 없으므로 직관적으로 도입하지만 학생들에게 하여금 오개념이 형성되지 않도록 조심하여야 하기 때문이다.

> **과제 3-7** 수학에서 상식과 경험에 근거한 직관적인 접근은 오류를 범할 수 있다. 벤 다이어그램(Venn diagram)의 예를 통하여 직관의 중요성과 위험성 그리고 엄밀한 논증의 중요성을 설명하여라.

초등학교에서 수 개념을 형성하기 위한 기초가 되는 것은 '짝짓기' 방법일 것이다. 이 방법은 일대일대응을 구체적으로 응용하는 것으로 볼 수 있다.

함수 개념을 형식화하는 것은 중학교 과정이지만 초등학교 과정에 이미 함수 개념이 도입되는 것으로 볼 때, 함수는 수학에서 가장 기본적인 개념

---

4) 단사함수인 '일대일 함수'와 혼동하지 않아야 한다.

이라고 할 수 있다.

수 개념 형성의 초기에 어린이들은 기수와 서수를 동시에 배우게 된다. 예를 들면, 사람의 수를 알아보는 장면에서 하나, 둘, 셋 …과 같이 세기도 하고 첫째, 둘째, 셋째 …와 같이 세기도 한다. 기수와 서수의 개념 차이를 명확히 인식하기 어렵다.

일상생활에서 덧셈을 '합병'의 상황으로 설명할 수 있다. 여기서 합병은 '합한다'의 의미이다. 이것을 수학적으로 표현하면 다음과 같다. 즉, 두 집합 A, B에서 $A \cap B = \varnothing$일 때, $n(A) + n(B) = n(A \cup B)$이다. '빨간 구슬 3개와 흰 구슬 5개를 합하면 얼마인가?'의 문제에서 빨간 구슬 집합을 A, 흰 구슬 집합을 B라고 하면 $A \cap B = \varnothing$이고, $n(A) = 3$, $n(B) = 5$, $n(A \cup B) = 8$이므로 $3 + 5 = 8$이다.

■ 순서관계

사람은 태어난 시간에 따라 나이가 정해진다. 나이는 하나의 순서를 가능하게 한다. 경쟁 사회에서 실력이나 업적에 따라 순서가 부여되는 경우도 있다.

자연의 현상이나 사람의 사는 모습을 설명하려는 언어로서 수학이 순서를 중요하게 다루는 이유가 여기에 있다.

수학적으로 '순서'의 정확한 의미는 무엇인가?

가. 반순서

집합 A 위에서의 관계 R가 반사적, 반대칭적, 추이적일 때 R를 반순서(partial order)라고 한다. 즉, 다음이 성립하는 A에서의 관계 $\preccurlyeq$를 A에서의 반순서라고 한다.

임의의 a, b, $c \in A$에 대해서

- $a \preccurlyeq a$ 이고,
- $a \preccurlyeq b$이고 $b \preccurlyeq a$이면 $a = b$ 이며,
- $a \preccurlyeq b$ 이고 $b \preccurlyeq c$ 이면 $a \preccurlyeq c$ 이다.

집합 A 위에 반순서 $\preccurlyeq$가 정의되어 있을 때 $(A, \preccurlyeq)$를 반순서집합(partially ordered set)이라고 한다.

$(X, \preccurlyeq)$를 반순서 집합이라고 하고 원소$a_0 \in X$가 모든 원소 $x \in X$에 대해서 $a_0 \preccurlyeq x$일 때, a_0를 X의 '첫 원소(the first element)' 또는 '최소원소(the least element)'라고 한다. 즉, a_0는 X의 모든 원소 앞에 있다. 마찬가지로, 한 원소 $b_0 \in X$가 모든 $x \in X$에 대하여 $x \preccurlyeq b_0$일 때 b_0를 X의 '마지막 원소(the last element)' 또는 '최대원소(the greatest element)'라고 한다.

반순서 집합에 첫 원소나 마지막 원소가 꼭 존재하는 것은 아니다.

나. 전순서

반순서 집합에서는 임의의 두 원소가 반드시 순서관계에 있는 것은 아니다.

반순서집합의 임의의 두 원소 $a, b \in A$가 $a \preccurlyeq b$와 $b \preccurlyeq a$ 중의 어느 한 성질을 갖는 A에서의 반순서를 A에서의 '전순서(total order)'라 하고, A를 전순서집합(totally ordered set)이라 한다. 전순서를 '선형순서(linear order)'라고도 한다.

다. 정렬(well-order)

A가 전순서 집합이며 A의 공집합이 아닌 어떠한 부분집합도 최소원소를 가질 때, A를 '정렬집합(well-ordered set)'이라고 한다.

과제 3-8 유한 전순서집합은 항상 정렬집합임을 설명하여라.

정렬집합 $(A, \leq)$에서 $a \in A$가 최대원소가 아니라고 하면 $\{x \in A \mid a < x\}$는 공집합이 아니므로 최소원소를 가진다. 이 최소원소를 $a \in A$ 의 '바로 뒤 원소(immediate successor)'라고 한다.

한편, 정렬집합 $(A, \leq)$의 임의의 $a \in A$에 대하여 집합 $\{x \in A \mid x < a\}$을 생각할 수 있다. a가 최소원소이면 이 집합은 공집합이다. 그러나 a가 최소원소가 아니면 이 집합은 공집합이 아니다. 이 집합이 최대원소를 가지면 이 원소를 a의 '바로 앞 원소(immediate predecessor)'라고 한다.

과제 3-9 다음을 확인하여라.
수직선(number line) 위에서 자연수 전체의 집합은 정렬집합이다. 자연수 3의 바로 뒤 원소는 4이고, 3의 바로 앞 원소는 2이다.

수직선은 실수 전체의 집합을 그림으로 나타낸 것이다. 수직선에서 자연수 전체의 집합은 정렬집합이지만 실수 전체의 집합은 그렇지 않다.

과제 3-10 수직선에 있는 화살표의 의미에 관하여 알아보아라.

■ 유한과 무한

물리학 등 자연과학에서는 '무한'을 진지하게 다룰 수 없다. 무한은 그 속성상 실험이나 관찰을 불허하기 때문이다.

신학이나 철학에서는 '무한'을 의식하지 않을 수 없을 것이다. 그러나 무한 자체를 진지하게 연구하지는 않는다.

무한을 진지하게 연구하는 학문은 수학, 즉 집합론이다. 다음 말은 무한이 집합론에서 얼마나 중요한가를 강조한다.

> Set theory without infinity is like Shakespeare without poetry, Cezanne without color.

이런 의미에서 집합론을 '무한의 이론(Theory of Infinity)'라고 부르기도 한다.

집합론은 어떠한 방식으로 무한에 접근할까?

가. 유한에서 무한으로

급수 1+1/2+1/4+1/8+1/16+⋯ 의 값을 다음과 같이 구할 수 있다.

$$1+1/2+1/4+1/8+1/16+\cdots = 1+1/2(1+1/2+1/4+1/8+\cdots)$$

이제, S =1+1/2+1/4+1/8+1/16+⋯ 라고 하면 S=1+S/2 가 되어 S= 2 이다.

이제, 동일한 방법을 사용하여 1+2+4+8+16+32+64+⋯을 다음과 같이 구하면 어떨까?

$$1+2+4+8+16+32+64+\cdots = 1+2(1+2+4+8+16+32+64+\cdots)$$

이제, S =1+2+4+8+16+32+64+⋯ 라고 하면 S=1+2S 가 되어 S= −1 이다.

다음 논증은 어떠한가?

$$1-1+1-1+ \cdots +1-1+ \cdots = (1-1) + (1-1) + \cdots + (1-1) + \cdots = 0$$

유한의 경우에 성립하는 결합법칙이 무한의 경우에는 성립하지 않을 수 있다는 것을 알 수 있다.

다음 논증은 타당한가?

$$1-1+1-1+1-1+ \cdots = (1+1+ \cdots)-(1+1 + \cdots) = \infty - \infty$$

유한의 경우에 성립하는 교환법칙이 무한의 경우에는 성립하지 않을 수 있다는 것을 알 수 있다.

과제 3-11 무한의 경우 분배법칙이 적용될 수 없는 예를 들어보아라.

나. 수학 교육과정에서의 무한

2009개정 수학과 교육과정(중학교)에서 '집합' 부분이 빠졌다. 이는 무한을 본격적으로 도입할 수 없는 중학교 수준에서 바람직하다고 볼 수 있다.

그러나 중학교 1학년 수준에서 '0.999⋯ = 1'을 다루는 것은 재고되어야 한다.

현행 교육과정에서 '0.999⋯ = 1'을 다음과 같은 절차로 설명한다.

$$x = 0.999\cdots$$
$$10x = 9.999\cdots$$
$$10x - x = 9.999\cdots - 0.999\cdots$$
$$9x = 9$$
$$x = 1$$

그러나 여기에는 몇 가지 민감한 수학적 문제가 스며있다.

(1) 과연 $0.999\cdots$은 '수(數)'라고 볼 수 있는가?
다시 말하면, 과연 $0.999\cdots$을 x라고 놓을 수 있는가? 그렇다면 앞에서 언급한 1+2+4+8+16+32+64+⋯ 경우의 다음 논증을 어떻게 논박할 수 있을까?

1+2+4+8+16+32+64+⋯ = 1+2(1+2+4+8+16+32+64+⋯).

이제, S =1+2+4+8+16+32+64+⋯라고 하면 S=1+2S가 되어 S=−1이다.

(2) $x = 0.999\cdots$라고 할 때, 왜 $10x = 9.999\cdots$인가? $x = 0.99$라면 $10x = 9.9$인 것에는 동의할 수 있다. 그러나 $x = 0.999\cdots$인 경우에도 정말 그렇게 된다는 것을 어떻게 설명할 수 있는가?

위에서 제기한 문제 외에도 수학교육적 문제를 몇 가지 더 제기할 수 있을 것이다. 따라서 이러한 내용을 중학교 교육과정에서 다루는 것은 재고되어야 할 것이다.

■ 대등한 집합

유한집합의 경우에는 물론이지만 무한집합의 경우에 두 집합을 어떠한 방법으로 비교할 수 있을까?

가. 가부번 집합

두 집합을 비교하는 방법으로서 함수를 이용할 수 있다. 실제로, 집합 A와 집합 B가 '대등하다(equipotent)'는 것은 집합 A, B 사이에 일대일 대응 $f: A \rightarrow B$ 이 존재할 때를 말한다.

≪정의 3.12≫ 가부번 집합

한 집합 X가 자연수의 집합 $\mathrm{N} = \{1,2,3,\cdots\}$과 대등하면 X를 '가부번(denumerable)'이라고 한다.

무한이면서 N 과 대등이 아닌 집합을 '비가부번(non-denumerable)'이라고 한다.

나. 농도

모든 무한집합의 크기를 간단히 '∞'로 나타내고 더 이상의 관심을 기울이지 않아도 된다. 그러나 현대 수학, 특히 집합론에서는 그렇게 하지 않는다. 무한 집합도 크기에 따라 분류하고 그 크기를 따로따로 나타낸다.

유한집합의 경우에는 그 집합의 크기로서 위수(원소의 개수)를 말할 수 있다. 그러나 무한집합의 경우는 '개수(number)' 대신 '농도(cardinality)'로써 집합의 크기를 나타낸다.

두 유한집합 사이에 일대일 대응이 존재하면 두 집합의 위수는 같다. 이 사실을 일반화하여 두 집합 A, B가 대등 즉, $A \sim B$이면 A와 B는 같은 농도를 가진다고 한다. 위수가 n인 집합 A의 농도는 n이라고 하고 $\mathrm{card}\, A = n$과 같이 나타낸다. 한편, X가 가부번집합일 때 X의 농도를 $\aleph_0$(aleph-zero)라고 하고 $\mathrm{card\,X} = \aleph_0$와 같이 나타낸다.

과제 3-13 수학사에서 무한 개념의 형성 과정을 이야기 형태로 꾸며보아라.

■ 초등학교에서 무한의 활용

무한은 일상에서 많이 사용하는 말이지만 무한을 인식하는 일은 생각보다 쉽지 않다. 그래서 오래전의 사람들은 무한을 제대로 인식하지 못해서 많은 오류나 역설 등을 만들었고, 그것을 이해하는 것에 어려움을 느꼈다. 초등수학 교육과정에서는 특별히 무한에 대한 언급은 없다. 하지만 수학시간에 사용하는 자연수는 1부터 시작하여 끝이 없는 무한집합으로 되어있어 학생들에게 그 끝은 어떤 모습일지 호기심을 자극하기에 충분하다. 또 6학년 과정에서는 원의 둘레와 원의 넓이를 구하는 내용이 나오는데 무한소수인 원주율을 얘기하는데 결국 무한의 개념이 들어가지 않을 수 없다.

우리는 무한을 '∞'의 기호를 사용하여 나타낸다. '∞+1=∞'라는 식을 생각해보자. 위 식은 무한대에 1을 더해도 무한대를 의미하는 것이지 '∞'라는 수에 '1'을 더한 값이 '∞'와 같다는 것을 의미하는 것은 아니다. 이처럼 무한에서의 연산은 우리가 일반적인 수체계에서 사용하는 연산과는 다르다는 것을 인지해야 한다. 무한은 우리가 쉽게 생각하는 유한의 범위에서 벗어나 다른 특성을 지니고 있다. 초등학교에서는 이러한 무한의 특징을 느끼는 정도에서 무한을 접하는 것으로도 충분할 것으로 보이며, 이후 무한에 대해 학습하는 데 큰 도움을 줄 수 있을 것으로 판단된다.

수업자료

위와 같은 내용을 학교 현장에서 활용할 수 있도록 다음과 같이 활동지를 제공한다.

[학생활동지 3-1]

유한과 무한

1. 우리는 생활에서 유한이라는 말과 무한이라는 말을 사용합니다. 유한과 무한이라는 말이 사용되는 예를 가능한 많이 찾아서 적어보시오.

(유한)	(무한)

2. 다음 보기의 내용 중 무한인 것을 고르시오.

> 1. 바닷가에 있는 모래알의 개수
> 2. 우리나라에 있는 모든 도로의 길이의 합
> 3. 모든 자연수의 개수

3. 내가 생각하는 유한과 무한에 대해서 설명해 보시오.

[학생활동지 3-2]

순환하는 무한소수

1. 나눗셈을 하다보면 나누어떨어지지 않고, 계속해서 같은 수가 끝없이 반복되어 나오는 경우가 있습니다. 우리는 그 수를 순환하는 무한소수라고 부릅니다. 그 값을 끝까지 적을 수 없기 때문에 보통 근삿값을 사용합니다. 이에 해당하는 예를 찾아봅시다.(근삿값을 구할 때 소수 둘째 자리에서 반올림 하시오.)

식	몫	근사값
1÷3	0.33333⋯	0.33
2÷9		

2. 순환하는 무한소수는 소수점의 뒤의 자릿수가 무한히 많이 있지만, 그렇다고 무한히 큰 수를 나타내는 것은 아닙니다. 위에서 찾은 무한소수를 분수로 나타내어 보시오.

[학생활동지 3-3]

원주율

1. 원주율은 지름에 대한 원주(원둘레)의 비율입니다. 줄자를 이용하여 주변에 보이는 원형 물건의 둘레를 재어보고 다음 표를 완성하시오.

	물체 이름	원주(원둘레)	지름(cm)	원주÷지름(원주율)
1		cm	cm	
2		cm	cm	
3		cm	cm	
4		cm	cm	

2. 위의 활동을 통해 알 수 있는 사실을 쓰시오.

3. 수학자 아르키메데스는 원주율[5]을 조금 더 정확하게 구하기 위해서 다음과 같은 방법을 생각했습니다.

원 안쪽에서 맞닿는 정다각형의 둘레 < 원주(원둘레) < 원 바깥쪽에서 맞닿는 정다각형의 둘레

아래 표에 보이는 원의 반지름이 1cm라고 할 때 원주와 원주율을 계산하여 봅시다.(소수 둘째 자리에서 반올림 하시오.)

	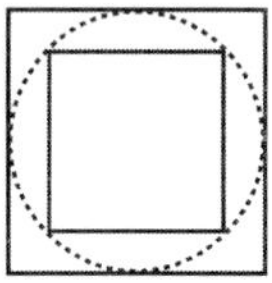	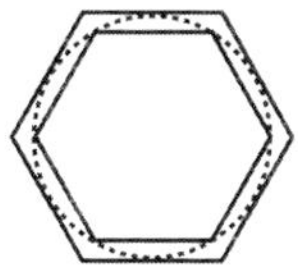	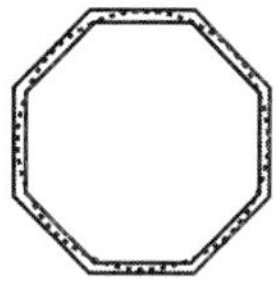
안쪽 다각형의 둘레	약 5.6cm		약 6.1cm
바깥쪽 다각형의 둘레		약 7.5cm	약 6.6cm
원주 (원둘레)	약 5.6cm < 원주 < cm	cm < 원주 < 약 7.5cm	약 6.1cm < 원주 < 약 6.6cm
원주율(π) (원주÷지름)	약 2.8 < π <	< π < 약 3.8	약 3.1 < π < 약 3.3

5) 수학자 아르키메데스는 정96각형의 경우에 원주율이 3.1408…보다 크고 3.1428…보다 작다는 것을 계산했다고 합니다.

4. 위 방법을 이용하여 원주율을 더욱 정확하게 구하고자 한다면 어떻게 하면 좋을지 생각해봅시다.

5. 다음은 원넓이를 구하는 방법입니다. 무한이라는 말을 넣어 원의 넓이를 구하는 방법을 설명해보시오.

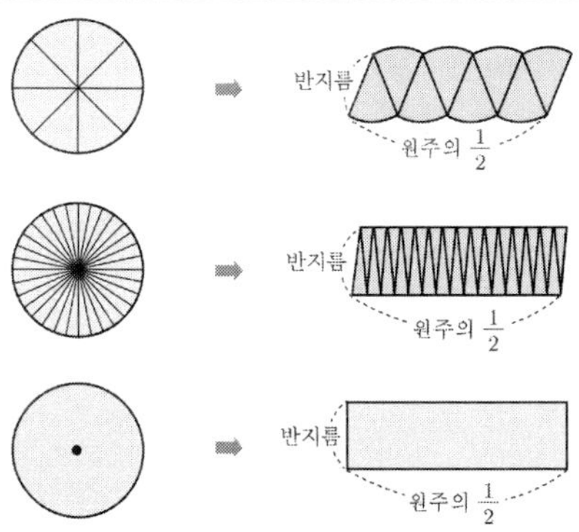

여기서 잠깐

우리가 이번 활동에서 구한 원주율은 순환하지 않는 무한소수입니다. 순환하지 않는 무한소수는 다른 말로 무리수라고 부릅니다. '원주÷지름'의 몫에서 소수부분이 순환하는 규칙이 없기 때문에 아무리 계산을 해도 그 끝의 숫자를 알 수 없습니다. 또 순환하지 않기 때문에 분수의 형태로 나타낼 수 없습니다. 따라서 원주율과 같은 무리수는 분수로 표현할 수 없으므로 근사를 사용하거나 기호를 사용합니다. 원주율은 3.14159265358979323846…로 정확한 값을 구할 수 없습니다. 따라서 초등학교에서는 근삿값인 3.14를 사용하고 중학교에서부터는 근삿값 대신 파이(π)라는 기호를 사용합니다.

CHAPTER

04 퍼지집합

지금까지 이 책에서는 물론이고 전통적으로 수학에서는 '참 또는 거짓을 분명히 판정할 수 있는' 문장인 '명제'에 대해서 다룬다.

그러나 일상생활에서 주로 사용되는 것들은 항상 명제 수준의 문장들이 아니다. 말하는 상황이나 듣는 사람에 따라 다르게 이해될 수 있는 것들이 대부분이다.

한편, '11은 10보다 큰 수이다.'라고 말하면 모든 사람이 동의할 수 있지만, '11은 큰 수이다.'라고 말하면 동의하지 않을 수 있다. '오늘 기온이 영하 10도이다.'라고 하면 그 뜻이 분명하지만 '오늘 상당히 춥다.'라고 하면 상황이 다르다.

그러한 상황을 수학적으로 어떻게 다룰 수 있을까? 참/거짓의 '이치논리(二値論理, logic of bivalence)'가 아닌 '다치논리(多値論理, logic of multivalence)'가 필요할 것이다.

사실, 1960년대 중반 미국의 자데(L. A. Zadeh)는 전통적인 집합론에서의 이치논리 개념을 일반화하여 다치논리의 '퍼지집합(fuzzy set)' 개념을 소개하였다. '퍼지(fuzzy)'는 '희미한' 또는 '분명하지 않은'의 뜻이 있다.

이 장에서는 전통적인 집합을 그냥 '집합'이라고 한다.

■ 퍼지집합

퍼지집합은 어떻게 정의되며 그 연산은 어떻게 하는가?

가. 퍼지집합의 표현

지금까지는 집합 X와 한 대상(object) x에 대하여 $x \in X$ 또는 $x \notin X$ 둘 중 하나만 성립한다.

이제, $\mu(x)$, $x \in X$가 폐구간 $[0, 1]$의 어떤 값이라도 가질 수 있는 함수 $\mu : X \to [0, 1]$의 경우를 생각하자.

예를 들어, 집합 $X = \{a, b, c, d\}$에 대하여 함수 $\mu : X \to [0, 1]$을 다음과 같이 정의할 수 있다.

$\mu(a) = 0.1,\ \mu(b) = 1,\ \mu(c) = 0,\ \mu(d) = 0.7$

≪정의 4.1≫

집합 X와 함수 $\mu : X \to [0, 1]$에 대하여 순서쌍들의 집합 $\{(x, \mu(x)) \mid x \in X\}$를 X 위에서의 퍼지집합(fuzzy set)이라고 하고, 함수 μ를 그 퍼지집합의 귀속도함수(membership function)[6]라고 한다.

나. 퍼지집합의 예

집합 $X = \{a, b, c, d\}$와 X의 부분집합 $Y = \{a, b\}$에 대하여 함수 $\mu : X \to [0, 1]$를 $\mu(a) = 1,\ \mu(b) = 1,\ \mu(c) = 0,\ \mu(d) = 0$와 같이 정의하면, 퍼지집합 $\{(a, 1), (b, 1), (c, 0), (d, 0)\}$를 생각할 수 있다. 이 경우에는 집합 X에서의 귀속도함수는 함수값으로서 0 또는 1만 가진다.

집합 $X = \{a, b, c, d\}$와 $\mu(a) = 0.1,\ \mu(b) = 1,\ \mu(c) = 0,\ \mu(d) = 0.7$와 같이 정의되는 귀속도함수 $\mu : X \to [0, 1]$에 의한 퍼지집합은 $\{(a, 0.1), (b, 1), (c, 0), (d, 0.7)\}$이다.

---

6) '소속함수'라고도 한다. 사건이 일어날 확률을 귀속도함수로 사용할 수 있지만, 일반적으로 귀속도함수는 확률과는 다르다. 확률이론에는 '임의성(randomness)'이 결정적인 역할을 하지만, 퍼지집합에서는 임의성이 아닌 주관성이 개입한다.

과제 4-2

(1) 보통의 집합도 퍼지집합으로 볼 수 있음을 설명하여라.

(2) 다음을 확인하여라.

- 집합 $X=\{1,\ 2,\ 3,\ 4,\ 5\}$에서 '작은 수의 모임'은 집합이 아니다.
- 집합 $X=\{1,\ 2,\ 3,\ 4,\ 5\}$ 위에서의 $A=\{(1,\ 1),\ (2,\ 0.7),\ (3,\ 0.2),\ (4,\ 0.1),\ (5,\ 0)\}$는 퍼지집합이다.

퍼지집합에서는 귀속도함수가 중요한 역할을 한다. 즉, 귀속도함수에 따라 퍼지집합이 결정된다.

다. 퍼지부분집합

집합 X에서 귀속도함수 μ_A와 μ_B 각각에 의하여 결정되는 퍼지집합을 X_A, X_B로 나타내기로 하자.

≪정의 4.3≫ 집합 X 위에서의 두 퍼지집합 X_A와 X_B에 대하여, 임의의 $x \in X$에 대하여 $\mu_A(x) \le \mu_B(x)$일 때 X_A는 X_B의 퍼지부분집합이라고 하고, $X_A \subset X_B$와 같이 나타낸다.

예를 들어, 퍼지집합 $X_A=\{(a,\ 1),\ (b,\ 1),\ (c,\ 0),\ (d,\ 0)\}$는 $X_B=\{(a,\ 1),\ (b,\ 1),\ (c,\ 1),\ (d,\ 1)\}$의 부분퍼지집합이다.

라. 퍼지집합의 상등

≪정의 4.4≫ 임의의 $x \in X$에 대하여 $\mu_A(x)=\mu_B(x)$일 때, 두 퍼지집합 X_A와 X_B는 같다고 하고, $X_A = X_B$와 같이 나타낸다.

두 퍼지집합 X_A와 X_B가 같기 위한 필요충분조건은 $X_A \subset X_B$이고

$X_B \subset X_A$ 임을 알 수 있다.

■ 퍼지연산

두 집합 사이의 연산으로서 교집합과 합집합을 생각하듯이, 두 퍼지집합 사이의 연산을 생각할 수 있다.

집합 사이의 연산과 어떠한 관계에 있을까?

≪정의 4.5≫ 퍼지집합 X_A와 X_B에 대하여

$$\mu_{A \cap B}(x) = \min\{\mu_A(x),\ \mu_B(x)\}$$

라고 할 때,

$$X_A \cap X_B = \{(x,\ \mu_{A \cap B}(x) \mid x \in X\}$$

와 같이 정의하고, $X_A \cap X_B$를 퍼지교집합이라고 한다.

또, $\mu_{A \cup B}(x) = \max\{\mu_A(x),\ \mu_B(x)\}$라고 할 때,

$$X_A \cup X_B = \{(x,\ \mu_{A \cup B}(x) \mid x \in X\}$$

와 같이 정의하고, $X_A \cup X_B$를 퍼지합집합이라고 한다.

이제, 퍼지집합 X_A가 주어졌을 때, 다음과 같은 함수를 생각하자.

$$\mu_{A^c}(x) = 1 - \mu_A(x)$$

이 함수 μ_{A^c}도 집합 X에 정의되는 귀속도함수임을 알 수 있다.

이제, 퍼지집합 X_A의 퍼지여집합 X_{A^c}는 다음과 같이 정의된다.

≪정의 4.6≫ $X_{A^c} = \{(x,\ \mu_{A^c}(x)) \mid x \in X\}$

퍼지차집합은 다음과 같이 정의된다.

≪정의 4.7≫ $X_A - X_B = X_A \cap X_{B^C}$

앞으로, 집합 X가 무엇인지 강조할 필요가 없을 때에는, 퍼지집합 X_A와 X_{A^C}를 각각 간단히 A와 A^C로 나타낸다.

보통의 집합에 관한 연산의 많은 성질이 퍼지집합의 연산에서도 성립한다.

과제 4-8 임의의 퍼지집합 A, B, C에 대하여 다음이 성립한다.

(1) $A \cap A = A$, $A \cup A = A$, $(A^C)^C = A$

(2) $(A \cap B) \cap C = A \cap (B \cap C)$, $(A \cup B) \cup C = A \cup (B \cup C)$

(3) $A \cap B = B \cap A$, $A \cup B = B \cup A$

(4) $A \cap (B \cup C) = (A \cap B) \cup (A \cap C)$
$A \cup (B \cap C) = (A \cup B) \cap (A \cup C)$

(5) $(A \cap B)^C = A^C \cup B^C$, $(A \cup B)^C = A^C \cap B^C$

집합의 경우에는 배중률(law of excluded-middle)이 성립한다. 즉, 임의의 집합 A에 대하여 다음이 성립한다.

$$A \cup A^C = U, \text{ 즉 } A \cap A^C = \varnothing$$

여기서 U는 전체집합이다.

보통의 집합의 연산 법칙과 퍼지집합의 연산 법칙이 다른 가장 큰 특징은 퍼지집합론에서는 배중률이 성립하지 않는다는 것이다. 이를 알아보기 위하여, 집합 $X = \{a\}$ 위의 퍼지집합 $A = \{\left(a, \frac{1}{2}\right)\}$을 생각하면 다음을 알 수 있다.

$$X = \{(x, 1) \mid x \in X\}$$
$$\varnothing = \{(x, 0) \mid x \in X\}$$
$$A \subset X$$

$$A \cup A^C = A \neq X$$
$$A \cap A^C = A \neq \varnothing$$

■ 퍼지관계

집합위에 여러 관계를 생각할 수 있듯이 퍼지집합 위에서도 관계를 생각할 수 있을까?

가. 정의

집합 X와 집합 Y의 데카르트곱 $X \times Y$ 위에서의 퍼지관계 R는 다음과 같이 생각할 수 있다.

$$\{((x,\ y),\ \mu_R((x,\ y)) \mid (x,\ y) \in X \times Y\}$$

여기서 μ_R는 귀속도함수이다.

예를 들어, $X = \{x_1,\ x_2\}$와 $Y = \{y_1,\ y_2\}$의 데카르트 곱 $X \times Y$ 위에서

$$R = \{((x_1,\ y_1),\ 0.2),\ ((x_1,\ y_2),\ 1),\ ((x_2,\ y_1),\ 0),\ ((x_2,\ y_2),\ 0.7)\}$$

는 하나의 퍼지관계이다.

퍼지관계는 행렬로 표현하면 편리하다. 위 예에서의 퍼지관계는 $\begin{bmatrix} 0.2 & 1 \\ 0 & 0.7 \end{bmatrix}$와 같은 행렬로 나타낼 수 있다. 이 행렬의 ij-성분은 $\mu_R((x_i,\ y_j))$을 나타낸다.

$X \times X$ 위에서의 퍼지관계를 간단히 X 위에서의 퍼지관계라고 한다.

≪정의 4.9≫

가. X 위에서의 퍼지관계 R가 다음 조건을 만족시킬 때, R를 반사적(reflexive)이라고 한다.

임의의 $x \in X$에 대하여, $\mu_R(x,\ x) = 1$이다.

나. X 위에서의 퍼지관계 R가 다음 조건을 만족시킬 때, R를 대칭적(symmetric)이라고 한다.

임의의 $x,\ y \in X$에 대하여, $\mu_R(x,\ y) = \mu_R(y,\ x)$이다.

다. X 위에서의 퍼지관계 R가 다음 조건을 만족시킬 때, R를 반대칭적(anti-symmetric)이라고 한다.

임의의 $x,\ y \in X\ (x \neq y)$에 대하여, $\mu_R(x,\ y) \neq \mu_R(y,\ x)$ 또는 $\mu_R(x,\ y) = \mu_R(y,\ x) = 0$이다.

라. X 위에서의 퍼지관계 R가 다음 조건을 만족시킬 때, R를 추이적(transitive)이라고 한다.

임의의 $x,\ y,\ z \in X$에 대하여,

$\mu_R(x,\ z) \geq \max\{\min\{\mu_R(x,\ y),\ \mu_R(y,\ z)\} \mid y \in X\}$이다.

과제 4-10 'x_1 = 청주, x_2 = 대전, x_3 = 광주, x_4 = 대구'라고 할 때, 집합 $X = \{x_1,\ x_2,\ x_3,\ x_4\}$ 위에 퍼지관계 'x는 y에 꽤 가깝다'를 행렬 $\begin{bmatrix} 1 & 0.9 & 0.1 & 0.1 \\ 0.9 & 1 & 0.3 & 0.3 \\ 0.1 & 0.3 & 1 & 0.4 \\ 0.1 & 0.3 & 0.4 & 1 \end{bmatrix}$로 나타낼 때, 이 관계에 대하여 다음을 확인하여라.

(1) 반사적이고 대칭적이다.

(2) 추이적이 아니다.

(3) 반대칭적이 아니다.

나. 동치, 함수, 순서

(1) 동치

보통 집합에서 동치관계를 생각하듯이 퍼지집합에서 퍼지동치관계를 생각할 수 있다.

≪**정의 4.11**≫ 집합 X 위에서의 퍼지관계 R가 다음 조건을 만족시킬 때, 관계 R는 퍼지동치관계(fuzzy equivalence relation) 또는 유사관계(similitude)라고 한다.

- R는 반사적이다.
- R는 대칭적이다.
- R는 추이적이다.

집합 X 위에서의 퍼지관계 R와 임의의 실수 α에 대하여 $R_\alpha = \{(x,\ y) \in X \times X \mid \mu_R((x,\ y)) \geq \alpha\}$는 $X \times X$의 보통 부분집합으로서 X 위에서의 관계이다.

집합 X 위에서의 퍼지동치관계 R에 대하여 R_α는 X 위에서의 보통 동치관계(equivalence relation)임을 알 수 있다. 먼저, R_α가 반사율과 대칭률을 만족시키는 것은 쉽게 알 수 있다. 이제, $\mu_R(x,\ y) \geq \alpha$이고 $\mu_R(y,\ z) \geq \alpha$라고 하면, $\mu_R(x,\ z) \geq \min\{\mu_R(x,\ y),\ \mu_R(y,\ z)\}$이므로 $\mu_R(x,\ z) \geq \alpha$이다.

(2) 함수

보통 함수 개념에 퍼지 개념을 도입하는 방법은 다양하게 있을 수 있다. 여기에서는 그 중 한가지만을 간략히 소개한다.

두 집합 X, Y에 대하여 함수 $f : X \to Y$가 있다고 하자. X, Y 각각의 위에서의 퍼지집합 A, B가 있다고 하자. 임의의 $x \in X$에 대하여 $\mu_A(x) \leq \mu_B(f(x))$일 때, 함수 f는 퍼지제한함수(fuzzy constraint function)라고 한다.

한 가지 예로서 '사람이 나이가 들수록 매일 운동을 더 많이 해야 한다.'라는 주장을 생각해 보자. 나이가 든 사람들의 퍼지집합 A와 매일의 운동량의 퍼지집합 B를 생각할 때, 조건 '$\mu_A(x) \leq \mu_B(f(x))$'로부터 나이가 들수록 매일의 운동량이 더 많아짐을 알 수 있다.

퍼지제한함수의 합성은 잘 정의된다. 즉, 두 퍼지제한함수 $f: X \to Y$와 $g: Y \to Z$의 합성함수 $g \circ f: X \to Z$는 퍼지제한함수이다.

> **과제 4-12** 다음을 증명하여라.
> 두 퍼지제한함수 $f: X \to Y$와 $g: Y \to Z$의 합성함수 $g \circ f: X \to Z$는 퍼지제한함수이다.

(3) 순서

집합론에서 순서관계를 정의하듯이 퍼지집합의 경우에도 퍼지순서관계(fuzzy order relation)를 정의할 수 있다.

≪**정의 4.13**≫ 집합 X 위에서의 퍼지관계 R가 다음 조건을 만족시킬 때 관계 R는 퍼지순서관계라고 한다.

- R는 반사적이다.
- R는 반대칭적이다.
- R는 추이적이다.

예를 들어, 집합 $X = \{x_1, x_2\}$ 위에 행렬 $\begin{bmatrix} 1 & 0.8 \\ 0.2 & 1 \end{bmatrix}$로 정의되는 퍼지관계는 퍼지순서관계이다.

■ 초등학교에서 퍼지의 활용

퍼지는 판단하는 사람의 주관성이 중요하게 작용한다. 이러한 퍼지의 성질은 명확한 수학적 개념과는 다르기 때문에 정규 수학 교육과정에 소개되지 않는다. 그러나 퍼지는 일상 생활에서 많이 활용되고 있고, 특히 전자 제어 분야나 의사 결정 분야 등에서는 퍼지의 활용도가 높은 편이다.

과제 4-14 '퍼지 세탁기'와 '퍼지 식기세척기'등의 전자제품에서 퍼지가 어떻게 이용되는지 확인하여라.

학교 수학은 교과 특성상 의사 결정과 같은 주관적 내용을 다루지 않지만 사회 현상을 탐구하는 사회 교과에서는 자주 등장하는 주제이다. 현재 초등학교 4학년 사회 교과에는 '경제생활과 바람직한 선택'이라는 단원에서 경제적 의사결정 기준을 주제로 선택기준을 고려한 의사 결정하는 내용이 다뤄지고 있다. 초등학교에서는 담임교사가 수학 이외의 과목을 담당하고 있어 다른 교과와의 연계가 쉽다는 장점이 있다. 따라서 초등 사회과의 현명한 선택이라는 주제와 퍼지 개념과의 연계를 통해 퍼지 집합 및 연산의 소개가 가능하다. 또 이치의 수학이 아닌 다치의 수학을 소개함으로써 수학의 다양성을 느낄 수 있는 계기가 될 것이다.

이를 위해 4학년 사회과 '현명한 선택'이라는 제재에서 다루어지고 있는 소재 가운데 '제품을 구입할 때 고려해야 하는 요소'를 퍼지 집합으로 구성하고, 간단한 연산을 통해 의사 결정하는 과정을 소개한다.

과제 4-15 다음 용어를 퍼지와 비교해서 알아보아라.
(1) 흑백논리 (2) 이분법

가. 퍼지 연산을 이용한 의사 결정

어떤 선택을 하기 위해서는 고려해야 할 요소가 많다. 선택해야하는 대상을 하나의 집합으로 생각하고, 고려해야 할 요소를 값으로 나타내면 하나의 퍼지 집합으로 나타낼 수 있다.

스마트폰을 구입하는 상황을 생각해보자. 스마트폰 A, B, C, D는 내가 선택해야하는 대상으로 하나의 집합을 이룬다. 여기에 성능이나 디자인 등과 같은 요소를 고려하여 각 원소의 귀속도 함수를 생각할 수 있다. 다음의 성능이 좋은 스마트폰 모임(X)과 디자인이 좋은 스마트폰 모임(Y)은 퍼지집합이다.

X={(A, 0.8), (B, 0.3), (C, 0.6), (D, 0.2)}
Y={(A, 0.4), (B, 0.7), (C, 0.1), (D, 0.9)}

만약 성능만을 고려하여 스마트폰을 구입하고자 한다면 집합 X에서, 가장 높은 값인 A를, 디자인만을 고려하여 스마트폰을 구입하고자 한다면 집합 Y에서 가장 높은 값인 D를 선택한다.

성능도 좋고 디자인도 좋은 스마트폰을 선택하려면 어떻게 해야할까? A스마트폰을 생각해보자. A는 성능면에서는 0.8로 꽤 높은 편이지만 디자인 면에서는 0.4로 낮은 편이다. 성능과 디자인을 모두 고려하여 선택하려고 하기 때문에 성능이 우수(0.8)하더라도 좋지 않은 디자인(0.4) 때문에 선뜻 선택하기 어렵다. 따라서 성능도 좋고 디자인도 좋은 스마트폰 모임(Z)를 생각한다면 A의 귀속도 함수는 결국 0.4가 된다. 같은 방법으로 퍼지집합 Z를 만들 수 있다.

Z={(A, 0.4), (B, 0.3), (C, 0.1), (D, 0.2)}

이때 퍼지집합 Z(성능도 좋고 디자인도 좋은 스마트폰 모임)는 두 퍼지집합의 귀속도 함수 중 작은 값을 택한 퍼지집합이며 이는 곧 A∩B를 나타낸다.

$$\mu_Z(x)=\mu_{X\cap Y}(x)=\min\{\mu_X(x), \mu_Y(x)\}$$

과제 4-16 다음에 제시하는 퍼지 집합은 무엇을 의미하는지 생각해보고, 의사결정에 어떻게 이용될 수 있는지 알아보아라.

(1) X∪Y (2) Y^c

수업자료

위와 같은 내용을 학교 현장에서 활용할 수 있도록 다음과 같이 활동지를 제공한다.

[학생활동지 4-1]

퍼지집합

1. 다음 중 집합이 아닌 것을 고르시오

① 10보다 작은 자연수의 모임
② 키가 큰 학생들의 모임
③ 생일이 1월 1일인 사람들의 모임
④ 6의 약수들의 모임

2. 집합이란 무엇인지 설명하고, 1번에서 고른 답이 집합이 아닌 이유를 설명하시오.

3. '어린이들의 모임'을 생각한다면 몇 살부터 몇 살까지를 어린이라고 할 수 있을지 생각해보고 그렇게 생각한 이유를 말해보시오. 그리고 그 결과를 친구들과 비교해보시오.

4. 위에서 살펴본 '어린이들의 모임'을 생각해보자. 3살, 7살, 10살, 12살, 17살, 21살 이렇게 6명이 있다고 할 때 어린이들의 모임을 퍼지집합으로 나타내어 보시오.

[학생활동지 4-2]

퍼지집합 연산

※ 다음 상황에 대해서 생각해보시오.

> 노트북 컴퓨터를 구입하려고 한다. A, B, C, D 의 노트북 가운데 하나를 선택하기로 했다. 선택을 위해 성능이 좋은 노트북 모임(X)과 디자인이 좋은 모임(Y)을 퍼지 집합으로 다음과 같이 나타내었다.
>
> X={(A, 0.8), (B, 0.3), (C, 0.6), (D, 0.2)}
>
> Y={(A, 0.4), (B, 0.7), (C, 0.1), (D, 0.9)}

1. 아버지는 성능이 좋거나 또는 디자인이 좋은 노트북 컴퓨터를 사고 싶어 한다면 어떤 컴퓨터를 사면 좋을지 친구들과 논이해보고 그 내용을 쓰시오.

2. 아버지가 사고 싶어 하는 '성능이 좋거나 또는 디자인이 좋은 노트북 컴퓨터'의 모임($X \cup Y$)[7]을 생각한다면 각 노트북 컴퓨터의 소속정도는 어떻게 나타낼 수 있을까? 퍼지 집합으로 나타내시오.

3. 나는 성능이 좋고 디자인도 좋은 노트북 컴퓨터를 사려고 합니다. 나는 어떤 컴퓨터를 사면 좋을지 친구들과 논의해보고 그 내용을 쓰시오.

---

7) 합집합 : 집합 A와 B가 있을 때, 집합 A에 속하는 원소와 집합 B에 속하는 원소를 모두 포함하는 집합

4. 내가 사고 싶어 하는 '성능이 좋고 디자인도 좋은 노트북 컴퓨터'의 모임($X \cap Y$)[8]을 생각한다면 각 노트북 컴퓨터의 소속정도는 어떻게 나타낼 수 있을까? 퍼지 집합으로 나타내시오.

5. 누나는 디자인이 좋지 않은 노트북 컴퓨터는 사지 않겠다고 말했습니다. '디자인이 좋지 않은 노트북 컴퓨터'의 모임(Y^c)[9]을 생각한다면 각 노트북 컴퓨터의 소속정도는 어떻게 나타낼 수 있을까? 퍼지 집합으로 나타내고, 누나는 어떤 컴퓨터를 가장 사기 싫어하는지 쓰시오.

8) 교집합 : 집합 A와 B가 있을 때, 집합 A와 집합 B에 모두 속한 원소로 이루어진 집합

9) 여집합 : 전체 집합의 부분 집합 A에 대하여, 전체 집합에는 속하지만 집합 A에는 속하지 않는 모든 원소로 이루어진 집합

CHAPTER

05 정수

수학 역사의 초기부터 자연수에 관한 관심은 지대하였다. 자연수에 관하여 깊이 이해하고자 하면 할수록 자연수 외의 수에 대한 이해가 더 요구되었다.

이 장에서는 자연수의 확장으로서 정수에 관하여 주로 논의한다. 마지막 부분에서는 정수론의 응용으로서 정보보호이론(암호학)을 간략히 언급한다.

■ 자연수 전체의 집합

자연수 전체의 집합에서는 덧셈과 곱셈이 가능하지만 뺄셈과 나눗셈은 정의되지 않는다. 이런 측면에서 보면, 자연수 전체의 집합보다는 정수 전체의 집합이 좋고, 정수 전체의 집합보다는 유리수 전체의 집합이 좋다. 그렇다면 자연수 전체의 집합이 가지는 좋은 성질은 없을까?

가. 정렬성

자연수 전체의 집합 $\mathrm{N}=\{1,\ 2,\ 3,\ 4,\ \cdots\}$은 수직선 위에 주어진 순서에 관하여 정렬집합이다. 즉, 자연수들의 집합이 공집합이 아니면 그 중에는 가장 작은 자연수(최소원, 첫 원소)가 존재한다.

다음은 수학적으로 진지하게 제시하는 것은 아니다. 자연수 집합에서의 정렬성을 논의하는 과정에서 흥미로 제기되는 것이다.

명제: 특별하지 않은 자연수는 없다.

증명: 특별하지 않은 자연수가 있다고 하면 특별하지 않은 자연수 전체의 집합은 공집합이 아니다. 자연수의 정렬성에 의하여 이 집합은 최소원을 가진다. 그러나 그 최소원은 특별하다. 특별하지 않은 자연수 중에서 가장 작은 자연수이기 때문이다. 이 모순은 특별하지 않은 자연수가 있다고 가정함으로 발생한 것이므로 특별하지 않은 자연수는 없다.

과제 5-1 수직선 위에 주어진 순서에 관하여 다음 집합은 어느 것도 정렬집합이 아님을 설명하여라.

- 정수 전체의 집합
- 유리수 전체 집합
- 실수 전체 집합

나. 나눗셈 알고리즘

자연수 전체의 집합으로서 덧셈에 관하여 닫혀있다. 뺄셈에 관하여 닫혀있지 않다. 즉, 뺄셈은 정의되지 아니한다.

그러나 다음 나눗셈알고리즘이 성립한다.

두 정수 $a, b \in \mathbb{Z}$, $b > 0$에 대하여 $a = bq + r$, $0 \leq r < b$인 두 정수 $q, r \in \mathbb{Z}$가 존재하고, 이와 같은 q, r은 각각 하나뿐이다.

과제 5-2 다음 사실을 설명하여라.
뺄셈이 항상 가능하고 나누는 수가 0 이 아닌 경우에는 나눗셈도 가능한 유리수 전체의 집합에서는 나눗셈 알고리즘이 성립하지 않는다.

■ 수의 집합

자연수는 공리적으로 얻게 되지만 일단 자연수가 주어지면 그로부터 정수를 구성할 수 있고, 정수로부터 유리수를 얻는 등 수의 체계를 점점 확장할 수 있다.

이 책에서는 자연수 전체의 집합 외에 다음 집합들을 주로 다룬다.

가. $\mathbb{Z}=\{\cdots,\ -3,\ -2,\ -1,\ 0,\ 1,\ 2,\ 3,\ \cdots\}$

집합 $\mathbb{Z}$는 정수 전체의 집합으로서 덧셈, 뺄셈, 곱셈에 관하여 닫혀있고 나눗셈알고리즘이 성립한다. $\mathbb{Z}$는 수직선 위의 순서에 관하여 정렬집합이 아니지만 순서를 약간 바꾸면 정렬을 구체적으로 정의할 수 있다.

과제 5-3 집합 $\mathbb{Z}$에 정렬을 정의하여라.

다음은 자연수에서 정수를 도입하는 대표적인 방법이다.

집합 $\mathrm{N}\times\mathrm{N}=\{(m,n)\mid m,n\in\mathrm{N}\}$에 관계 '$\sim$'를 다음과 같이 정의하면, $\sim$는 동치관계이다.

임의의 $(m,n),(p,q)\in\mathrm{N}\times\mathrm{N}$에 대하여

$$(m,n)\sim(p,q)\Leftrightarrow m+q=p+n \text{이다.}$$

집합 $\mathrm{N}\times\mathrm{N}$을 동치관계 $\sim$에 의하여 동치류로 분할하고, 동치류 전체의 집합을 $\mathbb{Z}\equiv(\mathrm{N}\times\mathrm{N})/\sim$라고 나타낸다.

집합 $\mathbb{Z}$의 원소, 즉 동치류를 '정수(integer)'라고 부른다.

$(m,n)\in\mathrm{N}\times\mathrm{N}$을 품는 동치류를 $[m,n]$와 같이 나타내면 동치류는 $[1,1]=0,\ [n+1,1]=n,\ [1,n+1]=-n$ 의 꼴 중 하나이다.

따라서 $\mathbb{Z}$는 $\mathrm{N}\cup\{0\}\cup\mathrm{N}^-$ (단, $\mathrm{N}^-=\{-n\mid n\in\mathrm{N}\}$)으로서

$$\{\cdots,-3,-2,-1,0,1,2,3,\cdots\}$$

과 같게 된다.

이제 $[m, n]$, $[p, q] \in \mathbb{Z}$ 에 대하여 덧셈, 곱셈, 그리고 순서를 다음과 같이 정의한다.

$$[m, n] + [p, q] = [m+p,\ n+q]$$
$$[m, n] \cdot [p, q] = [mp+nq,\ mq+np]$$
$$[m, n] < [p, q] \Leftrightarrow m+q < n+p$$

위에 정의된 덧셈, 곱셈, 순서는 잘 정의된다. 즉, $(m_1, n_1) \sim (m_2, n_2)$ 이고 $(p_1, q_1) \sim (p_2, q_2)$ 일 때, 다음이 성립한다.

$$(m_1+p_1, n_1+q_1) \sim (m_2+p_2, n_2+q_2)$$
$$(m_1p_1+n_1q_1,\ m_1q_1+n_1p_1) \sim (m_2p_2+n_2q_2,\ m_2q_2+n_2p_2)$$
$$m_1+q_1 < n_1+p_1 \Rightarrow m_2+q_2 < n_2+p_2$$

$\mathbb{Z}$ 에 정의된 덧셈과 곱셈 그리고 순서에 관하여 기본적인 연산법칙들이 모두 성립한다. 특히 $\mathbb{Z}$ 에서는 뺄셈이 가능하다.

한편, 임의의 $n \in \mathbb{N}$ 에 대하여 $f(n) = [n+1, 1]$로 정의되는 함수 $f:\ \mathbb{N} \to \mathbb{Z}$ 는 일대일이고, 모든 $m, n \in \mathbb{N}$ 에 대하여

$$f(m+n) = f(m) + f(n),\ f(mn) = f(m)f(n) \text{ 및}$$
$$n < m \Leftrightarrow f(n) < f(m)$$

이 성립한다. 따라서 $n \in \mathbb{N}$ 을 f에 의한 상 $[n+1, 1]$과 동일시하면 $\mathbb{N} \subset \mathbb{Z}$ 라고 할 수 있다.

나. $\mathbb{Q} = \left\{\cdots,\ -\frac{2}{3},\ -\frac{1}{3},\ -\frac{1}{2},\ 0,\ \frac{1}{2},\ \frac{1}{3},\ \frac{2}{3},\ \cdots\right\}$

집합 $\mathbb{Q}$ 는 유리수(rational number, 有理數) 전체의 집합이다. 유리수는 분수, 즉 비(ratio)를 나타내는 수이다. 집합 $\mathbb{Q}$ 는 덧셈, 뺄셈, 곱셈에 관하여 닫혀있다. 나누는 수가 0이 아닌 한 나눗셈도 할 수 있다. 나눗셈 '$a \div b$'를 '$a \times \frac{1}{b}$, 여기서 $\frac{1}{b}$은 b의 곱셈에 관한 역원'으로 이해하면 분수의 분모는 0이 되어서는 안 됨을 이해할 수 있다.

과제 5-4

가. 정수에서 유리수를 도입하는 방법을 알아보아라.
나. 유리수의 덧셈과 곱셈 그리고 순서를 어떻게 정의하는가?
다. 유리수의 덧셈과 곱셈에 관한 여러 가지 연산법칙을 설명하여라.

다. $\mathbb{R}$

집합 $\mathbb{R}$ 는 유리수와 무리수(irrational number, 無理數) 전체로 이루어지는 실수 전체의 집합이다. 무리수는 두 정수의 비로 표현할 수 없는 수이다. 유리수 전체의 집합 $\mathbb{Q}$ 와 마찬가지로 덧셈, 뺄셈, 곱셈에 관하여 닫혀있고, 나누는 수가 0이 아닌 한 나눗셈도 할 수 있다.

■ 약수와 배수

초등학교 과정에서는 약수와 배수를 자연수 범위에서 생각한다. 사연수의 약수와 배수를 생각하는 것은 자연스러운데 음수의 약수와 배수를 어떻게 생각할 수 있을까?

정수 범위로 확장하여 약수와 배수의 개념을 생각하여 보자.

≪**정의 5.5**≫ 임의의 $a,\ b \in \mathbb{Z}$ 에 대하여

$$a = bc$$

인 $c \in \mathbb{Z}$ 가 있을 때 a를 b의 배수(multiple)라고 하고, b를 a의 약수(divisor)라고 한다. 이 경우 'a는 b로 나누어진다' 또는 'b는 a를 나눈다'라고 하며 $b \mid a$로 표시한다.

위 정의로부터 0은 모든 수의 배수이고, 1은 모든 수의 약수임을 알 수 있다. 다음 정리는 쉽게 증명할 수 있다.

정리 5.6

임의의 두 정수 $a,\ b \in \mathbb{Z}$ 에 대하여 관계 '$a \mid b$'는 다음 성질을 가진다.

가. 임의의 $a \in \mathbb{Z}$ 에 대하여 $a \mid a$이다.

나. $a \mid b,\ b \mid c \Rightarrow a \mid c$

다. $a \mid b,\ b \mid a \Rightarrow a = \pm b$

라. $a \mid b,\ a \mid c$이면 임의의 $x,\ y \in \mathbb{Z}$ 에 대하여 $a \mid (bx + cy)$이다.

증명 나. $a \mid b,\ b \mid c$이면 $b = ak_1,\ c = bk_2,\ k_1,\ k_2 \in \mathbb{Z}$ 이다.

따라서 $c = ak_1k_2$이고, 이는 $a \mid c$를 뜻한다.

다. $a \mid b,\ b \mid a$이면 $b = ak_1,\ a = bk_2,\ k_1,\ k_2 \in \mathbb{Z}$ 이다.

따라서 $a = ak_1k_2$이다. 이는 $k_1 = k_2 = 1$ 또는 $k_1 = k_2 = -1$를 뜻한다.

라. $a \mid b,\ a \mid c$이면 $b = ak_1,\ c = ak_2,\ k_1,\ k_2 \in \mathbb{Z}$ 이다. 따라서 $bx + cy = ak_1x + ak_2y = a(k_1x + k_2y)$이고, 이는 $a \mid (bx + cy)$를 뜻한다. ■

임의의 $a \in \mathbb{Z}$ 에 대하여 $a\mathbb{Z} = \{ax \mid x \in \mathbb{Z}\}$는 a의 배수 전체의 집합이다.

과제 5-7 다음을 확인하여라.

$$0\mathbb{Z} = \{0\},\quad a\mathbb{Z} = (-a)\mathbb{Z}$$

다음 정리는 배수와 약수의 관계를 집합의 포함관계로 설명한다.

정리 5.8

$b\mathbb{Z} \subset a\mathbb{Z} \Leftrightarrow a \mid b$

증명 (⇒) $b \in b\mathbb{Z} \subset a\mathbb{Z}$ 이므로 $b \in a\mathbb{Z}$ 이다. 따라서 적당한 $k \in \mathbb{Z}$ 에 대하여 $b = ak$이다. 결국, $a \mid b$이다.

(⇐) $x \in b\mathbb{Z}$ 라고 하면 적절한 $k \in \mathbb{Z}$ 가 있어서 $x = bk$이다. 그런데 $a \mid b$이므로 적절한 $c \in \mathbb{Z}$ 가 있어서 $b = ac$이다. 따라서 $x = bk = ack$, 즉, $x \in a\mathbb{Z}$ 이다. ■

과제 5-9 다음을 확인하여라.

$$a\mathbb{Z} = b\mathbb{Z} \Leftrightarrow a = \pm b$$

초등학교에서는 두 수의 최대공약수는 공약수 중에서 가장 큰 것을, 최소공배수는 공배수 중에서 가장 작은 것을 의미한다. 약수와 배수를 정수 전체의 집합에서 생각하는 경우에는 최대공약수와 최소공배수는 각각 다음과 같이 정의된다.

≪**정의 5.10**≫ 임의의 $a, b \in \mathbb{Z}$ 에 대하여 다음 세 조건

가. $d \geq 0$ 나. $d \mid a$, $d \mid b$ 다. $e \mid a$, $e \mid b \Rightarrow e \mid d$

를 만족시키는 정수 d를 a와 b의 최대공약수(GCD : greatest common divisor)라고 하고 (a, b)로 표시한다.

두 정수 a와 b에 대하여 $(a, b) = 1$일 때, a와 b는 '서로 소(relatively prime)'라고 한다.

≪**정의 5.11**≫ 임의의 $a, b \in \mathbb{Z}$ 에 대하여 다음 세 조건

가. $l \geq 0$ 나. $a \mid l$, $b \mid l$ 다. $a \mid e$, $b \mid e \Rightarrow l \mid e$

를 만족시키는 정수 l을 a와 b의 최소공배수(LCM : least common multiple)라고 하고 $[a, b]$로 표시한다.

과제 5-12 가. 다음을 확인하여라.

(1) $(6,\ 9)=3$ (2) $[6,\ 9]=18$

나. 두 개 이상의 수에 대한 최대공약수와 최소공배수의 정의에 대하여 알아보아라.

다. 다음 주장의 잘못을 지적하여라.

최소공배수는 공배수 중에서 가장 작은 것이다.

■ 여러 가지 성질

앞에서 언급하였듯이 자연수 전체의 집합 $\mathbb{N}$ 은 무한집합의 중요한 척도로서 가부번집합을 결정한다.

이 집합 $\mathbb{N}$ 에 정의되는 덧셈에 관하여 모든 원소의 역원이 존재하기 위해서 즉, 뺄셈이 잘 정의되기 위해서 집합 $\mathbb{N}$ 은 정수 전체의 집합 $\mathbb{Z}$ 로 확장되어야 한다.

$\mathbb{Z}$ 의 덧셈이나 곱셈에 관한 성질을 약수나 배수의 개념으로 설명할 수 있는 것은 무엇인가?

다음 정리는 정수의 기본적인 성질에 관한 것이다.

정리 5.13

임의의 $n \in \mathbb{Z}$ 에 대하여 $n\mathbb{Z}$ 는 덧셈과 뺄셈에 관하여 닫혀있다. 역으로 $\varnothing \neq S \subseteq \mathbb{Z}$ 인 S가 덧셈과 뺄셈에 관하여 닫혀 있으면 음수가 아닌 어떤 정수 n이 유일하게 있어서 $S=n\mathbb{Z}$ 이다.

증명 밑그림

이 정리에서는 '$\varnothing \neq S \subseteq \mathbb{Z}$ 인 S가 덧셈과 뺄셈에 관하여 닫혀 있으면 $S=n\mathbb{Z}$, $n \geq 0$'가 핵심이다. 먼저, $0 \in S$임을 보이고 $S=\{0\}$ 인 경우와 S가 0 이외의 원소를 가지는 경우로 나누어 생각한다. 특히, 두 번째의 경우 S가 양의 정수를 가짐을 보이고 자연수 집합에서의 정렬성에 의하여 S에 속하는 최소의 양의 정수 n 을 구한 후 $S=n\mathbb{Z}$ 임을 보인다.

증명 $n\mathbb{Z}$ 의 임의의 원소 u, v를 택하면 적당한 $x,\ y \in \mathbb{Z}$ 에 대하여 $u = nx$, $v = ny$로 표시할 수 있다. 그러면, $u \pm v = n(x \pm y) \in n\mathbb{Z}$ 이므로, $n\mathbb{Z}$ 은 덧셈과 뺄셈에 관하여 닫혀 있다.

역으로, S가 덧셈과 뺄셈에 관하여 닫혀 있으면 모든 $a \in \mathbb{Z}$ 에 대하여 $a - a \in S$이므로 $0 \in S$이다. 만일 $S = \{0\}$ 이면 $S = 0\mathbb{Z}$ 이므로 정리의 주장이 성립됨을 알 수 있다. S가 0 이외의 원소를 가지고 있다고 하자. 이제 $a \in S$ 이면 $-a = 0 - a \in S$ 이므로 S는 양의 정수를 갖는다. 따라서 자연수 집합에서의 정렬성에 의하여 S는 최소의 양의 정수 n을 갖는다.

이제, $n\mathbb{Z} = S$ 임을 보이자. 먼저, $n\mathbb{Z} \subset S$이다. 이 사실을 알아보기 위하여 $x \in n\mathbb{Z}$ 즉, $x = nk$, $k \in \mathbb{Z}$ 이라고 하자. 여기서 $k = 0$ 이면 $nk = 0$, k가 자연수이면 $nk =$(n을 k번 더한 값), 그리고 k가 음의 정수이면 $nk =$($-n$을 $-k$ 번 더한 값)이다. S는 덧셈과 뺄셈에 관하여 닫혀 있으므로 위의 어느 경우라 하더라도 $x \in S$이다. 다음 $S \subseteq n\mathbb{Z}$ 가 성립함을 보이자. 이를 위하여 임의의 $a \in S$를 택한다. 나눗셈 알고리즘에 의하여 $a = nq + r$, $0 \le r < n$인 q, $r \in \mathbb{Z}$ 가 있다. 이때 $nq \in S$이고 $a \in S$이므로 $r = a - nq \in S$이고, n의 최소성에 의하여 $r = 0$이어야 한다. 따라서 $a = nq$가 되어 a는 n의 배수이다. 즉 $a \in n\mathbb{Z}$ 가 되어 $S \subseteq n\mathbb{Z}$ 이다. 그러므로 $S = n\mathbb{Z}$ 이다. 마지막으로 정수 n이 유일하게 결정된다는 사실을 증명하자. $S = n_1\mathbb{Z} = n_2\mathbb{Z}$ 라고 하면, $n_1 = \pm n_2$이다. n_1, n_2는 모두 음이 아닌 정수이므로 $n_1 = n_2$이다. ■

≪정의 5.14≫ 두 정수 a, b에 대하여, $a\mathbb{Z} + b\mathbb{Z}$ 를 다음과 같이 정의한다.

$$a\mathbb{Z} + b\mathbb{Z} = \{ax + by \mid x,\ y \in \mathbb{Z}\}$$

일반적으로 두 집합의 '덧셈'을 정의하기 어렵지만, 위의 경우에는 두 집합 $a\mathbb{Z}$, $b\mathbb{Z}$ 가 덧셈이 정의된 $\mathbb{Z}$ 의 부분집합이기 때문에 $a\mathbb{Z}+b\mathbb{Z}$ 가 정의되는 것이다. 이렇게 정의된 집합은 다음과 같이 중요한 성질을 가진다.

≪정리 5.15≫ 두 정수 a, b에 대하여, $a\mathbb{Z}+b\mathbb{Z}=(a,b)\mathbb{Z}$ 이다. 단, 여기서 (a, b)는 a와 b의 최대공약수를 나타낸다.

증명 밑그림

(1) 먼저 $a\mathbb{Z}+b\mathbb{Z}$ 은 덧셈과 뺄셈에 관하여 닫혀있음을 보인다.

(2) 앞 선 정리에 의하여 음의 정수가 아닌 d에 대하여 $a\mathbb{Z}+b\mathbb{Z}=d\mathbb{Z}$ 이다.

(3) $d=(a, b)$임을 보인다.

증명 편의상 $(a, b)=d$라고 두자. 먼저 $a\mathbb{Z}+b\mathbb{Z}$ 는 $+$ 와 $-$ 에 의해 닫혀있음을 보이자. $a\mathbb{Z}+b\mathbb{Z}$ 에서 두 원소를 뽑자. $\alpha=ax+by$, $\beta=ax'+by'$ $(x, y, x', y' \in \mathbb{Z})$. 이제 $\alpha \pm \beta = a(x \pm x')+b(y+y') \in a\mathbb{Z}+b\mathbb{Z}$ 이다. 따라서 $a\mathbb{Z}+b\mathbb{Z}=d\mathbb{Z}$ $(d \in \mathbb{N} \cup \{0\})$ 이다. 이제, 위 밑 그림에서 (3)을 증명한다. 즉, 위에서 얻은 수 d가 a와 b의 최대공약수임을 보인다. 먼저 $d \geq 0$인 것은 분명하다. 이제 d가 a와 b의 공약수임을 보이자. $S=a\mathbb{Z}+b\mathbb{Z}$ 라고 하면, $d \in S$이므로 $d=as+bt$인 s, $t \in \mathbb{Z}$가 있다. 한편, $a \in S$, $b \in S$ 이므로 $d \mid a$, $d \mid b$이다. 또한, $d=as+bt$이므로 $e \mid a$, $e \mid b$이면 $e \mid d$이어야 한다. 그러므로 d는 a와 b의 최대공약수이다. ■

과제 5-16 가. 위의 증명에서 (3)을 다음 각각에서와 같이 증명할 수 있음을 설명하여라.

(1) $a\mathbb{Z} \subset d\mathbb{Z}$, $b\mathbb{Z} \subset d\mathbb{Z}$ 이므로 $d \mid a$, $d \mid b$ 이다. 또한, $d=as+bt$ 이므로 $e \mid a$, $e \mid b$ 이면 $e \mid d$ 이어야 한다.

(2) $a\mathbb{Z} \subset d\mathbb{Z}$, $b\mathbb{Z} \subset d\mathbb{Z}$ 이므로 $d \mid a$, $d \mid b$ 이다. 또한, $e \mid a$, $e \mid b$ 이면 $a\mathbb{Z} \subset e\mathbb{Z}$ 이고 $b\mathbb{Z} \subset e\mathbb{Z}$ 이며 $e\mathbb{Z}$ 는 덧셈에 관하여 닫혀

있으므로 $a\mathbb{Z}+b\mathbb{Z} \subset e\mathbb{Z}$ 이다. 따라서 $d\mathbb{Z} \subset e\mathbb{Z}$ 즉, $e \mid d$ 이다.

나. 다음을 확인하여라.

(1) $a\mathbb{Z} \cup b\mathbb{Z} \subset a\mathbb{Z}+b\mathbb{Z}$

(2) 두 정수 a, b에 대하여, a와 b의 최대공약수가 d이기 위한 필요충분조건은 $a\mathbb{Z}+b\mathbb{Z}=d\mathbb{Z}$ 이다.

이제 다음 두 정리를 쉽게 증명할 수 있다.

정리 5.17

두 정수 a, b에 대하여 $(a,\ b)=ax+by$가 되게 하는 정수 x, y가 있다.

두 정수 a, b가 서로 소 즉, $(a,\ b)=1$일 때에는 위 정리를 다음과 같이 강화할 수 있다.

정리 5.18

두 정수 a, b가 서로 소가 될 필요충분조건은 $ax+by=1$을 만족시키는 정수 x, y가 있는 것이다.

과제 5-19 위 두 정리를 증명하여라.

두 정수 a, b에 대하여 $ax+by=d$을 만족시키는 정수 x, y가 있다는 것은 $(a,\ b)=d\,(d>1)$이기 위한 필요충분조건은 아니다. 즉, $(a,\ b)=d$이면 $ax+by=d$을 만족시키는 정수 x, y가 있지만, $ax+by=d$을 만족시키는 정수 x, y가 있다고 해서 $(a,\ b)=d$라고는 할 수 없다.

과제 5-20

가. 위 정리를 이용하여 $2\mathbb{Z}+3\mathbb{Z}=\mathbb{Z}$ 임과 모든 정수 n은 $2x+3y=n$의 꼴로 나타낼 수 있음을 설명하여라.

나. $2x+3y=-7$을 만족시키는 x와 y를 실제로 구하여라. 사실, 이와 같은 x와 y는 시행착오(try-and-error)를 통하여 구할 수 있지만 뒤에 나오는 유클리드 알고리즘을 이용하면 논리적(체계적)으로 구할 수 있다.

정리 5.21

세 정수 a, b, c에 대하여 다음이 성립한다.

$(ab,\ c)=1 \Leftrightarrow (a,\ c)=(b,\ c)=1$

증명 ($\Rightarrow$) $abs+ct=1$인 $s,\ t\in\mathbb{Z}$가 있다. 따라서 $bas+ct=1$이다. 결국, $a(bs)+ct=1$이므로 $(a,\ c)=1$이고 $b(as)+ct=1$이므로 $(b,\ c)=1$이다.

($\Leftarrow$) $as+ct=1$, $bs'+ct'=1$이므로, $(as+ct)\cdot(bs'+ct')=1$이다. 즉, $abss'+cu=1$. 따라서 $(ab,\ c)=1$이다. ■

다음 정리는 자주 이용된다.

정리 5.22

세 정수 a, b, c에 대하여 다음이 성립한다.

가. $(a,\ b)=1$일 때, $a\mid bc \Leftrightarrow a\mid c$

나. $(a,\ b)=1$일 때, $a\mid c,\ b\mid c \Leftrightarrow ab\mid c$

증명 가. $as+bt=1$ $(s,\ t\in\mathbb{Z})$이므로 $acs+bct=c$이다. 그런데 $a\mid bc$이므로 $a\mid c$이다. 역으로 $a\mid c$이면 당연히 $a\mid bc$이다.

나. $as+bt=1$ $(s,\ t\in\mathbb{Z})$이므로 $acs+bct=c$이다. 그런데 $ab\mid ac$이고 $ab\mid bc$이므로 $ab\mid c$이다. 역으로 $ab\mid c$이면 당연히 $a\mid c$이고 $b\mid c$이다. ■

과제 5-23 다음을 확인하여라.
가. $4 \mid 2\times 6$이지만 $4 \nmid 2$이고 $4 \nmid 6$이다.
나. $4 \mid 12$이고 $6 \mid 12$이지만 $4\times 6 \nmid 12$이다.

다음 정리는 유클리드 알고리즘의 원리이다. 유클리드 알고리즘은 두 수의 최대공약수를 구하는 경우는 물론 정수론의 여러 경우에 유용하다.

정리 5.24

임의의 정수 a, b, q, c에 대하여 $a=bq+c$이면 $(a, b)=(b, c)$이다.

증명 밑그림

가. $(a, b)=\alpha$, $(b, c)=\beta$라고 놓고, $\alpha \mid \beta$이고 $\beta \mid \alpha$임을 보인다.
나. 최대공약수의 정의를 잘 활용한다.

증명 편의를 위해 $(a, b)=\alpha$, $(b, c)=\beta$라고 하자. $\beta \mid \alpha$이고 $\alpha \mid \beta$을 증명한다.

먼저 $\beta \mid \alpha$를 보이자. β는 b와 c의 약수이다. $a=bq+c$이므로, $\beta \mid a$이다. 따라서 $\beta \mid a$이고 $\beta \mid b$이다. 그런데 $(a, b)=\alpha$이므로 최대공약수의 정의에 의해 $\beta \mid \alpha$이다. 이제 $\alpha \mid \beta$를 보이자. $c=a-bq$, $\alpha \mid a$, 그리고 $\alpha \mid b$이므로 $\alpha \mid c$이다. 이제 $\alpha \mid b$이고 $\alpha \mid c$이 $(b, c)=\beta$이므로 최대공약수의 정의에 의해 $\alpha \mid \beta$이다. ■

임의의 a, $b \in \mathbb{Z}$에 대하여 a, b의 최대공약수 $d=(a, b)$는 물론이고 $d=as+bt$인 s, $t\in \mathbb{Z}$를 구하는 방법으로서 유클리드(Euclid)의 알고리즘을 들 수 있다.

정리 5.25 유클리드 알고리즘

두 양의 정수 a, b에 대하여 다음이 성립한다고 하자.

$$a=q_1b+r_1 \qquad 0<r_1<b$$

$$
\begin{aligned}
b &= q_2 r_1 + r_2 && 0 < r_2 < r_1 \\
r_1 &= q_3 r_2 + r_3 && 0 < r_3 < r_2 \\
&\vdots \\
r_{n-2} &= q_n r_{n-1} + r_n && 0 < r_n < r_{n-1} \\
r_{n-1} &= q_{n+1} r_n + 0
\end{aligned}
$$

그러면, $(a, b) = r_n$이다.

유클리드 알고리즘을 이용하면 어떠한 두 정수에 대하여 최대공약수를 효과적으로 구할 수 있다.

과제 5-26

가. $6x + 27y = 3$의 한 해를 유클리드 알고리즘을 사용하여 구하여라.

나. 일반적으로 $a\mathbb{Z} + b\mathbb{Z} = d\mathbb{Z}$에서 $ax + by = d$인 x와 y를 구할 때 유클리드 알고리즘을 이용할 수 있음을 설명하여라.

임의의 두 정수 a, b에 대하여 $a\mathbb{Z} + b\mathbb{Z}$는 a와 b의 최대공약수와 관계있듯이 $a\mathbb{Z} \cap b\mathbb{Z} = l\mathbb{Z}$는 a와 b의 최소공배수와 관계있다. 사실, 다음이 성립한다.

정리 5.27

임의의 $a, b \in \mathbb{Z}$에 대하여 $a\mathbb{Z} \cap b\mathbb{Z} = [a, b]\mathbb{Z}$이다. 여기서 $[a, b]$은 a, b의 최소공배수를 나타낸다.

증명 $S = a\mathbb{Z} \cap b\mathbb{Z}$라 하면 $ab \in a\mathbb{Z} \cap b\mathbb{Z} = S$이므로 $\varnothing \neq S \subseteq \mathbb{Z}$이고 S는 덧셈과 뺄셈에 관하여 닫혀있다. 따라서 $S = l\mathbb{Z}$인 정수 $l \geq 0$이 있다. 이제 $l \in S = a\mathbb{Z} \cap b\mathbb{Z}$이므로 $a \mid l$, $b \mid l$이다. 또한 $a \mid e$, $b \mid e$이면 $e \in a\mathbb{Z} \cap b\mathbb{Z} = l\mathbb{Z}$이고 따라서 $l \mid e$이다. 그러므로 $l = [a, b]$이다. ■

두 정수 a, b에 대하여 $a\mathbb{Z} \cup b\mathbb{Z}$ 는 반드시 덧셈과 뺄셈에 대해서 닫혀 있다고 할 수 없다. 따라서 $a\mathbb{Z} \cup b\mathbb{Z}$ 은 대수적으로 중요한 역할을 하지 못한다.

한편, 집합론에서는 벤 다이어그램이 직관적이고 시각적인 이해를 돕는 데 유용하듯이 대수학에서는 격자도(lattice diagram, Hasse diagram)가 활용된다. 격자도에는 대수적인 구조를 가진 집합만이 등장한다. 아래 그림에서 보듯이 $a\mathbb{Z} \cup b\mathbb{Z}$ 과 같이 대수적인 구조를 가지지 못하는 집합은 그림에 나타나지 않는다.

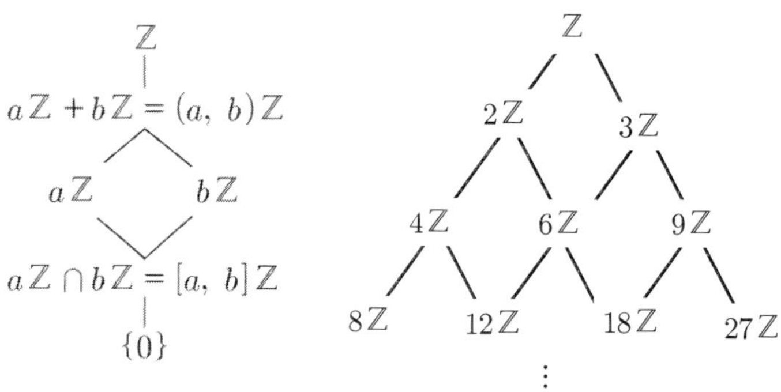

■ 일차부정방정식

초・중・고등학교에서 푸는 방정식의 해는 정수는 물론이거니와 유리수나 실수일 수 있고 심지어 복소수(complex number)인 경우도 있다.

방정식의 계수를 정수로 제한하고 구하는 해도 정수로 제한하면 어떨까? 해는 항상 존재할까? 존재한다면 그 해를 어떻게 구할 수 있을까?

정수를 계수로 가지는 두 개 이상의 미지수에 관한 대수 방정식의 해 중에서 그 값이 모두 정수인 해를 정수해라고 한다. 그리고 이러한 방정식에 대하여 그 정수해만을 생각하는 경우에 이 방정식을 '부정방정식' 또는 '디오판투스의(Diophantine) 방정식'이라고 한다.

일차 부정방정식은 최대공약수를 구할 때나 임의의 두 정수 a, b의 최대공약수 $(a,\ b)$에 관하여 $(a,\ b)=ax+by$인 정수 $x,\ y$를 구할 때 등 유용하게 사용될 수 있다.

정리 5.28

두 미지수 $x,\ y$에 관한 일차부정방정식 $ax+by=c \quad (a \neq 0$ 또는 $b \neq 0)$에서 $d=(a,\ b)$라고 할 때, 이 방정식이 정수해를 가지기 위한 필요충분조건은 $d \mid c$인 것이다. 또, $d \mid c$일 때, $x=x_0,\ y=y_0$를 이 방정식의 특수해라고 하면 이 방정식의 일반해는 다음과 같이 나타내어진다.

$$\begin{cases} x=x_0+\dfrac{b}{d}k \\ y=y_0-\dfrac{a}{d}k \end{cases},\quad k\in \mathbb{Z}$$

증명 먼저 $d \mid c$라고 하자. $d=as+bt$인 정수 $s,\ t$가 있으므로 양변에 정수 $\dfrac{c}{d}$를 곱해줌으로써 $ax+by=c$가 정수해를 가짐을 알 수 있다. 이제 $c=as+bt$인 정수 $s,\ t$가 있다고 하면 d는 $a,\ b$의 약수이므로 $c=as+bt$의 약수 즉, $d \mid c$이다. 한편, $d \mid c$이고 $x=x_0,\ y=y_0$를 이 방정식의 한 해라고 하면 다음이 성립한다. $ax+by=c=ax_0+by_0$. 따라서 $a(x-x_0)=b(y_0-y)$이다. 양변을 d로 나누면 $\dfrac{a}{d}(x-x_0)=\dfrac{b}{d}(y_0-y)$인데 여기서 $(\dfrac{a}{d}, \dfrac{b}{d})=1$이다. 결국 $\dfrac{b}{d}$는 $x-x_0$의 약수이므로 $x=x_0+\dfrac{b}{d}k,\ k\in \mathbb{Z}$ 이다. 이 값을 $\dfrac{a}{d}(x-x_0)=\dfrac{b}{d}(y_0-y)$에 대입하여 $y=y_0-\dfrac{a}{d}k$를 얻을 수 있다. 한편, 임의의 $k\in \mathbb{Z}$에 대하여 $x=x_0+\dfrac{b}{d}k,\ y=y_0-\dfrac{a}{d}k$는 모두 주어진 방정식의 해임을 알 수 있다. ■

과제 5-29 가. 위 증명에 관한 다음 물음에 답하여라.

(1) '$d \mid c$'을 증명하는 과정에서 '$c = as + bt$인 정수 s, t가 있다'는 가정이 왜 필요한지 설명하여라.

(2) $x = x_0 + \dfrac{b}{d}k(k \in \mathbb{Z})$를 구한 후 같은 방법으로 y도 다음과 같이 구하면 어떨까?

'$\dfrac{a}{d}$는 $y_0 - y$의 약수이므로 $y = y_0 - \dfrac{a}{d}k$, $k \in \mathbb{Z}$ 이다.'

나. 위의 정리는 주어진 방정식에 관하여 다음 사항을 언급함을 확인하여라.

(1) 해가 있는가?

(2) 해가 있다면 해의 개수는 몇 개인가?

(3) 해는 어떠한 형태인가?

다. 부정방정식 $7x + 10y = 280$의 양의 정수 해를 구하여라. 여기서 양의 정수해라는 것은 부정방정식의 해 중에서 그 값이 모두 양의 정수인 해를 말한다.

라. 수탉은 한 마리에 은화 5냥, 암탉은 한 마리에 은화 3냥, 병아리는 세 마리에 은화 1냥으로 살 수 있을 때, 이들을 각각 몇 마리씩 사면 은화 100냥으로 모두 100마리를 살 수 있겠는가?

마. 디오판투스 방정식 $2x + 4y = 3$과 좌표 평면 위에서의 $2x + 4y = 3$의 해에 관하여 비교하여 보아라. 사실, 일반적인 부정방정식 $2x + 4y = 3$의 해는 실수 좌표 평면에서 생각하지만 디오판투스 방정식의 해는 정수 성분을 가지는 격자점으로 이루어진 좌표 평면을 생각해야 한다. 따라서 미지수가 두 개인 일차부정방정식의 실수해는 항상 무수히 많지만 정수해만을 구하는 디오판투스 방정식의 해는 하나도 없을 수도 있다.

바. 주어진 일차부정방정식의 한 해를 구할 때 유클리드 알고리즘을 사용할 수 있음을 설명하여라.

■ 놀이에서 수학을!

우리는 실생활에서 만나는 문제 상황을 수학으로 나타내면 쉽게 풀 수 있는 경우가 자주 있다. 일차부정방정식과 관련하여 어떠한 문제를 생각할 수 있을까?

다음 문제를 생각하자.

두 발 자전거와 세 발 자전거가 모두 37대 있다. 이들 모두의 바퀴 수는 86이다. 두 발 자전거와 세 발 자전거는 각각 몇 대인가?

위 문제를 풀기위해 다음과 같이 여러 가지 풀이법을 제시할 수 있다.

- 초등학교에서 소개하는 '시행착오법(try-and-error method)'으로서 두 발 자전거와 세 발 자전거 각각의 대수를 어림하고 맞는지를 확인하며 점점 정답을 찾아가는 방식이다. 예를 들어, 두 발 자전거 20대와 세 발 자전거 17대로 시작하여 점점 정답을 찾아간다.
- 중학교에서 사용하는 방식으로서 미지수가 두 개인 연립방정식을 푼다. 즉, 두 발 자전거와 세 발 자전거 각각의 대수를 x, y라고 놓고 다음 연립방정식을 푼다.

$$\begin{cases} x + y = 37 \\ 2x + 3y = 86 \end{cases}$$

- 자전거 37대 전체에서 바퀴 두 개씩을 계산하면 74이다. 이제 $86 - 74 = 12$는 세 발 자전거의 대수이다.

이제 문제를 다음과 같이 바꾸면 어떻게 될까?

두 발 자전거와 세 발 자전거 모두의 바퀴 수는 86이다. 두 발 자전거와 세 발 자전거는 각각 몇 대인가?

이는 $2x + 3y = 86$를 푸는 문제가 된다. 여기서 유념할 것은 가능한 풀이는 x, y 모두 자연수여야 한다는 것이다.

다음은 우리나라 민속놀이 중의 하나인 화투놀이에 관한 문제이다. 여기서 화투놀이는 '민화투' 놀이를 뜻한다.

두 명이 화투 놀이를 할 때에는 몇 장을 나누어 가져야 하며, 몇 장을 바닥에 펼쳐야 하나?

나누어 가지는 화투의 장수와 바닥에 펼치는 화투의 장수를 각각 x, y

라고 하면 쌓아 놓을 화투의 장수는 $48-2x-y$이다. 그런데 화투 놀이의 규칙에 의하여 $48-2x-y=2x$ 가 성립한다. 결국 일차 부정방정식 $4x+y=48$ 을 얻을 수 있고 $(1,44)$ 는 한 해임을 알 수 있다. 이제 정리 5.28에 의하여 일반해는 다음과 같이 주어진다. 단, 이 경우에는 자연수 해만이 의미가 있다.

$$\begin{cases} x = 1 + k \\ y = 44 - 4k \end{cases}, \quad k \in \mathbb{Z}$$

결국 다음과 같은 여러 가지 해를 구할 수 있다.

$$\begin{cases} x = 1 \\ y = 44 \end{cases}, \begin{cases} x = 2 \\ y = 40 \end{cases}, \cdots,$$

$$\begin{cases} x = 9 \\ y = 12 \end{cases}, \begin{cases} x = 10 \\ y = 8 \end{cases},$$

$$\begin{cases} x = 11 \\ y = 4 \end{cases}$$

보통은 $\begin{cases} x = 10 \\ y = 8 \end{cases}$ 의 경우로 놀이를 한다.

과제 5-30 다음 물음에 답하여라.

가. 화투놀이를 세 명 또는 네 명이 하고자 할 때 몇 장을 나누어 가져야 하며, 몇 장을 바닥에 펼쳐야 하나?

나. 화투놀이는 최대 몇 명까지 가능한가?

■ 소수

자연수 범위에서 '소수(素數, prime number)'는 1과 자신 외의 약수를 가지지 않는 수이다. 정수 범위로 확장하면 소수의 정의는 어떻게 달라질까?

정수 $p>1$의 약수가 ± 1, $\pm p$뿐인 경우 p를 소수라고 한다.

과제 5-31 0.5나 3.14와 같은 수를 소수(小數, decimal number)라고 부른다. 이러한 혼동을 피하기 위해 소수(素數, prime number)를 '씨수[10]' 등 다른 용어를 사용하면 어떠한 문제가 발생할 수 있는지 논의하여라.

소수에 관한 여러 가지 문제 중에서 소수의 개수나 분포에 관한 것은 중요하다.

정리 5.32

소수는 무수히 많다.

증명 유한개의 소수만이 있다고 가정하고 이들 서로 다른 소수를 $p_1, p_2, \cdots p_n$ 이라고 하자. 이때 $q = p_1 p_2 \cdots p_n + 1$이라고 놓으면, $q > 1$이므로 q를 나누는 소수 p가 있다. 그런데 가정에서 소수는 $p_1, p_2, \cdots, p_n$뿐이므로 p는 이들 중 어느 하나와 일치한다. 그러나 이것은 모순이다. 따라서 처음에 가정한 유한개의 소수만이 있다는 것이 잘못이다. ■

다음 정리는 중요하나 증명은 생략한다.

정리 5.33 정수론의 기본정리

가. 각 정수 $n(n \geq 2)$은 유한개의 소수 $p_1, p_2, p_3, \cdots, p_k$의 곱 $n = p_1 p_2 p_3 \cdots p_k$으로 소인수분해된다.

나. 각 정수 n $(n \geq 2)$의 소인수분해는 본질적으로 단 한 가지뿐이다. 즉,

$$n = p_1 \cdots p_s, \ n = q_1 \cdots q_t \ (p_1, \cdots, p_s, q_1, \cdots, q_t \text{는 소수})$$

를 n의 소인수 분해라고 하면, $s = t$이고 또 $p_1, \cdots, p_s$와 $q_1, \cdots, q_t$는 그 순서만이 다를 뿐이다.

10) 북한이 사용하는 용어이다.

위 정리로부터 다음을 알 수 있다. 즉, 양의 정수 $n(n \geq 2)$의 서로 다른 소인수 전체가 $p_1, p_2, \cdots, p_k$일 때, n은 단 한 가지 방법으로 다음과 같이 소인수분해 된다.

$n = p_1^{e_1} \cdots p_k^{e_k}$ ($p_1, \cdots p_k$는 서로 다른 소수이고, $e_1 \geq 1, \cdots, e_k \geq 1$)

양의 정수 $n(n \geq 2)$을 위와 같은 꼴로 나타낸 것을 특히 n의 표준인수분해라고 한다.

다음 정리는 최대공약수와 최소공배수의 정의에 의하여 분명하다.

정리 5.34

양의 정수 a, b, c에 대하여 다음이 성립한다.

$$a = p_1^{k_1} p_2^{k_2} \cdots p_t^{k_t},\ b = p_1^{l_1} p_2^{l_2} \cdots p_t^{l_t}\ (k_i \geq 0,\ l_i \geq 0)$$

여기서 $p_1, p_2, \cdots p_t$는 서로 다른 소수이다.

이때 각 $i(1 \leq i \leq t)$에 대하여 $m_i = \min\{k_i, l_i\}$, $n_i = \max\{k_i, l_i\}$ 라고 하면 다음이 성립한다.

가. $(a, b) = p_1^{m_1} p_2^{m_2} \cdots p_t^{m_t}$, $[a, b] = p_1^{n_1} p_2^{n_2} \cdots p_t^{n_t}$

나. $ab = (a, b)[a, b]$

과제 5-35

가. 위 정리의 내용은 중학교 과정에서 배우는 두 정수의 최대공약수와 최소공배수를 구하는 방법임을 확인하여라.

나. 다음은 세 수 12, 30, 70의 최소공배수를 구하는 과정이다.

2	12	30	70
	6	15	35

↓

$$\begin{array}{r|rrr} 3 & 6 & 15 & 35 \\ \hline & 2 & 5 & 35 \end{array}$$

↓

$$\begin{array}{r|rrr} 5 & 2 & 5 & 35 \\ \hline & 2 & 1 & 7 \end{array}$$

첫 단계에서는 세 수 모두의 약수인 2를 사용하지만 두 번째 단계와 세 번째 단계에서는 두 수만의 약수인 3과 5를 사용했다. 네 개 이상의 수의 최소공배수를 구할 때에도 두 개 이상의 수의 공약수에 대해서 위와 같은 과정을 거쳐야 한다. 이 알고리즘을 이론적으로 설명하여라. 또 다음과 같이 하여도 됨을 설명하여라.

$$\begin{array}{r|rrr} 2 & 12 & 30 & 70 \\ \hline & 6 & 15 & 35 \end{array}$$

↓

$$\begin{array}{r|rrr} 2 & 6 & 15 & 35 \\ \hline & 3 & 15 & 35 \end{array}$$

↓

$$\begin{array}{r|rrr} 3 & 3 & 15 & 35 \\ \hline & 1 & 5 & 35 \end{array}$$

↓

$$\begin{array}{r|rrr} 5 & 1 & 5 & 35 \\ \hline & 1 & 1 & 7 \end{array}$$

$$\downarrow$$

$$\begin{array}{r|rrr} 7 & 1 & 1 & 7 \\ \hline & 1 & 1 & 1 \end{array}$$

다음과 같이 하면 왜 옳지 않은지 그 이유를 설명하여라.

$$\begin{array}{r|rrr} 10 & 12 & 30 & 70 \\ \hline & 12 & 3 & 7 \end{array}$$

$$\downarrow$$

$$\begin{array}{r|rrr} 3 & 12 & 3 & 7 \\ \hline & 4 & 1 & 7 \end{array}$$

두 정수의 표준분해를 알고 있을 때에는 최대공약수와 최소공배수를 쉽게 구할 수 있는 등 여러 문제를 효과적으로 풀 수 있다.

정리 5.36

정수 n $(n \geq 2)$의 표준분해가 $n = {p_1}^{e_1}{p_2}^{e_2} \cdots {p_r}^{e_r}$라고 하면 다음이 성립한다.

가. $d \geq 1,\ d \mid n \Leftrightarrow d = {p_1}^{f_1}{p_2}^{f_2} \cdots {p_r}^{f_r} \qquad (0 \leq f_i \leq e_i)$

나. $\tau(n) = (e_1 + 1)(e_2 + 1) \cdots (e_r + 1)$

다. $\sigma(n) = (1 + p_1 + {p_1}^2 + \cdots + {p_1}^{e_1})(1 + p_2 + \cdots + {p_2}^{e_2}) \cdots$
$(1 + p_r + \cdots + {p_r}^{e_r})$

여기서, $\tau(n)$은 n의 양의 약수 전체의 개수이고, $\sigma(n)$은 n의 양의 약수 전체의 합이다.

예를 들어, $360 = 2^3 \times 3^2 \times 5$이므로 $\tau(360)=(3+1)(2+1)(1+1)=24$이고 $\sigma(360)=(1+2+2^2+2^3)(1+3+3^2)(1+5)=1170$이다.

과제 5-37

가. 위 정리를 증명하여라.

나. 위 정리에서 $\tau(n)$을 구하는 공식과 관련하여 다음을 설명하여라.

원소의 개수가 n인 집합의 부분 집합의 개수는 2^n이다.

■ 합동

어떤 집합에 동치관계가 주어지면 그 집합은 동치류로 분할된다. 정수 전체의 집합을 짝수 전체의 집합과 홀수 전체의 집합으로 분할할 수 있다. 정수 전체의 집합을 '3으로 나누어 나머지가 0인 집합, 3으로 나누어 나머지가 1인 집합, 그리고 3으로 나누어 나머지가 2인 집합'과 같이 분할할 수도 있다. 이러한 분할을 가능하게 하는 동치관계는 무엇인가?

여기에서는 정수 전체의 집합에서 하나의 동치관계를 생각하고 그에 의한 분할을 살펴본다.

정의 5.38

$a,\ b \in \mathbb{Z}$와 $m \in \mathbb{N}$에 대하여 a와 b의 차(difference) $a-b$가 m의 배수일 때 'a와 b는 법(modulus) m에 관하여 합동(a is congruent to b modulo m)'이라고 하고, 이것을 $a \equiv b \pmod m$로 표시한다. 즉,

$$a \equiv b \pmod m \Leftrightarrow m \mid (a-b) \Leftrightarrow a-b \in m\mathbb{Z}$$

등식과 마찬가지로 합동관계는 동치관계이다.

정리 5.39

$\mathbb{Z}$ 위에서의 합동관계 $a \equiv b \pmod{m}$은 동치관계이다. 즉,

가. 모든 정수 a에 대하여, $a \equiv a \pmod{m}$이다.

나. $a \equiv b \pmod{m} \Rightarrow b \equiv a \pmod{m}$

다. $a \equiv b \pmod{m}$, $b \equiv c \pmod{m} \Rightarrow a \equiv c \pmod{m}$

증명 가. 모든 $a \in \mathbb{Z}$ 에 대하여 $m \mid (a-a)$이므로 $a \equiv a \pmod{m}$이다.

나. $a \equiv b \pmod{m}$이면 $m \mid (a-b)$이므로 $m \mid (b-a)$이고 따라서 $b \equiv a \pmod{m}$이다.

다. $a \equiv b \pmod{m}$, $b \equiv c \pmod{m}$이면 $m \mid (a-b)$, $m \mid (b-c)$이므로 $m \mid (a-b)+(b-c)$, 즉 $m \mid (a-c)$이다. 따라서 $a \equiv c \pmod{m}$이다. ■

$a \equiv b \pmod{m}$와 같은 꼴의 식을 '합동식'이라고 한다. 등식의 양변에 같은 수를 더하거나, 빼거나, 또는 곱하여도 등식은 성립한다. 합동식도 같은 성질을 가짐을 쉽게 증명할 수 있다.

정리 5.40

합동식은 양변에 같은 수를 더하거나, 빼거나, 또는 곱하여도 성립한다.

위 정리에서 나눗셈에 관해서는 언급하지 않음에 주목하여라.

과제 5-41 위 정리를 부등식의 경우에 조사하여라.

정리 5.42

m이 주어진 양수이고, a, b, c, d가 임의의 정수라고 하면 다음이 성립한다.

$a \equiv b \pmod{m}$이고 $c \equiv d \pmod{m}$이면 $a+c \equiv b+d \pmod{m}$, $a-c \equiv b-d \pmod{m}$, 그리고 $ac \equiv bd \pmod{m}$이다.

증명 $ac-bd = ac-ad+ad-bd = a(c-d)+(a-b)d \equiv 0 \pmod{m}$. 따라서 $ac \equiv bd \pmod{m}$이다. 다른 관계식은 쉽게 증명할 수 있다. ■

등식에서 양변을 같은 수로 나누고자 할 때에는 나누는 수가 0이 아니어야 한다. 합동식의 양변을 어떤 수로 나누고자 할 때에는 어떠한가?

합동식 $ab \equiv ac \pmod{n}$에서 $(a, n)=1$일 때 주어진 합동식의 양변을 a로 나누어도 합동식은 성립한다. 사실, $n \mid (ab-ac)$ 즉, $n \mid a(b-c)$에서 $(a, n)=1$이므로 $n \mid (b-c)$이다. 따라서 $b \equiv c \pmod{n}$이다.

과제 5-43 다음을 확인하여라.

가. 실수의 곱셈에서는 다음이 성립한다.

(1) $ab=0 \Rightarrow a=0$ 또는 $b=0$.

(2) $ab=ac \Rightarrow a=0$ 또는 $b=c$.

나. 합동식에서는 일반적으로 다음이 성립하지 않는다.

(1) $ab \equiv 0 \pmod{m} \Rightarrow a \equiv 0 \pmod{m}$ 또는 $b \equiv 0 \pmod{m}$

(2) $ab \equiv ac \pmod{m} \Rightarrow a \equiv 0 \pmod{m}$ 또는 $b \equiv c \pmod{m}$

다. $ab=ac$이고 $a \neq 0$일 때에는 양변을 a로 나누어 $b=c$라고 할 수 있다. 그러나 $2 \times 0 = 3 \times 0$에서 양변을 0으로 나눌 수 없다. 양변에 같은 수$(\neq 0)$로 나누었을 때 합동식이 성립하지 않을 수 있다.

≪정의 5.44≫

$\mathbb{Z}$ 위에서 합동관계 $a \equiv b \pmod{m}$에 관한 동치류를 법 m에 관한 잉여류(residue class modulo m)라고 한다.

이때, $a \in \mathbb{Z}$ 에 의하여 결정되는 법 m 에 관한 잉여류를 $\overline{a}$ 로 나타낸다. 즉,

$$\overline{a} = \{x \in \mathbb{Z} \mid x \equiv a \pmod{m}\} = \{a + mk \mid k \in \mathbb{Z}\}$$
$$= \{a,\ a \pm m,\ a \pm 2m,\ \cdots\}$$

정리 5.45

가. $\mathbb{Z} = \bigcup_{a \in \mathbb{Z}} \overline{a}$ 　　　　나. $a \equiv b \pmod{m} \Leftrightarrow \overline{a} = \overline{b}$

다. 임의의 $a,\ b \in \mathbb{Z}$ 에 대하여 다음 중 하나만 성립한다.

$$\overline{a} \cap \overline{b} = \varnothing \text{ 또는 } \overline{a} = \overline{b}$$

증명 가. 임의의 $a \in \mathbb{Z}$ 에 대하여 $a \in \overline{a}$ 이므로 $\mathbb{Z} \subset \bigcup_{a \in \mathbb{Z}} \overline{a}$ 이다.

한편, $\bigcup_{a \in \mathbb{Z}} \overline{a} \subset \mathbb{Z}$ 이므로 $\mathbb{Z} = \bigcup_{a \in \mathbb{Z}} \overline{a}$ 이다.

나. 편의상 $a \equiv b \pmod{m}$ 을 $a \sim b$ 로 표시하자. 먼저 $a \sim b$ 라 하자. $x \in \overline{a}$ 이면 $x \sim a$ 이므로 $x \sim b$, 즉 $x \in \overline{b}$ 이다. 그러므로 $\overline{a} \subseteq \overline{b}$. 한편 $a \sim b$ 이면 $b \sim a$ 이므로 $a \sim b$ 인 경우에서 b 와 a 를 바꾸어 생각하면 $\overline{b} \subseteq \overline{a}$ 이다. 따라서 $\overline{a} = \overline{b}$. 역으로 $\overline{a} = \overline{b}$ 라고 하면 $a \in \overline{a}$ 이므로 $a \in \overline{b}$. 따라서 $a \sim b$ 이다. 그러므로 $a \equiv b \pmod{m}$ 이다.

다. $\overline{a} \cap \overline{b} = \varnothing$ 이거나 $\overline{a} \cap \overline{b} \neq \varnothing$ 임은 당연하다. $\overline{a} \cap \overline{b} \neq \varnothing$ 라고 하자. 이때 $c \in \overline{a} \cap \overline{b}$ 인 원소 c 가 있다. 따라서 $c \in \overline{a}$, $c \in \overline{b}$, $c \equiv a \pmod{m}$, $c \equiv b \pmod{m}$ 이다. 결국 $a \equiv b \pmod{m}$ 이므로 $\overline{a} = \overline{b}$ 이다. ■

과제 5-46 다음을 확인하여라.

법 $m = 3$ 일 때,

$$\overline{0} = \{\cdots,\ -6,\ -3,\ 0,\ 3,\ 6,\ \cdots\} = \overline{-6} = \overline{-3} = \overline{3} = \overline{6} = \cdots,$$
$$\overline{1} = \{\cdots,\ -5,\ -2,\ 1,\ 4,\ 7,\ \cdots\} = \overline{-5} = \overline{-2} = \overline{4} = \overline{7} = \cdots,$$
$$\overline{2} = \{\cdots,\ -4,\ -1,\ 2,\ 5,\ 8,\ \cdots\} = \overline{-4} = \overline{-1} = \overline{5} = \overline{8} = \cdots.$$

임의의 정수 $a \in \mathbb{Z}$ 에 대하여

$$a = mq + r,\ 0 \le r < m$$

인 정수 q, r가 있다. 이때 $a \equiv r \pmod m$이고 따라서 $\overline{a} = \overline{r}$이다. 즉 $\overline{a}$는 $\overline{0}$, $\overline{1}$, $\cdots$, $\overline{m-1}$ 중 어느 하나이다. 또한 0, 1, $\cdots$, $m-1$은 어느 둘도 법 m에 관하여 합동이 아니므로 $\overline{0}$, $\overline{1}$, $\cdots$, $\overline{m-1}$는 서로 다르다. 따라서 $\mathbb{Z}$의 법 m에 관한 잉여류 전체의 집합을 $\overline{\mathbb{Z}_m}$이라고 하면

$$\overline{\mathbb{Z}_m} = \{\overline{a} \mid a \in \mathbb{Z}\} = \{\overline{0},\ \overline{1},\ \cdots,\ \overline{m-1}\}$$

이제 집합 $\overline{\mathbb{Z}_m}$ 위에 덧셈과 곱셈을 정의하자. 사실, 임의의 $\overline{a}$, $\overline{b} \in \overline{\mathbb{Z}_m}$에 대하여 덧셈과 곱셈을 다음과 같이 정의한다.

$$\overline{a} + \overline{b} = \overline{a+b}$$
$$\overline{a}\,\overline{b} = \overline{ab}$$

정리 5.47

위에서 정의한 덧셈과 곱셈은 잘 정의된다.

증명 덧셈과 곱셈이 잘 정의됨을 보이기 위해서는 $\overline{a} = \overline{a'}$ 이고 $\overline{b} = \overline{b'}$ 이면 $\overline{a+b} = \overline{a'+b'}$ 이고 $\overline{ab} = \overline{a'b'}$ 임을 보여야 한다. 즉, $a \equiv a' \pmod m$, $b \equiv b' \pmod m$이면 $a+b \equiv a'+b' \pmod m$이고 $ab \equiv a'b' \pmod m$임을 보여야 한다. 먼저 $a+b-(a'+b') = (a-a')+(b-b')$인데 $a-a'$, $b-b'$ 모두 m의 배수이므로 $a+b-(a'+b')$도 m의 배수이다. 따라서 $\overline{a+b} = \overline{a'+b'}$ 이다.

한편, $ab - a'b' = ab - ab' + ab' - a'b' = a(b-b') + (a-a')b'$ 인데

$a-a'$, $b-b'$가 모두 m의 배수이므로 $ab-a'b'$도 m의 배수이다. 따라서 $\overline{ab}=\overline{a'b'}$이다. ■

$\overline{\mathbb{Z}_m}$에서의 연산은 $\mathbb{Z}$에서의 연산으로부터 정의된다. 따라서 $\overline{\mathbb{Z}_m}$에서의 연산은 $\mathbb{Z}$에서의 연산과 비슷한 성질을 가지게 될 것으로 기대할 수 있다.

과제 5-48 다음을 확인하여라.

가. $\overline{\mathbb{Z}_4}=\{\overline{0}, \overline{1}, \overline{2}, \overline{3}\}$의 덧셈과 곱셈은 다음 표와 같다.

$+$	$\overline{0}$	$\overline{1}$	$\overline{2}$	$\overline{3}$
$\overline{0}$	$\overline{0}$	$\overline{1}$	$\overline{2}$	$\overline{3}$
$\overline{1}$	$\overline{1}$	$\overline{2}$	$\overline{3}$	$\overline{0}$
$\overline{2}$	$\overline{2}$	$\overline{3}$	$\overline{0}$	$\overline{1}$
$\overline{3}$	$\overline{3}$	$\overline{0}$	$\overline{1}$	$\overline{2}$

$\cdot$	$\overline{0}$	$\overline{1}$	$\overline{2}$	$\overline{3}$
$\overline{0}$	$\overline{0}$	$\overline{0}$	$\overline{0}$	$\overline{0}$
$\overline{1}$	$\overline{0}$	$\overline{1}$	$\overline{2}$	$\overline{3}$
$\overline{2}$	$\overline{0}$	$\overline{2}$	$\overline{0}$	$\overline{2}$
$\overline{3}$	$\overline{0}$	$\overline{3}$	$\overline{2}$	$\overline{1}$

나. 위 연산표를 이용하여 $\overline{\mathbb{Z}_4}$에 정의된 덧셈과 곱셈에 관하여 다음을 설명하여라.

(1) 항등원이 존재한다.

(2) 교환법칙이 성립한다.

앞으로 혼란의 여지가 없을 때에는 $\mathbb{Z}$의 법 m에 관한 잉여류 전체의 집합을 $\mathbb{Z}_m = \{0, 1, \cdots, m-1\}$과 같이 나타낸다.

■ 배수 판정법

주어진 자연수가 짝수인지 아닌지 또는 10의 배수인지 아닌지는 비교적 쉽게 알 수 있다. 자연수가 3의 배수인지 아닌지 쉽게 알 수 있는 방법이 없을까?

합동식을 이용하여 주어진 자연수가 어떤 수의 배수인지 아닌지를 쉽게 알 수 있는 경우가 있다.

자연수 k를 십진법으로 표현하여 $a_n a_{n-1} \cdots a_1 a_0$이라면, k의 십진법전개는 다음과 같다.

$$k = 10^n a_n + 10^{n-1} a_{n-1} + \cdots + 10a_1 + a_0$$

가. 10의 배수

자연수 k가 10으로 나누어떨어질 필요충분조건은 k의 일의 자리 숫자 a_0가 0인 것이다. $10^n a_n + 10^{n-1} a_{n-1} + \cdots + 10a_1$이 10의 배수이기 때문이다.

나. 5의 배수

자연수 k가 5로 나누어떨어질 필요충분조건은 k의 일의 자리 숫자 a_0가 0 또는 5인 것이다. $10^n a_n + 10^{n-1} a_{n-1} + \cdots + 10a_1$이 5의 배수이기 때문이다.

다. 2, 4, 8의 배수

자연수 k가 2로 나누어떨어질 필요충분조건은 k의 일의 자리 숫자 a_0가 2로 나누어떨어지는 것이다. $10^n a_n + 10^{n-1} a_{n-1} + \cdots + 10a_1$이 2의 배수이기 때문이다.

자연수 k가 4로 나누어떨어질 필요충분조건은 k의 끝의 두 자릿수 $10a_1+a_0$가 4의 배수인 것이다. $10^n a_n + 10^{n-1} a_{n-1} + \cdots + 10^2 a_2$이 4의 배수이기 때문이다.

자연수 k가 8로 나누어떨어질 필요충분조건은 k의 끝의 세 자릿수 $10^2a_2+10a_1+a_0$가 8의 배수인 것이다. $10^n a_n + 10^{n-1} a_{n-1} + \cdots + 10^3 a_3$이 8의 배수이기 때문이다.

라. 3, 9의 배수

자연수 k가 3과 9로 나누어떨어질 필요충분조건은 k의 각 자리 숫자의 합 $a_n + a_{n-1} + \cdots + a_0$이 각각 3과 9로 나누어떨어지는 것이다. 즉, 법을 3과 9 각각으로 했을 경우 $10 \equiv 1 \pmod{3}$이고 $10 \equiv 1 \pmod{9}$이므로 k를 다음과 같이 나타낼 수 있다.

$$k = 10^n a_n + 10^{n-1} a_{n-1} + \cdots + 10a_1 + a_0$$

$$\equiv a_n + a_{n-1} + \cdots + a_1 + a_0 \pmod{m},\ m = 3, 9$$

과제 5-49 11, 111, 1111, … 등과 같은 특수한 수에 대한 3의 배수 판정법에 대하여 조사하여라.

마. 6의 배수

자연수 k가 6으로 나누어떨어질 필요충분조건은 k가 2의 배수이고 3의 배수인 것이다. 2와 3은 서로 소이므로, 어떤 수가 2의 배수이고 3의 배수이면 그 수는 6의 배수이고, 거꾸로 어떤 수가 6의 배수이면 그 수는 2의 배수이고 3의 배수이기 때문이다.

과제 5-50

가. 다음을 설명하여라.

자연수 k가 12의 배수이기위한 필요충분조건은 k가 3의 배수이며 4의 배수인 것이다.

나. 다음은 옳지 않다는 것을 설명하여라.

자연수 k가 12의 배수이기위한 필요충분조건은 k가 2의 배수이며 6의 배수인 것이다.

바. 11의 배수

자연수 k가 11로 나누어떨어질 필요충분조건을 다음과 같이 구할 수 있다. $10 \equiv -1 (\text{mod} 11)$ 임에 착안한다.

$$\begin{aligned} k &= 10^n a_n + 10^{n-1} a_{n-1} + \cdots + 10 a_1 + a_0 \\ &\equiv (-1)^n a_n + (-1)^{n-1} a_{n-1} + \cdots + (-1) a_1 + a_0 \\ &= a_0 - a_1 + a_2 - \cdots + (-1)^n a_n \end{aligned}$$

따라서 일의 자리, 백의 자리, 만의 자리 등 10의 짝수 제곱한 자리의 숫자에서 10의 홀수 제곱한 자리의 숫자를 빼준 수가 11로 나누어떨어지면 수 k 가 11로 나누어떨어진다.

*사. 7의 배수

자연수 k가 7 또는 13으로 나누어떨어질 필요충분조건을 다음과 같이 두 가지를 생각할 수 있다. 어느 방법도 크게 효과적이라고는 하기 어렵다.

(1) 주어진 자연수 k를 십진법으로 나타내면 $k = 10^n a_n + 10^{n-1} a_{n-1} + \cdots + 10 a_1 + a_0$ 이다. k의 일의 자리 a_0을 없애고 자리수가 하나 적은 k'을 얻으면 $k' = 10^{n-1} a_n + \cdots + 10 a_2 + a_1$ 이 된다. 이제, k'에서 $2a_0$를 뺀 수가 7의 배수이면 원래의 수 k는 7의 배수이다. 이를 다음과 같이 설명할 수 있다. $k' - 2a_0 = 7l, l \in \mathbb{Z}$ 이라고 하면 $10k' - 20a_0 = 70l$ 이다. $10k' - 20a_0 = k - 21a_0$ 이므로 k 는 7의 배수이다. 역으로, k가 7의 배수이면, $10(k' - 2a_0) = k - 21a_0$

이므로 $k' - 2a_0$는 7의 배수이다.

(2) $1000 \equiv -1 \pmod{7}$ 임에 착안한 방안을 생각하여보자.

$$k = 10^n a_n + 10^{n-1} a_{n-1} + \cdots + 10a_1 + a_0$$

을 다음과 같은 꼴로 바꾼다.

$$(10^2 a_m + 10a_{m-1} + a_{m-2})10^{3k} + \cdots$$
$$+ (10^2 a_5 + 10a_4 + a_3)10^3 + (10^2 a_2 + 10a_1 + a_0)$$

필요하다면 a_m 또는 a_{m-1}이 0일 수 있다. 다음을 알 수 있다.

$$k \equiv (10^2 a_m + 10a_{m-1} + a_{m-2})(-1)^k + \cdots$$
$$-(10^2 a_5 + 10a_4 + a_3) + (10^2 a_2 + 10a_1 + a_0) \pmod{7}$$

즉, 주어진 수를 뒤에서부터 세 자리 씩 끊어 만든 세 자리 수들을 더하기, 빼기, 더하기를 반복하여 마지막으로 얻은 수가 7의 배수이면 원래의 수가 7의 배수임을 알 수 있다.

*아. 13의 배수

$1000 \equiv -1 \pmod{13}$임에 착안한다. 먼저,

$$k = a_n 10^n + a_{n-1} 10^{n-1} + \cdots + a_1 10 + a_0$$

을 다음과 같은 꼴로 바꾼다.

$$(a_m 10^2 + a_{m-1} 10 + a_{m-2})10^{3k} + \cdots$$
$$+ (a_5 10^2 + a_4 10 + a_3)10^3 + (a_2 10^2 + a_1 10 + a_0)$$

다음을 알 수 있다.

$$k \equiv (a_m 10^2 + a_{m-1} 10 + a_{m-2})(-1)^k + \cdots$$
$$-(a_5 10^2 + a_4 10 + a_3) + (a_2 10^2 + a_1 10 + a_0) \pmod{13}$$

주어진 수를 뒤에서부터 세 자리 씩 끊어 만든 세 자리 수들을 더하기, 빼기, 더하기를 반복하여 마지막으로 얻은 수가 13의 배수이면 원래의 수

가 13의 배수임을 알 수 있다.

> **과제 5-51** 다음을 확인하여라.
> $10^n \pm 1, n \in \mathbb{N}$ 이 k의 배수 꼴이면 k의 배수 판정법을 구할 수 있다. $k = 3, 7, 9, 11, 13$ 등이 그러한 경우이다. 그러나 자연수 k가 크면 그러한 판정법은 큰 의미가 없을 수 있다.

■ 곱셈의 검산

큰 수를 여러 개 곱하였을 때 그 곱한 결과가 옳은지 그른 지를 검산하는 방법으로는 무엇이 있을까?

직접 처음부터 다시 곱해 보는 것이 하나의 방법이다. 그러나 합동식의 성질을 이용하면 간편한 검산 방법을 생각할 수 있다.

논의의 편의를 위해 두 수 m, n의 곱 l을 생각하자.

$m \times n = l$ 이므로 $m(\text{mod}9) \times n(\text{mod}9) \equiv l(\text{mod}9)$이다. 따라서 m의 각 자리수의 합에 n의 각 자리수의 합을 곱하면 l의 각 자리수의 합과 9를 법으로 합동이다.

m의 각 자리수의 합에 n의 각 자리수의 합을 곱한 값이 두 자리수 이상의 수이면 그 곱한 값의 각 자리수를 다시 합한다. 자리수의 합을 구하는 과정을 계속하여 한 자리수가 될 때까지 계속한다. 마찬가지로, l의 경우에도 같은 과정을 반복하여 한 자리수가 될 때까지 계속한다. 원래의 곱셈이 정확하다면 최종적으로 얻은 두 값이 같아야 한다.

예를 들어, 다음 계산은 옳지 않다.

$$897 \times 936 = 829592$$

이유는 아래와 같다.

$$8 + 9 + 7 \equiv 24 \equiv 2 + 4 \equiv 6(\text{mod}9)$$
$$9 + 3 + 6 \equiv 18 \equiv 1 + 8 \equiv 9 \equiv 0(\text{mod}9)$$

따라서 $897 \times 936 \equiv 6 \times 0 \equiv 0(\text{mod}9)$이다.

한편, $829592 \equiv 8+2+9+5+9+2 \equiv 35 \equiv 3+5 \equiv 8 \pmod 9$이다. 그러나 $0 \not\equiv 8 \pmod 9$이므로 곱셈 $897 \times 936 = 829592$은 옳지 않다.

> **과제 5-52** 위 과정에서 최종적으로 얻은 두 값이 같다고 하여 곱셈이 옳다고는 할 수 없음을 예를 들어 설명하여라.

초·중등학교 교육과정에는 해당되지 않지만 임의의 p진법에 대해서도 같은 방법을 생각할 수 있다.

p진법으로 표현된 두 자연수의 곱이 옳은지 그렇지 않은지를 검산하고자 할 때에는 $p-1$을 법(modulus)으로 생각하면 된다. $p \equiv 1 \pmod{p-1}$이기 때문이다.

■ 일차합동식

실수 집합에서 일차 방정식 $ax=b\,(a \neq 0)$을 쉽게 풀 수 있다. 실제로, $ax=b\,(a \neq 0)$의 해는 $x=\dfrac{b}{a}$로서 유일하다.

이와 비슷한 문제를 집합 $\mathbb{Z}_m$에서 생각할 수 있을까? 해가 있을까 없을까? 해가 있다면 몇 개나 있으며 그 해를 어떻게 구할 수 있나?

집합 $\mathbb{Z}_m$에서 다음과 같은 일차합동식을 생각한다.[11)]

$$ax \equiv b \pmod m,\quad a \not\equiv 0 \pmod m$$

여기서 a, b는 $\mathbb{Z}_m$의 원소이고, 해도 $\mathbb{Z}_m$에서 구한다. 일차부정방정식에서와 마찬가지로 이 일차합동식이 해를 가지기 위한 필요충분조건은 무엇이며, 해를 가지는 경우에는 해는 몇 개이며 해를 어떻게 구하는가가 주된 문제이다.

---

11) 이 책에서는 이차 이상의 합동식 풀이에 대해서는 논의하지 않는다.

과제 5-53

가. 다음을 확인하여라.

(1) 일차 방정식 $ax=b$의 해에 관하여 다음이 성립한다.

(가) $ax=b$와 같은 모양의 방정식에서 $a=0$이고 $b=0$이면 해는 무수히 많으나, $a=0$이지만 $b\neq 0$이면 해는 존재하지 않는다.

(나) $a\neq 0$인 경우에는 b의 값에 무관하게 유일한 해 $a^{-1}b=\dfrac{b}{a}$를 가진다.

(2) 미지수가 두 개인 일차방정식 두 개로 이루어진 일차연립방정식은 $AX=B$와 같은 모양의 행렬 표현이 가능하다. 여기서 A는 2×2행렬이고, X와 B는 2×1행렬이다. 이 연립방정식의 해에 관하여 다음이 성립한다(Ⅵ장).

(가) A의 행렬식이 0이면 $AX=B$는 해를 가지지 않던가 무수히 많은 해를 가진다.

(나) A의 행렬식이 0이 아니면 A는 역행렬 A^{-1}을 가진다. 따라서 $AX=B$는 유일한 해 $A^{-1}B$를 가진다.

나. $\mathbb{Z}_m=\{0,\ 1,\ \cdots,\ m-1\}$의 원소를 하나하나 대입해 봄으로써 다음 일차 합동식을 풀고 해가 몇 개인지 살펴라.

(1) $2x\equiv 3\pmod 5$

(2) $2x\equiv 4\pmod 6$

(3) $2x\equiv 1\pmod 4$

정리 5.54

일차 합동식 $ax\equiv b(\mathrm{mod}\ m)$, $(a,\ m)=1$은 단 한 개의 해를 갖는다.

증명 가정에 의하여 $(a,\ m)=1$이므로 $as+mt=1$인 정수 s, t가 있다. 이때, $asb+mtb=b$이므로 $a(sb)\equiv b(\mathrm{mod}\ m)$이고 따라서 $x\equiv sb(\mathrm{mod}\ m)$는 주어진 합동식 $ax\equiv b(\mathrm{mod}\ m)$의 해다. 다음에 $x\equiv x_1(\mathrm{mod}\ m)$, $x\equiv x_2(\mathrm{mod}\ m)$가 주어진 합동식의 해이면, $ax_1\equiv b\equiv ax_2(\mathrm{mod}\,m)$이고 또 $(a,\ m)=1$이므로, $x_1\equiv x_2(\mathrm{mod}\,m)$

이다. 따라서 주어진 일차 합동식은 단 한 개의 해를 가진다. ■

이제, 이 정리를 다음과 같이 일반화하여 증명하자.

정리 5.55

$(a, m)=d$라고 하자. 그러면 일차 합동식 $ax \equiv b \pmod{m}$가 해를 가질 필요충분조건은 $d \mid b$이다. 또, $d \mid b$이면 주어진 일차 합동식은 법 m으로 d개의 합동이 아닌 해들을 갖는다. 만일 x_0가 이 일차 합동식의 해라고 하면 d개의 합동이 아닌 해는 다음과 같다.

$$x \equiv x_0 + \frac{m}{d}r, \quad r=0,\ 1,\ \cdots,\ d-1$$

증명 먼저 일차 합동식 $ax \equiv b \pmod{m}$가 해 $x \equiv c \pmod{m}$를 가지면 $ac \equiv b \pmod{m}$이므로 $ac+mk=b$인 정수 k가 있고 따라서 $d \mid b$이다.

역으로, $d \mid b$라고 가정하자. 이때 $ax \equiv b \pmod{m} \Leftrightarrow \frac{a}{d}x \equiv \frac{b}{d} \left(\bmod \frac{m}{d}\right)$이고 $\left(\frac{a}{d},\ \frac{m}{d}\right)=1$이므로 이 합동식은 법 $\frac{m}{d}$에 관하여 단 한 개의 해를 가진다. 이제 그 해를 $x \equiv x_0 \left(\bmod \frac{m}{d}\right)$라고 하면 다음이 성립한다.

$$\begin{aligned} x \equiv x_0 \left(\bmod \frac{m}{d}\right) &\Leftrightarrow x = x_0 + \frac{m}{d}k \qquad (k \in \mathbb{Z}) \\ &\Leftrightarrow x = x_0 + \frac{m}{d}(dq+t)\ (q \in \mathbb{Z},\ 0 \le t \le d-1) \\ &\Leftrightarrow x = x_0 + mq + \frac{m}{d}t \ \ (q \in \mathbb{Z},\ 0 \le t \le d-1) \\ &\Leftrightarrow x \equiv x_0 + \frac{m}{d}t \pmod{m}\ \ (0 \le t \le d-1) \end{aligned}$$

한편

$$x_0 + \frac{m}{d}t_1 \equiv x_0 + \frac{m}{d}t_2 \pmod{m}$$

$$\Leftrightarrow \frac{m}{d}t_1 \equiv \frac{m}{d}t_2 \pmod{m}$$

$$\Leftrightarrow \frac{m}{d}d \mid \frac{m}{d}(t_1 - t_2)$$

$$\Leftrightarrow d \mid (t_1 - t_2)$$

$$\Leftrightarrow t_1 \equiv t_2 \pmod{d}$$

따라서 합동식 $ax \equiv b \pmod{m}$는 서로 다른 d개의 해를 가진다. ■

위의 정리를 다음과 같이 증명할 수도 있다.

일차합동식 $ax \equiv b \pmod{m}$에서 $d \mid b$이고 $x \equiv x_0 \pmod{m}$가 한 해라고 하면 $ax_0 + my = b$에서 $x = x_0 + \frac{b}{d}k,\ k \in \mathbb{Z}$ 이다. 여기서 $0 \le k \le d-1$일 때에만 m을 법으로 합동이 아닌 해임을 알 수 있다.

이상에서 살펴보았듯이 합동식 $ax \equiv b \pmod{m}$의 해를 구하는 문제는, 본질적으로 일차부정방정식 $ax + my = b$의 해를 구하는 문제와 같다. 다만 일차부정방정식에는 법(modulus)이 없으므로 해가 있으면 무수히 많지만 합동식에는 법이 주어지므로 해가 있어도 유한개 있다.

한편, 합동식 $ax \equiv b \pmod{m}$의 특수한 해는 부정방정식 $ax + my = b$의 특수한 정수해를 구할 때와 마찬가지로 유클리드 알고리즘을 이용하면 편리하다.

과제 5-56

가. 유클리드 알고리즘을 이용하여 합동식 $8x \equiv 4 \pmod{14}$의 해를 하나 구하여라.

나. 합동식 $8x \equiv 4 \pmod{14}$의 해를 모두 구하여라.

*■ 일차 연립 합동식

중학교 과정에서 여러 개의 일차방정식을 연립하여 연립일차방정식을 생각하고 여러 가지 풀이법을 배운다. 이와 마찬가지로 여러 개의 일차합동식을 연립하여 연립합동식을 생각할 수 있다. 일차연립합동식은 어떻게 풀 수 있을까?

과제 5-57 초등학교에서 다루는 다음 문제를 생각하여 보자.

가. 가로, 세로, 높이가 각각 2cm, 3cm, 5cm인 블록을 촘촘히 쌓아 정육면체의 탑을 만들려고 한다. 최소 몇 개의 블록이 필요한가? 이 문제는 다음과 같이 나타낼 수 있다 : 다음 연립 합동식을 풀고, 가장 작은 자연수 해를 구하여라.

$$\begin{cases} x \equiv 0 \pmod 2 \\ x \equiv 0 \pmod 3 \\ x \equiv 0 \pmod 5 \end{cases}$$

나. 2로 나누면 나머지가 1, 3으로 나누어도 나머지가 1, 5로 나누어도 나머지가 1인 수 중에서 1보다 큰 가장 작은 자연수는 무엇인가? 이 문제는 다음과 같이 나타낼 수 있다. 다음 연립 합동식을 풀고, 1보다 큰 가장 작은 자연수 해를 구하여라.

$$\begin{cases} x \equiv 1 \pmod 2 \\ x \equiv 1 \pmod 3 \\ x \equiv 1 \pmod 5 \end{cases}$$

다. 2로 나누면 나머지가 1, 3으로 나누면 나머지가 2, 5로 나누면 나머지가 4인 수 중에서 가장 작은 수는 무엇인가? 이 문제는 다음과 같이 나타낼 수 있다. 다음 연립 합동식을 풀고, 가장 작은 자연수 해를 구하여라.

$$\begin{cases} x \equiv 1 \pmod 2 \\ x \equiv 2 \pmod 3 \\ x \equiv 4 \pmod 5 \end{cases}$$

사실, 이 문제는 다음과 같이 바꾸어 생각할 수 있다.

$$\begin{cases} x \equiv -1 \pmod 2 \\ x \equiv -1 \pmod 3 \\ x \equiv -1 \pmod 5 \end{cases}$$

위의 모든 문제를 간단한 문제로 변형시켜 최소공배수의 개념을 사용하여 쉽게 풀 수 있음을 설명하여라.

이제 다음 문제를 생각하여 보자.

2로 나누면 나머지가 1, 3으로 나누면 나머지가 2, 5로 나누면 나머지가 3인 수 중에서 가장 작은 수는 무엇인가? 이 문제는 다음과 같이 나타낼 수 있다 : 다음 연립 합동식을 풀고, 가장 작은 자연수 해를 구하여라.

$$\begin{cases} x \equiv 1 \pmod 2 \\ x \equiv 2 \pmod 3 \\ x \equiv 3 \pmod 5 \end{cases}$$

이 문제의 경우에는 최소공배수의 문제로 바꾸는 일이 쉽지 않다. 이러한 문제를 비롯하여 일반적인 연립 일차합동식을 풀 때 다음 정리는 유용하다.

정리 5.58 중국인의 나머지 정리(Chinese Remainder Theorem)[12]

양의 정수 $m_1, m_2, \cdots, m_n$ $(n \geq 2)$이 쌍마다 서로 소라고 하자. 임의의 정수 $c_1, c_2, \cdots, c_n$에 대하여 다음 연립 일차 합동식은 법 $m_1 m_2 \cdots m_n$에 관하여 단 한 개의 해를 가진다.

$$\begin{cases} x \equiv c_1 \pmod{m_1} \\ x \equiv c_2 \pmod{m_2} \\ \quad \cdots \\ x \equiv c_n \pmod{m_n} \end{cases}$$

12) 이 정리가 최초로 언급된 문헌이 중국의 수학책이다.

증명 우선 $M = m_1 m_2 \cdots m_m$이고 $M_i = \dfrac{M}{m_i} = m_1 \cdots m_{i-1} m_{i+1} \cdots m_n$ $(1 \le i \le n)$이라고 놓으면, $i \ne j$일 때, $(m_i, m_j) = 1$이므로 $(M_i, m_i) = 1$이고 따라서 $M_i N_i \equiv 1 \pmod{m_i}$ $(1 \le i \le n)$인 정수 N_i가 있다. 이제 $u = M_1 N_1 c_1 + M_2 N_2 c_2 + \cdots + M_n N_n c_n$이라고 놓으면 $i \ne j$일 때

$$M_j = m_1 \cdots m_{j-1} m_{j+1} \cdots m_n \equiv 0 \pmod{m_i}$$

이므로 $u \equiv M_i N_i c_i \equiv c_i \pmod{m_i}$ $(1 \le i \le n)$이고 따라서 주어진 연립합동식은 다음과 같은 꼴로 고쳐 쓸 수 있다.

$$\begin{cases} x \equiv u \pmod{m_1} \\ x \equiv u \pmod{m_2} \\ \quad \cdots \\ x \equiv u \pmod{m_n} \end{cases}$$

그러므로 주어진 연립일차합동식은 한 개의 해 $x = u \pmod{m_1 m_2 \cdots m_n}$를 가진다. 이 해가 유일함은 쉽게 증명할 수 있다. ■

과제 5-59

가. 위의 증명 과정을 하나하나 살피면서 다음 연립합동식을 풀어라.

$$\begin{cases} x \equiv 1 \pmod{2} \\ x \equiv 2 \pmod{3} \\ x \equiv 4 \pmod{5} \end{cases}$$

나. 다음 연립 합동식을 다음 여러 가지 방법으로 풀어라.

$$\begin{cases} x \equiv 1 \pmod{2} \\ x \equiv 2 \pmod{3} \\ x \equiv 3 \pmod{5} \end{cases}$$

(1) 중국인의 나머지 정리를 이용한다.
(2) 이 경우에는 법이 30이므로 29부터 0까지의 수를 하나씩 대입한다.
(3) 주어진 세 개의 합동식으로부터 29부터 0까지의 수 중에서 다음 세 가지 조건을 만족시키는 수를 구한다.

(가) 홀수이다.
(나) $3k+2$의 꼴이다.
(다) $5k+3$의 꼴이다.

다. 아래 절차에 따라 다음 연립합동식을 풀어라.

$$\begin{cases} 8x \equiv 4 \pmod{14} \\ 5x \equiv 3 \pmod{11} \end{cases}$$

(1) 먼저 처음 합동식은 두 개의 해를 가짐에 주목하고 그 두 해를 구한다. 이 때 유클리드 알고리즘을 사용할 수 있고, 법이 크지 않음으로 수를 직접 대입하여 구할 수 있다.
(2) 두 번째 합동식의 유일한 해를 구한다. 이때에도 유클리드 알고리즘을 사용할 수 있고, 법이 크지 않음으로 수를 직접 대입하여 구할 수 있다.
(3) 위의 결과로부터 두 쌍의 연립 합동식을 얻는다.
(4) 중국인의 나머지 정리를 이용하여 각각의 연립 합동식을 푼다.

■ 정수론과 정보보호

중요한 재물은 금고에 넣어 보관한다. 정보사회에서는 정보가 곧 재물이므로 귀한 정보를 사이버(cyber) 공간에 안전하게 보호할 필요가 있다.

이러한 요구에 수학이 하는 역할은 무엇인가? 응용대수학으로서 암호학(cryptography)은 정보보호를 위한 학문이다. 암호학에서 정수론은 결정적인 역할을 한다.

가. 일방향 함수

암호학에서 소수는 특히 중요한 역할을 한다. 주어진 자연수가 소수인지를 판정할 때, 보통은 소인수분해를 이용한다. 양의 정수 n이 합성수이면, n은 $\sqrt{n}$ 보다 작거나 같은 약수를 가진다. 그러나 이 원리를 이용한 소인수분해는 복잡도가 커서 현실적으로 활용할 수 없다. 실제로, 일반적인 소인수 분해는 수퍼컴퓨터를 사용하더라도 실현가능하지 않다(infeasible). 그러나 주어진 자연수가 소수인지 아닌지를 판정(primality test)하는 계산은 실현가능하다(feasible).

두 수의 곱은 쉽게 할 수 있다는 사실과 위에서 언급한 소수판정과 소인수분해의 계산상의 특성은 정보보호에 이용된다. 사실, 한 쪽 계산은 용이하지만 반대 쪽 계산이 용이하지 않는 그러한 함수를 일방향 함수(one-way function)라고 한다.

다음 함수 F는 일방향함수이다.

P를 100자리 소수 전체의 집합이라고 하자. 함수 $F: P \times P \to \mathbb{N}$를 다음과 같이 정의하자.

$$F(p, q) = pq$$

과제 5-60 위의 일방향함수 F는 여러 가지 암호학적 약정(cryptographic protocol)에 활용된다. 이와 관련하여 다음에 관하여 조사하여라.

- 전자서명(digital signature)
- 전화로 동전던지기(coin flipping by telephone)

나. 소수판정

암호학에서 주어진 자연수 a가 소수인가 아닌가를 판정하는 것은 중요하다. 전통적인 관점에서는 a의 소인수를 찾아 a가 소수인가 합성수인가를 판정할 것이다. 그런데, 현대의 암호학에서는 a를 소인수분해하지 않고, a가 합성수임을 선언한다. 컴퓨터에 의한 이 주장은 사실 확률론적 선언인 것이다. 좀 더 정확하게 말하면, '주어진 수가 합성수일 확률은 거의 1이다'라고 말하는 것이다.

전통적인 수학에서는 소수 판정(primality test)은 소인수분해(factoring)와 분리될 수 없는 근본적으로 동일한 문제이지만, 확률론적 기법이 적용되면 이 두 문제는 완전히 다른 문제라는 것을 알 수 있다. 인수분해는 계산이 현실적으로 불가능한(infeasible, untractable) 문제이지만, 소수 판정은 계산이 현실적으로 가능한(feasible, tractable) 문제이다.

다음은 저자가 직접 실시한 실험의 결과이다.[13] 이 실험 자료로부터 소수판정은 소인수분해와 무관하게 실행됨을 알 수 있다. 소수의 자리 수가 커질수록 소수판정은 소요시간에 관한 한 유의미한 영향을 받지 않지만, 소인수분해는 큰 영향을 받음을 알 수 있다.

문: 19 자리인 두 소수를 생성하라.
답: x=6018091022426304037,
y=8614712799432196969

문: 두 수를 곱하라.
답: $x\times y$=51844125759043878120868029193663863853

이 단계에서 컴퓨터는 이 수의 두 소인수를 기억하지 않거니와, 이 수가 두 수의 곱이라는 사실도 알지 못한다.

문: $x\times y$는 소수인가?
답: 아니오.

문: 소수 판정에 걸린 시간은 ?
답: 0.00초

문: $x\times y$를 소인수분해하여라.
답: $x\times y$=6018091022426304037×8614712799432196969

문: 소인수분해에 걸린 시간은 ?
답: 223.48초

13) 이 실험을 지금 실시하면 시간이 단축될 수 있다.

다. 확률론적 정당화

앞의 실험을 통하여 살펴보았듯이 컴퓨터는 소수 판정을 소인수분해를 통하지 않고 한다. 실제로, 소수인가 아닌가를 판정해야 할 수가 입력(input)되면 컴퓨터는 다양한 확률적 검증을 실시한다. 그 모든 검증에서 통과하여 입력된 수가 소수일 확률이 매우 클 때, 컴퓨터는 그 수를 '소수이다'라고 결론을 낸다.

어떤 주장을 정당화할 때, 확률론적 논증에 기초하는 경우가 많이 있는데, 이러한 정당화기법을 '확률론적 정당화(probabilistic verification, probabilistic justification)'라고 한다.

이에 비하여, 정당화 과정에서 확률이 개입할 필요가 없는 기법을 '결정론적 정당화(deterministic verification, deterministic justification)'라고 한다. 소인수분해를 통하여 소수인지 아닌지를 판정하는 기법은 결정론적 정당화이다.

■ 큰 소수 생성

정보보호를 위해 큰 소수를 생성할 필요가 있다. 100자리 정도의 소수는 자주 사용된다.

실질적인 활용가치를 떠나 사람은 큰 소수에 호기심이 있다.

인류가 알고 있는 가장 큰 소수는 무엇인가?

가. 제법 큰 수

$1+2+2^2+\cdots+2^k$는 얼마인가? 이 질문에 답하기 위하여 이 값을 S라고 하면 다음을 알 수 있다.

$$S=1+2+2^2+\cdots+2^k$$
$$2S=2+2^2+2^3+\cdots+2^k+2^{k+1}$$

아래 식에서 위 식을 빼면 $S=2^{k+1}-1$임을 알 수 있다.

과제 5-61 다음을 수학적 귀납법으로 증명하여라.

$$1 + 2 + 2^2 + \cdots + 2^k = 2^{k+1} - 1$$

진법을 활용하여 다음과 같이 설명하면 어떨까?

$1 + 2 + 2^2 + \cdots + 2^k$을 이진법으로 나타내면 $111 \cdots 11_{(2)}$(1이 $k+1$ 개)이다. 다음의 덧셈이 성립한다.

$$\begin{array}{r} 111 \cdots 11_{(2)} \\ + \qquad\quad 1_{(2)} \\ \hline 1000 \cdots 00_{(2)} \end{array}$$

위에서 $100...00_{(2)}$ 에는 0이 $k+1$ 개 있고 이 수를 십진법으로 표현하면 2^{k+1}이다. 따라서 $1 + 2 + 2^2 + \cdots + 2^k = 2^{k+1} - 1$이 성립한다.

$1, 2, 2^2, \cdots, 2^k$를 수열로 볼 때, 다음 항 2^{k+1}은 앞의 모든 항의 합보다 1 더 크다.

이렇게 볼 때, 2^{k+1}는 제법 큰 수이다.

나. 제법 큰 소수

다음과 같은 꼴의 정수를 메르센느 수(Mersenne number) 수라고 한다.

$$M_n = 2^n - 1 \ (n \geq 1)$$

특히, M_n 이 소수일 때, 이 소수를 메르센느 소수라고 한다.

메르센느 수 $M_n = 2^n - 1$ 이 소수이면 n 은 소수여야 한다. 그 이유는 다음과 같다. 앞의 논의에서 M_n을 이진법으로 나타내면 $111 \cdots 11_{(2)}$(1이 n개)이다. n이 합성수이면 $n = ld \ (l > 1, d > 1)$이므로 M_n은 $111 \cdots 11_{(2)}$(1이 d개)의 배수이다.[14)]

이제, n이 2, 3, 5, 7인 경우에는 M_n은 소수임을 금방 알 수 있다. 그러나 $M_{11} = 2047 = 23 \times 89$ 이고 $M_{23} = 8388607 = 47 \times 178481$ 이다.

따라서 n이 소수라고 하여도 M_n이 소수인 것은 아니다.

그러나 현재까지 알려진 가장 큰 소수는 메르센느 소수이다.

> **과제 5-62** 다음에서 지금까지 알려진 큰 소수가 무엇인지 조사하여라.
>
> http://www.mersenne.org/primes

메르센느 수와 비슷한 수가 있다.

다음과 같은 꼴의 정수를 페르마 수(Fermat number)라고 한다.

$$F_n = 2^{2^n} + 1 \quad (n \geq 0)$$

특히, F_n이 소수일 때, 이 소수를 페르마 소수라고 한다.

자연수 m에 대하여 $2^m + 1$이 소수이면 $m = 2^n (n \geq 0)$이다. 왜냐하면, m이 홀수 k의 배수이면 $2^m + 1$는 $2^{\frac{m}{k}} + 1$로 나누어떨어진다. 따라서 $2^m + 1$ 이 소수이면 m 은 2의 거듭제곱이어야 한다.

다음 다섯 개의 수

$$F_0 = 2^{2^0} + 1 = 3 \qquad F_1 = 2^{2^1} + 1 = 5 \qquad F_2 = 2^{2^2} + 1 = 17$$

$$F_3 = 2^{2^3} + 1 = 257 \quad F_4 = 2^{2^4} + 1 = 65537$$

는 모두 소수다.

그러나 오일러는 다음 페르마 수

$$F_5 = 2^{2^5} + 1 = 4294967297 = 641 \cdot 6700417$$

가 합성수임을 밝혔다.

---

14) M_n은 $111 \cdots 11_{(2)}$(1이 l 개)의 배수이기도 하다.

과제 5-63 수학적 귀납법을 사용하여 $F_0F_1F_2 \cdots F_{n-1} + 2 = F_n$ 임을 증명하여라.

■ 초등학교에서 합동의 활용

합동은 하나의 동치관계로써 정수에서 나눗셈과 그 나머지를 기반으로 한 수학적 개념이다. 초등학교에서는 합동이라는 개념이 명확하게 제시되지는 않는다. 그러나 실생활에서 이미 합동의 개념을 몸으로 체득하고 있는 경우가 많다. 예를 들어 15600이 10이나 5로 또는 2로 나누어떨어진다는 것은 초등학생도 쉽게 알고 있는 내용이다. 이처럼 어떤 수가 5나 10으로 나누어떨어지는 것을 판별하는 것은 합동의 개념을 바탕으로 하고 있다.

또한 합동은 초등 수학교육과정에서 제시되는 최대공약수의 개념을 구성하는데도 활용될 수 있다. 두 수의 최대공약수를 구할 때, 한쪽의 수에 다른 한쪽의 수를 더하거나 빼도 그 결과는 같다. 즉 $(a,b) = (a+b,b) = (a-b,b)$이다. 이것은 유클리드 알고리즘을 이용한 것으로 유클리드 호제법이라고도 하는데, 큰 수의 최대공약수를 구할 때 유용하다. 여기에서는 유클리드 호제법의 의미를 초등학생들이 쉽게 이해할 수 있도록 그림을 통한 활동지를 구성하였다.

수업자료

위와 같은 내용을 학교 현장에서 활용할 수 있도록 다음과 같이 활동지를 제공한다.

[학생활동지 5-1]

약수, 공약수

1. 12인 막대 그림을 같은 개수로 똑같이 나누려고 합니다. 몇 개씩으로 나눌 수 있는지 생각해봅시다. 또 나눌 수 있는 방법은 모두 몇 가지인지 생각해봅시다.

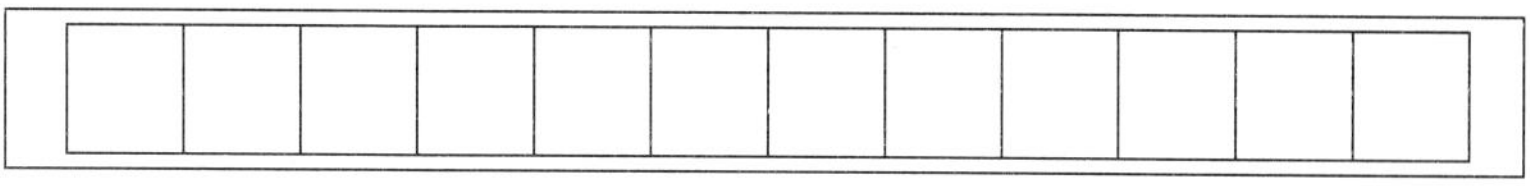

2. 위 그림을 보고 12의 약수는 무엇인지 쓰시오.

3. 가로 12칸 세로 6칸인 아래 그림을 같은 크기의 정사각형으로 똑같이 나누려고 합니다. 어떻게 나눌 수 있는지 생각해봅시다. 또 나눌 수 있는 방법은 모두 몇 가지인지 생각해봅시다.

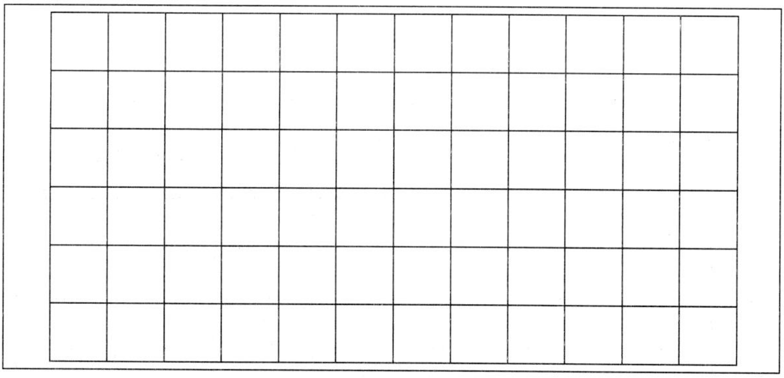

4. 위 그림을 보고 12와 6의 공약수가 무엇인지 모두 쓰시오.

[학생활동지 5-2]

최대공약수

1. 다음 직사각형을 똑같은 크기의 정사각형으로 나누어 공약수를 구하고, 그 중에서 가장 큰 공약수를 구하시오. 그리고 어떤 두 수의 최대공약수를 나타내는 것인지 설명하시오.

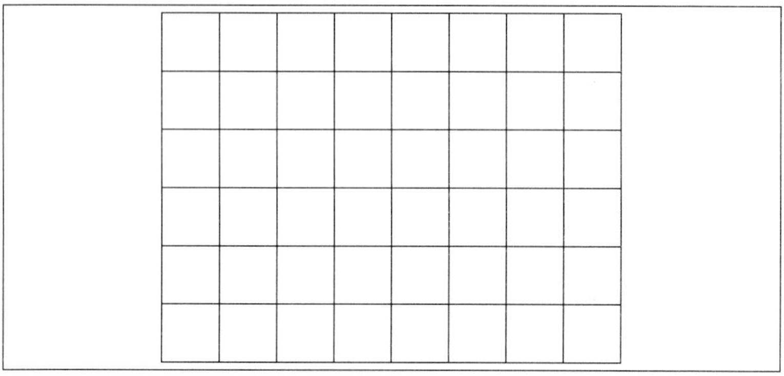

2. 1번 그림에서 가로의 길이를 세로의 길이인 6만큼 더 늘린 직사각형입니다. 똑같은 크기의 정사각형으로 나누어서 최대공약수를 구하시오.

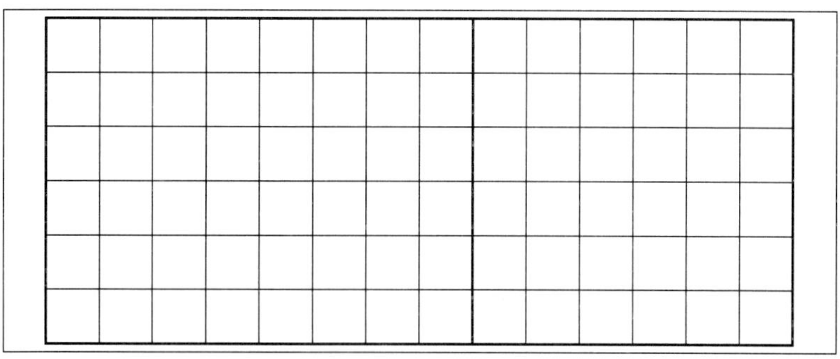

3. 2번 그림에서 가로의 길이를 세로의 길이인 6만큼씩 계속 늘려 갈 때의 직사각형을 생각해보고, 그 때마다 최대공약수는 어떻게 변하는지 그 이유와 함께 쓰시오.

4. 위 문제와 반대로 두 수의 최대공약수를 구할 때 작은 수만큼 빼서 최대공약수를 구해봅시다. 28과 8의 최대공약수를 구해보고, 28-8과 8의 최대공약수를 구해서 비교해 봅시다. 최대공약수는 같을까요? 다를까요? 자신의 생각과 그렇게 생각하는 이유를 아래 칸에 적어보시오.

5. 두 수의 최대공약수를 구할 때 어느 한쪽의 숫자를 더하거나 빼서 최대공약수를 구해도 되는 이유는 무엇일지 친구들과 논의해보고 그 내용을 쓰시오.

6. 다음은 위에서 살펴본 방법으로 32와 14의 최대공약수를 구하는 과정을 나타낸 것입니다. 직사각형 그림으로 나타내고, 최대공약수를 이렇게 구할 수 있는 이유를 설명해보시오.

① 32, 14의 최대공약수
② 18, 14의 최대공약수(32−14, 14)
③ 4, 14의 최대공약수(18−14, 14)
④ 4, 10의 최대공약수(4, 14−4)
⑤ 4, 6의 최대공약수(4, 10−4)
⑥ 4, 2의 최대공약수(4, 6−4)
⑦ 2, 2의 최대공약수 2

CHAPTER

06 선형대수

중 · 고등학교에서 배우는 수직선 $\mathbb{R}$, 좌표 평면 $\mathbb{R}^2$, 좌표 공간 $\mathbb{R}^3$, 일차연립방정식 등을 선형대수학의 주요 내용이라고 볼 때, 선형대수학은 초등학교 수학과 직접적으로 관계된다고 하기 어렵다. 그러나 일상생활에 '선형성(linearity)'은 편재해 있다.

게다가 선형대수학은 대수학의 주요 분야이며 요즈음 정보수학에서 중요한 역할을 하므로 여기에서 선형대수학의 일부 내용을 개략적인 수준에서 다룬다.

여기에 제시되는 정리의 증명은 신현용(2011b)에 있다.

■ 행렬

행렬(matrix)은 선형대수학에서 중요하다. 선형성을 표현하는 유효한 개념이기 때문이다. 행과 열의 개수가 각각 두 개인 경우에 행렬의 덧셈과 곱셈은 어떻게 정의하나? 편의상, 행과 열의 개수가 각각 2이고 모든 성분이 실수인 행렬 전체의 집합을 $Mat_2(\mathbb{R})$로 나타낸다.

가. 덧셈

두 개의 행렬 $\begin{bmatrix} a_{11} & a_{12} \\ a_{21} & a_{22} \end{bmatrix}$와 $\begin{bmatrix} b_{11} & b_{12} \\ b_{21} & b_{22} \end{bmatrix}$의 합은 다음과 같이 정의한다.

$$\begin{bmatrix} a_{11} & a_{12} \\ a_{21} & a_{22} \end{bmatrix} + \begin{bmatrix} b_{11} & b_{12} \\ b_{21} & b_{22} \end{bmatrix} = \begin{bmatrix} a_{11}+b_{11} & a_{12}+b_{12} \\ a_{21}+b_{21} & a_{22}+b_{22} \end{bmatrix}$$

이 덧셈에 대하여 다음이 성립한다.

- 결합법칙이 성립한다.
- $\begin{bmatrix} 0 & 0 \\ 0 & 0 \end{bmatrix}$은 항등원이다.
- $\begin{bmatrix} a_{11} & a_{12} \\ a_{21} & a_{22} \end{bmatrix}$의 역원은 $\begin{bmatrix} -a_{11} & -a_{12} \\ -a_{21} & -a_{22} \end{bmatrix}$이다.
- 교환법칙이 성립한다.

모든 행렬의 덧셈에 대한 역원이 존재하므로 행렬의 뺄셈을 다음과 같이 한다.

$$\begin{bmatrix} a_{11} & a_{12} \\ a_{21} & a_{22} \end{bmatrix} - \begin{bmatrix} b_{11} & b_{12} \\ b_{21} & b_{22} \end{bmatrix} = \begin{bmatrix} a_{11}-b_{11} & a_{12}-b_{12} \\ a_{21}-b_{21} & a_{22}-b_{22} \end{bmatrix}$$

나. 곱셈

두 행렬의 곱은 다음과 같이 정의한다.

$$\begin{bmatrix} a_{11} & a_{12} \\ a_{21} & a_{22} \end{bmatrix} \begin{bmatrix} b_{11} & b_{12} \\ b_{21} & b_{22} \end{bmatrix} = \begin{bmatrix} a_{11}b_{11}+a_{12}b_{21} & a_{11}b_{12}+a_{12}b_{22} \\ a_{21}b_{11}+a_{22}b_{21} & a_{21}b_{12}+a_{22}b_{22} \end{bmatrix}$$

정리 6.1

임의의 $A, B, C \in Mat_2(\mathbb{R})$에 대하여 다음이 성립한다.

- $(AB)C = A(BC)$
- $AI = IA$. 여기서 $I = \begin{bmatrix} 1 & 0 \\ 0 & 1 \end{bmatrix}$이다.
- $A(B+C) = AB + AC$
- $(A+B)C = AC + BC$

실수의 곱셈에 관하여 교환법칙이 성립하지만 $Mat_2(\mathbb{R})$에서는 곱셈에 관한 교환법칙이 성립하지 않는다. 이를 확인하기 위하여 다음과 같은 간단한 예를 들 수 있다.

$$\begin{bmatrix}1&2\\3&4\end{bmatrix}\begin{bmatrix}0&1\\1&0\end{bmatrix} \neq \begin{bmatrix}0&1\\1&0\end{bmatrix}\begin{bmatrix}1&2\\3&4\end{bmatrix}$$

두 실수 x, y에 대하여 $xy=0$이면 $x=0$이든가 $y=0$이다. 즉, $x \neq 0$이고 $y \neq 0$이면 $xy \neq 0$이다. 그러나 행렬의 경우에는 다르다. 즉, 두 행렬 $A, B \in Mat_2(\mathbb{R})$에 대하여 $A \neq O$이고 $B \neq O$인데 $AB = O$일 수 있다. 다음과 같은 예를 들 수 있다.

$$\begin{bmatrix}3&2\\6&4\end{bmatrix}\begin{bmatrix}-2&4\\3&-6\end{bmatrix} = \begin{bmatrix}0&0\\0&0\end{bmatrix}$$

한편, $AB = O$이라고 하여도 $BA = O$라고 할 수 없다. 이를테면,

$$\begin{bmatrix}1&0\\1&0\end{bmatrix}\begin{bmatrix}0&0\\1&1\end{bmatrix} = \begin{bmatrix}0&0\\0&0\end{bmatrix}\text{이지만 }\begin{bmatrix}0&0\\1&1\end{bmatrix}\begin{bmatrix}1&0\\1&0\end{bmatrix} = \begin{bmatrix}0&0\\2&0\end{bmatrix}\text{이다.}$$

또한, 0이 아닌 모든 실수는 곱셈에 관한 역원을 가진다. 이 점에서도 행렬의 경우에는 다르다. 이를테면, $\begin{bmatrix}1&0\\0&0\end{bmatrix}$은 영행렬 $\begin{bmatrix}0&0\\0&0\end{bmatrix}$이 아니다. 그러나 어떠한 행렬 $\begin{bmatrix}a&b\\c&d\end{bmatrix}$에 대하여 $\begin{bmatrix}1&0\\0&0\end{bmatrix}\begin{bmatrix}a&b\\c&d\end{bmatrix} = \begin{bmatrix}a&b\\0&0\end{bmatrix}$이다. 따라서 다음 조건을 만족시키는 행렬 $\begin{bmatrix}a&b\\c&d\end{bmatrix}$가 없다. 즉,

$$\begin{bmatrix}1&0\\0&0\end{bmatrix}\begin{bmatrix}a&b\\c&d\end{bmatrix} = \begin{bmatrix}a&b\\c&d\end{bmatrix}\begin{bmatrix}1&0\\0&0\end{bmatrix} = \begin{bmatrix}1&0\\0&1\end{bmatrix}$$

즉, $\begin{bmatrix}1&0\\0&0\end{bmatrix}$은 영행렬이 아님에도 불구하고 곱셈에 관한 역원을 가지지 아니한다.

과제 6-2 두 행렬의 곱을 다음과 같이 정의하면 어떨까?

$$\begin{bmatrix}a_{11}&a_{12}\\a_{21}&a_{22}\end{bmatrix}\begin{bmatrix}b_{11}&b_{12}\\b_{21}&b_{22}\end{bmatrix} = \begin{bmatrix}a_{11}b_{11}&a_{12}b_{12}\\a_{21}b_{21}&a_{22}b_{22}\end{bmatrix}$$

다. 스칼라 배

$\begin{bmatrix} a_{11} & a_{12} \\ a_{21} & a_{22} \end{bmatrix}$의 스칼라 λ 배는 $\begin{bmatrix} \lambda a_{11} & \lambda a_{12} \\ \lambda a_{21} & \lambda a_{22} \end{bmatrix}$와 같이 정의한다.

과제 6-3 스칼라 배는 연산이 아님을 설명하여라.

행렬의 덧셈과 스칼라 배에 대하여 다음이 성립한다.
두 행렬 A, B 와 두 실수 λ, μ 에 대하여 다음이 성립한다.

- $(\lambda+\mu)A = \lambda A + \mu A$
- $\lambda(A+B) = \lambda A + \lambda B$
- $\lambda(\mu)A = (\lambda\mu)A$
- $1A = A$

라. $Mat_n(\mathbb{R})$

임의의 자연수 n 에 대하여 행과 열의 개수가 모두 n 인 행렬의 덧셈과 스칼라 배도 똑같이 생각할 수 있다. 편의상, 행과 열의 개수가 각각 n 이고 모든 성분이 실수인 행렬 전체의 집합을 $Mat_n(\mathbb{R})$로 나타낸다.

행렬 $A, B, C \in Mat_2(\mathbb{R})$ 와 두 실수 λ, μ 에 대하여 다음이 성립한다는 것을 알 수 있다.

- $(A+B)+C = A+(B+C)$
- $A+0 = 0+A$. 여기서 $0 = \begin{bmatrix} 0 & 0 \\ 0 & 0 \end{bmatrix}$ 이다.
- $A+B = B+A$
- $(\lambda+\mu)A = \lambda A + \mu A$
- $\lambda(A+B) = \lambda A + \lambda B$

- $\lambda(\mu)A = (\lambda\mu)A$
- $1A = A$
- $(AB)C = A(BC)$
- $AI = IA$. 여기서 $I = \begin{bmatrix} 1 & 0 \\ 0 & 1 \end{bmatrix}$ 이다.
- $A(B+C) = AB + AC$
- $(A+B)C = AC + BC$

행렬 $I = \begin{bmatrix} 1 & 0 \\ 0 & 1 \end{bmatrix}$ 은 곱셈에 대한 항등원이다. 즉, 임의의 행렬 A 에 대하여 $AI = IA = A$ 이다. 이러한 의미에서 I 를 단위행렬이라고 한다.

≪**정의 6.4**≫ 주어진 $A \in Mat_n(\mathbb{R})$에 대하여 $AB = BA = I$인 $B \in Mat_n(\mathbb{R})$가 존재할 때, A를 정칙행렬(nonsingular matrix)이라고 하고, B 를 A의 역행렬(inverse matrix)이라고 하며 A의 역행렬을 A^{-1}와 같이 나타낸다.

*■ 연립방정식의 풀이

행렬을 이용하여 일차연립방정식을 어떻게 표현할 수 있을까? 연립방정식을 푸는 과정을 행렬을 이용하여 어떻게 분석할 수 있을까?

가. 기본 행렬

연립방정식을 풀 때, 기본적으로 사용하는 세 가지 기본 조작은 두 방정식의 순서를 바꾸거나, 한 방정식에 0이 아닌 상수 배를 하거나, 아니면 한 방정식을 상수배하여 다른 방정식에 더하는 등 세 가지이다.

≪**정의 6.5**≫ 다음과 같은 행렬을 기본 행렬(elementary matrices)이라고 한다.

C_{ij} : 단위 행렬의 제i 행과 j 행을 서로 맞바꾼 행렬

$D_{ii}(a)$: 단위 행렬의 제i 행 성분을 모두 a 배한 행렬

$E_{ij}(a)$: 단위 행렬의 제i 행에 제j 행의 a 배를 더한 행렬

연립방정식을 행렬을 이용하여 나타내면, 연립방정식을 풀 때의 기본 조작 모두는 적절한 기본 행렬의 곱으로 구현될 수 있다.

정리 6.6

행렬 A 에 기본 행 연산을 시행한 결과와 단위행렬에 그 기본 행 연산을 시행하여 얻은 행렬(하나의 기본 행렬)을 A 의 좌측에 곱한 결과는 같다.

과제 6-7 다음을 확인하여라.

$\begin{bmatrix} 1 & 2 \\ 3 & 4 \end{bmatrix}$의 1행에 3배하고 싶으면 $\begin{bmatrix} 1 & 0 \\ 0 & 1 \end{bmatrix}$의 1행을 3배한 $\begin{bmatrix} 3 & 0 \\ 0 & 1 \end{bmatrix}$ 행렬을 $\begin{bmatrix} 1 & 2 \\ 3 & 4 \end{bmatrix}$의 좌측에 곱해주면 된다. 즉, $\begin{bmatrix} 3 & 0 \\ 0 & 1 \end{bmatrix}\begin{bmatrix} 1 & 2 \\ 3 & 4 \end{bmatrix} = \begin{bmatrix} 3 & 6 \\ 3 & 4 \end{bmatrix}$이다.

기본 행렬을 주어진 행렬의 좌측에 곱하는 것을 기본 행 연산(elementary row operations)이라고 한다.

과제 6-8 다음을 확인하여라.

가. 행렬 A에 기본 행 연산을 유한 번 시행하여 행렬 B를 얻었다면 다음이 성립한다.

$$B = E_s \cdots \ E_2 E_1 A$$

나. $C_{ij}^{-1} = C_{ij}$, $D_{ii}(a)^{-1} = D_{ii}(a^{-1})$, $E_{ij}(a)^{-1} = E_{ij}(-a)$.

이제 A의 역행렬이 존재한다면 A에 기본 행 연산 또는 기본 열 연산을 유한 번 시행하면 단위행렬 I를 얻을 수 있다. 즉, $E_k E_{k-1} E_{k-2} \cdots E_2 E_1 A = I$. 이제 양변 좌측에 차례로 기본행렬의 역행렬을 곱하여 다음을 알 수 있다.

$$E_{k-1} \cdot E_{k-2} \cdot \cdots \cdot E_2 \cdot E_1 \cdot A = E_k^{-1} \cdot I$$

$$E_{k-2} \cdot \cdots \cdot E_2 \cdot E_1 \cdot A = E_{k-1}^{-1} \cdot E_k^{-1} \cdot I$$

$$\vdots$$

$$E_1 \cdot A = E_2^{-1} \cdot \cdots \cdot E_{k-1}^{-1} \cdot E_k^{-1} \cdot I$$

$$A = E_1^{-1} \cdot E_2^{-1} \cdot \cdots \cdot E_{k-1}^{-1} \cdot E_k^{-1} \cdot I$$

임의의 행렬이 주어지면 기본 행 연산을 유한 번 시행하여 다음 성질 모두를 만족시키는 행렬로 변환시킬 수 있다.

(1) 0만으로 이루어진 행은 아래쪽에 있다.
(2) 각 행에서 처음으로 0이 아닌 성분은 1이다.
(3) 위 (2)에서의 1은 아래쪽 행일수록 오른쪽에 놓여 있다.

이러한 꼴의 행렬을 행사다리꼴(row-echelon form) 행렬이라고 한다. 행사다리꼴 행렬이 다음 조건을 추가로 만족시키면 기약행사다리꼴(reduced row-echelon form) 행렬이라고 한다.

(4) 위 (2)에서의 1이 있는 열의 나머지 성분은 0이다.

단위행렬은 기약행사다리꼴 행렬의 대표적인 예이다. 한편, 다음 세 행렬은 모두 행사다리꼴 행렬이고, 처음 두 개는 기약행사다리꼴 행렬이다.

$$\begin{bmatrix} 1 & 0 & 0 \\ 0 & 1 & 0 \\ 0 & 0 & 0 \end{bmatrix}, \quad \begin{bmatrix} 0 & 1 & 1 \\ 0 & 0 & 0 \\ 0 & 0 & 0 \end{bmatrix}, \quad \begin{bmatrix} 1 & 0 & 2 \\ 0 & 0 & 1 \\ 0 & 0 & 0 \end{bmatrix}$$

나. 연립방정식의 행렬표현

일차 연립방정식은 행렬을 이용하면 효과적으로 나타낼 수 있다. 사실,

연립방정식

$$(*) \quad \begin{cases} a_{11}x_1 + a_{12}x_2 + \cdots + a_{1n}x_n = b_1 \\ a_{21}x_1 + a_{22}x_2 + \cdots + a_{2n}x_n = b_2 \\ \cdots\cdots\cdots\cdots\cdots\cdots\cdots\cdots \\ a_{n1}x_1 + a_{n2}x_2 + \cdots + a_{nn}x_n = b_n \end{cases}$$

에서 계수 행렬 $\begin{bmatrix} a_{11} & \cdots & a_{1n} \\ \vdots & & \vdots \\ a_{n1} & \cdots & a_{nn} \end{bmatrix}$를 A라고 하고, $X=\begin{bmatrix} x_1 \\ \vdots \\ \vdots \\ x_n \end{bmatrix}$, 그리고 $B=\begin{bmatrix} b_1 \\ \vdots \\ \vdots \\ b_n \end{bmatrix}$ 이라고 하면, 위 연립방정식은 다음과 같이 나타내어진다.

$$AX = B$$

위 연립방정식을 풀어가는 과정에서 두 행렬 A와 B의 성분이 중요한 역할을 한다. 따라서 행렬 A와 행렬 B를 덧붙여 만든 행렬을 생각하면 편리하다. 예를 들어, 연립방정식

$$\begin{cases} 2x - y = 1 \\ x \ + y = 2 \end{cases}$$

에서 행렬 $\begin{bmatrix} 2 & -1 \\ 1 & 1 \end{bmatrix}$와 행렬 $\begin{bmatrix} 1 \\ 2 \end{bmatrix}$를 덧붙여 행렬 $\begin{bmatrix} 2 & -1 & : & 1 \\ 1 & 1 & : & 2 \end{bmatrix}$을 얻을 수 있다. 이러한 행렬을 주어진 연립방정식의 '덧붙인(augmented)행렬'이라고 한다.

이제, 연립방정식 $AX = B$를 푼다는 것은 덧붙인 행렬$[A : B]$에서 A를 기약행사다리꼴 행렬 A'으로 변환시켜 나갈 때, 그 과정에 따른 B의 변환인 B'를 구하는 것으로 이해할 수 있다. A가 정칙이면 A는 단위행렬로 변환될 것이고, 그에 따른 B'이 구하는 유일한 해 $A^{-1}B$가 된다.

> **과제 6-9** A가 정칙이 아니면 위 연립방정식의 풀이는 어떻게 되는지 조사하여라.

위 연립방정식 (*)에서 $B=0$ 인 다음 연립방정식을 생각하여보자.

$$\begin{cases} a_{11}x_1 + a_{12}x_2 + \cdots + a_{1n}x_n = 0 \\ a_{21}x_1 + a_{22}x_2 + \cdots + a_{2n}x_n = 0 \\ \cdots\cdots\cdots\cdots\cdots\cdots\cdots\cdots \\ a_{n1}x_1 + a_{n2}x_2 + \cdots + a_{nn}x_n = 0 \end{cases}$$

이와 같이 연립방정식 $AX=B$에서 $B=0$일 때, 동차(homogeneous) 연립방정식이라고 한다.

동차연립방정식의 해는 항상 존재한다. $X=O$이 해이기 때문이다. 이 해 $X=O$, 즉 $X=\begin{bmatrix}0\\ \vdots\\ \vdots\\ 0\end{bmatrix}$을 자명한 해(trivial solution)라고 부른다. 앞에서 살펴보았듯이, A가 정칙인 경우에는 그 해가 유일하다. 사실, $A^{-1}(AX)=A^{-1}O$이므로 $X=O$가 그 유일한 해이다.

> **과제 6-10** A가 정칙이 아니면, 동차(homogeneous) 연립 방정식 $AX=O$은 무수히 많은 해, 특히 자명하지 않은(non-trivial)해를 가진다는 것을 확인하여라.

■ 역행렬

주어진 행렬이 정칙인 경우 그 행렬의 역행렬을 구할 수 있다면 매우 유용할 것이다. 예를 들어, 연립방정식을 쉽게 풀 수 있다. 정칙인 행렬의 역행렬을 어떻게 구할 수 있나?

기본 행렬은 역행렬을 구하는 데 사용된다.

앞에서의 논의로부터 주어진 정칙행렬의 역행렬을 구하는 방법을 다음과 같이 요약할 수 있다.

- 왼쪽에는 원래 행렬을 오른쪽에는 단위행렬을 쓴다.

- 3개의 기본 행 연산을 적절히 적용하여 왼쪽에 쓴 원래의 행렬을 단위행렬로 점차 변형시킨다.
- 오른쪽에도 왼쪽에 시행한 똑같은 행 연산을 적용한다.
- 왼쪽 행렬이 단위행렬로 되었을 때의 오른쪽에 얻어진 행렬이 원래 행렬의 역행렬이 된다.

과제 6-11

가. 정칙행렬 $\begin{bmatrix} 2 & 3 \\ 1 & -1 \end{bmatrix}$의 역행렬을 구하는 다음 과정을 확인하여라.

$$\begin{array}{cc|cc}
2 & 3 & 1 & 0 \\
1 & -1 & 0 & 1 \\
\hline
1 & -1 & 0 & 1 \\
2 & 3 & 1 & 0 \\
\hline
1 & -1 & 0 & 1 \\
0 & 5 & 1 & -2 \\
\hline
1 & -1 & 0 & 1 \\
0 & 1 & \frac{1}{5} & \frac{-2}{5} \\
\hline
1 & 0 & \frac{1}{5} & \frac{3}{5} \\
0 & 1 & \frac{1}{5} & \frac{-2}{5}
\end{array}$$

나. 고등학교에서 정칙행렬 $\begin{bmatrix} 2 & 3 \\ 1 & -1 \end{bmatrix}$의 역행렬을 어떻게 구했는지 그 방법을 설명하여라.

■ 행렬식

행렬이 주어지면 먼저 그 행렬이 정칙인지 아닌지 판단하여야 한다. 어떻게 판단할 수 있을까?

가. 행렬식의 정의

먼저 3차 행렬의 행렬식의 정의를 알아보자.

$X=\{1, 2, 3\}$이고 $S_3=\{f \mid f: X \to X$는 일대일 대응$\}$이라고 하면 집합 S_3는 다음과 같은 여섯 개의 치환으로 이루어진다.

$$S_3=\{1, (12), (13), (23), (123), (132)\}$$

이제, S_3는 일대일 대응들의 집합이므로 합성 연산이 잘 정의된다. 예를 들어, $(12)(123)=(23)$이다.

$S_3=\{1, (12), (13), (23), (123), (132)\}$에서 (12), (13), 그리고 (23)와 같이 $X=\{1, 2, 3\}$의 두 원소만을 교환하는 치환을 '호환(transposition)'이라고 한다.

모든 치환은 호환의 곱으로 표현된다. 사실, 모든 치환은 짝수 개의 호환의 곱으로 표현되든가 홀수 개의 호환의 곱으로 표현되는데[15)]짝수 개의 호환의 곱으로 표현되는 치환을 '우치환(even permutation)'이라고 하고 홀수 개의 호환의 곱으로 표현되는 치환을 '기치환(odd permutation)'이라고 한다.

이상의 모든 논의는 집합 $X=\{1, 2, 3, \cdots, n\}$과 X 위에서의 치환 전체의 집합 $S_n=\{f \mid f: X \to X$는 일대일 대응$\}$인 경우에도 유효하다.

≪정의 6.12≫ 부호(sign) 함수는 다음과 같이 정의된다.

$$\operatorname{sgn}(\sigma)=\begin{cases} 1, & \sigma\text{가 우치환인 경우} \\ -1, & \sigma\text{가 기치환인 경우} \end{cases}$$

이제, 행렬식을 정의할 수 있다.

---

15) 이에 대한 증명은 신현용(2011a)에 있다.

≪정의 6.13≫

행렬 $A=\begin{bmatrix} a_{11} & \cdots & a_{1n} \\ \vdots & & \vdots \\ a_{n1} & \cdots & a_{nn} \end{bmatrix}$의 행렬식을 다음과 같이 정의한다.

$$|A|=\sum_{\sigma \in S_n} \mathrm{sgn}(\sigma) a_{1\sigma(1)} a_{2\sigma(2)} \cdots a_{n\sigma(n)}$$

나. 행렬식의 계산

행렬식의 정의를 이용하여 $A=[a_{11}]$, $B=\begin{bmatrix} a_{11} & a_{12} \\ a_{21} & a_{22} \end{bmatrix}$, 그리고 $C=\begin{bmatrix} a_{11} & a_{12} & a_{13} \\ a_{21} & a_{22} & a_{23} \\ a_{31} & a_{32} & a_{33} \end{bmatrix}$의 행렬식을 구해보자.

다음을 알 수 있다.

$$|A|=\sum_{\sigma \in S_1} \mathrm{sgn}(\sigma) a_{1\sigma(1)} a_{2\sigma(2)} = a_{11}$$

$$|B|=\sum_{\sigma \in S_2} \mathrm{sgn}(\sigma) a_{1\sigma(1)} a_{2\sigma(2)} = a_{11}a_{22}-a_{12}a_{21}$$

$$\begin{aligned} |C| &= \sum_{\sigma \in S_3} \mathrm{sgn}(\sigma) a_{1\sigma(1)} a_{2\sigma(2)} a_{3\sigma(3)} \\ &= a_{11}a_{22}a_{33}+a_{12}a_{23}a_{31}+a_{13}a_{21}a_{32}-a_{12}a_{21}a_{33}-a_{13}a_{22}a_{31}-a_{11}a_{23}a_{32} \end{aligned}$$

행렬식 $|B|$와 $|C|$ 각각의 경우는 다음과 같이 그림으로 기억하면 편리하다.

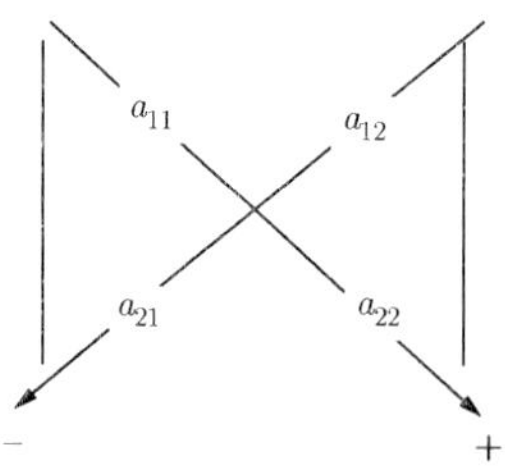

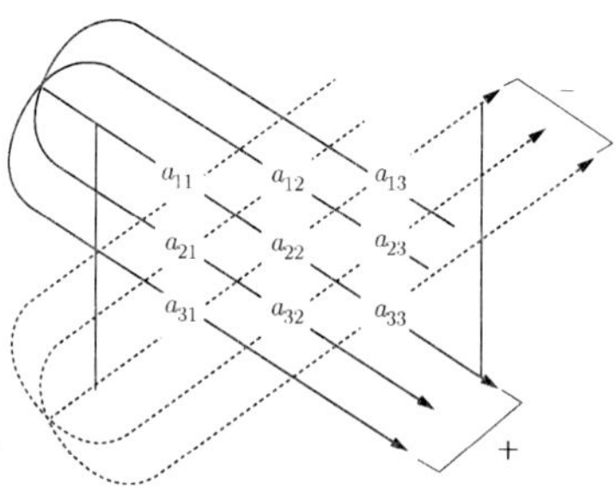

그러나 4차 이상의 행렬에 관해서는 위와 같은 간편한 그림이 없으므로 행렬식의 정의 또는 행렬식의 성질을 이용하여 구해야 한다.

다. 행렬식의 여러 가지 성질

행렬식에 관한 여러 성질을 알면 행렬식을 비교적 쉽게 계산할 수 있다. 아래에 행렬식에 관한 기본 성질 몇 개를 소개한다.

≪정의 6.14≫

행렬 $A=\begin{bmatrix} a_{11} & \cdots & a_{1n} \\ \vdots & & \vdots \\ a_{n1} & \cdots & a_{nn} \end{bmatrix}$가 주어졌다고 하자. 이제, 어떤 행렬의 $(i,\ j)$ 성분이 a_{ji}인 행렬을 A의 전치행렬(transpose)이라고 하고 이 행렬을 A^T로 나타낸다.

위 정의에서, $A^T=\begin{bmatrix} a_{11} & \cdots & a_{n1} \\ \vdots & & \vdots \\ a_{1n} & \cdots & a_{nn} \end{bmatrix}$이다. 예를 들어, $B=\begin{bmatrix} 1 & 2 & 3 \\ 4 & 5 & 6 \\ 7 & 8 & 9 \end{bmatrix}$라고 하면 $B^T=\begin{bmatrix} 1 & 4 & 7 \\ 2 & 5 & 8 \\ 3 & 6 & 9 \end{bmatrix}$이다.

정리 6.15

다음이 성립한다.

- $|A^T|=|A|$. 즉, 전치행렬의 행렬식과 원래행렬의 행렬식은 같다.
- A의 서로 다른 두 행을 서로 바꾸어 놓은 행렬을 B라고 하면, $|B|=-|A|$이다.

정리 6.15에 의하여 다음을 알 수 있다.

- 행렬식의 행에 대한 모든 성질은 열에 대해서도 성립한다.
- 같은 두 행이 있는 경우의 행렬식은 0이 된다.

정리 6.16

다음이 성립한다.

- A 의 행[열]을 k 배 하여 얻은 행렬을 B 라고 하면, $|B|=k\ |A|$ 이다.
- 주어진 행렬의 한 행이 두 벡터의 합인 경우는 다음이 성립한다.

$$\begin{vmatrix} a_{11} & \cdots & a_{1n} \\ \vdots & & \vdots \\ b_{i1}+c_{i1} & \cdots & b_{in}+c_{in} \\ \vdots & & \vdots \\ a_{n1} & \cdots & a_{nn} \end{vmatrix} = \begin{vmatrix} a_{11} & \cdots & a_{1n} \\ \vdots & & \vdots \\ b_{i1} & \cdots & b_{in} \\ \vdots & & \vdots \\ a_{n1} & \cdots & a_{nn} \end{vmatrix} + \begin{vmatrix} a_{11} & \cdots & a_{1n} \\ \vdots & & \vdots \\ c_{i1} & \cdots & c_{in} \\ \vdots & & \vdots \\ a_{n1} & \cdots & a_{nn} \end{vmatrix}$$

- 주어진 행렬 A 의 한 행을 k 배 하여 다른 행에 더하여 얻은 행렬 B 의 행렬식은 A 의 행렬식과 같다. 즉,

$$A = \begin{bmatrix} a_{11} & \cdots & a_{1n} \\ \vdots & & \vdots \\ a_{n1} & \cdots & a_{nn} \end{bmatrix},\ B = \begin{bmatrix} a_{11} & \cdots & a_{1n} \\ \vdots & & \vdots \\ a_{i_0 1}+ka_{j_0 1} & \cdots & a_{i_0 n}+ka_{j_0 n} \\ \vdots & & \vdots \\ a_{n1} & \cdots & a_{nn} \end{bmatrix}$$

이면, $|A|=|B|$ 이다.

단위행렬의 행렬식이 1이므로 위의 정리로부터 세 기본 행렬의 행렬식을 구할 수 있다.

$$|C_{ij}| = -1 \quad (i \neq j)$$

$$|D_{ii}(k)| = k \quad (k \neq 0)$$

$$|E_{ij}(k)| = 1$$

임의의 두 행렬 $A, B \in \mathrm{Mat_n}(\mathbb{R})$ 에 대하여 일반적으로 $|A+B| = |A|+|B|$ 가 성립하지 않는다. 그러나 곱셈의 경우는 다르다.

정리 6.17

임의의 두 행렬 A, $B \in \text{Mat}_n(\mathbb{R})$에 대하여 $|AB| = |A||B|$이다.

정리 6.17로부터 다음을 알 수 있다.

$\text{Mat}_n(\mathbb{R})$에서 역행렬을 가지는 행렬 전체의 집합을 $\text{GL}_n(\mathbb{R})$라고 하면 $\text{GL}_n(\mathbb{R})$는 무한 비가환군이다.

군 $\text{GL}_n(\mathbb{R})$을 일반선형군(general linear group)이라고 한다.

■ 여인수 전개

정의나 성질을 이용하여 행렬식을 구하는 것은 쉬운 일이 아니다. 주어진 행렬의 행렬식을 계산하는 데에 있어서 크기를 작게 하여 계산할 수 있는 방안은 없을까?

다음 개념은 행렬식에 관한 더 많은 성질을 알게 한다. 특히, $n \times n$ 행렬식을 계산하기 위하여 n 개의 $(n-1)\times(n-1)$ 행렬식을 이용하는 방법을 제시한다.

≪**정의 6.18**≫ 행렬 $A = \begin{bmatrix} a_{11} & \cdots & a_{1n} \\ \vdots & & \vdots \\ a_{n1} & \cdots & a_{nn} \end{bmatrix}$에서 제$i$행과 제$j$열을 없애 얻은 행렬의 행렬식을 A의 a_{ij}에 관한 소행렬식(minor)이라 하고 이것을 M_{ij}로 나타낸다.

예를 들어, 행렬 $\begin{bmatrix} 1 & 2 & 3 \\ 4 & 5 & 6 \\ 7 & 8 & 9 \end{bmatrix}$에서 제1행, 제1열의 성분 1에 관한 소행렬식은 $M_{11} = \begin{vmatrix} 5 & 6 \\ 8 & 9 \end{vmatrix} = 45 - 48 = -3$이고, 제2행, 제3열의 성분 6에 관한 소행렬식은 $M_{23} = \begin{vmatrix} 1 & 2 \\ 7 & 8 \end{vmatrix} = 8 - 14 = -6$이다.

한편, 행렬 $A \in Mat_n(\mathbb{R})$에서는 n^2개의 소행렬식을 생각할 수 있다. $n!$개의 항 중에서 $a_{11}, a_{12}, \cdots, a_{1n}$ 각각을 포함하는 항은 몇 개일까? a_{11}을 포함하는 항은 $\sigma(1)=1$인 경우이다. 또, a_{12}을 포함하는 항은 $\sigma(1)=2$인 경우이다. 그러므로 $n!$의 항 중에서 $a_{11}, a_{12}, \cdots, a_{1n}$ 각각을 포함하는 항은 $(n-1)!$개다. 이 사실로부터 다음을 알 수 있다.

$$|A| = a_{i1}A_{i1} + a_{i2}A_{i2} + \cdots + a_{ij}A_{ij} + \cdots + a_{in}A_{in}$$

이 식을 $|A|$의 제i행에 관한 여인수 전개식이라 하고, 이 전개식에서 A_{ij}를 $|A|$에서의 a_{ij}의 여인수(cofacor)라고 한다.

여인수 전개는 행렬식 계산에 유용하게 활용된다. 특히 0이 많은 행이 있으면 그 행에 관하여 여인수 전개함으로 행렬식을 쉽게 구할 수 있다.

일반적으로 여인수와 소행렬식의 관계는 다음과 같다.

정리 6.19

임의의 행렬 $A \in \mathrm{Mat}_n(\mathbb{R})$에 대하여, $A_{ij} = (-1)^{i+j}M_{ij}$이다.

과제 6-20 다음을 확인하여라.

가. 여인수 전개는 임의의 열에 대해서도 가능하다.

나. 삼각행렬의 행렬식은 주대각선 위에 있는 성분의 곱이다. 예를 들어, 상삼각행렬의 경우 다음을 알 수 있다.

$$|A| = \begin{vmatrix} a_{11} & a_{12} & \cdots & a_{1n} \\ 0 & a_{22} & \cdots & a_{2n} \\ \vdots & & \ddots & \vdots \\ 0 & \cdots & \cdots 0 & a_{nn} \end{vmatrix} = a_{nn} \begin{vmatrix} a_{11} & a_{12} & \cdots & a_{1n} \\ 0 & a_{22} & \cdots & a_{2n} \\ \vdots & & \ddots & \vdots \\ 0 & \cdots & \cdots 0 & a_{n-1\,n-1} \end{vmatrix}$$

$$= \cdots = a_{nn}a_{(n-1)(n-1)} \cdots\cdots\cdots a_{22}a_{11}$$

따라서 $|A| = a_{11}a_{22} \cdots a_{nn}$ 이다.

하삼각행렬의 경우도 마찬가지이다.

다. 단위행렬의 행렬식은 1이다. 즉, $|I_n| = 1$이다.

이제, 행렬식을 이용하여 정칙행렬의 역행렬을 구하는 방법을 알아보자.

≪정의 6.21≫

가. 임의의 행렬 $A=\begin{bmatrix} a_{11} & \cdots & a_{1n} \\ \vdots & & \vdots \\ a_{n1} & \cdots & a_{nn} \end{bmatrix}$의 성분 a_{ij}의 여인수 A_{ij}를 $(i,\ j)$ 성분으로 가지는 행렬을 A의 여인수 행렬(cofactor matrix)이라고 한다.

나. A의 여인수 행렬의 전치행렬을 A의 수반행렬(adjoint)이라고 하고, adj A로 나타낸다.

과제 0-22

가. $A=\begin{bmatrix} 1 & 2 \\ 3 & 4 \end{bmatrix}$의 수반행렬을 구하여라.

나. $B=\begin{bmatrix} 1 & 1 & 0 \\ 0 & 1 & 1 \\ 1 & 0 & 1 \end{bmatrix}$의 수반행렬을 구하여라.

다. 위의 두 행렬에 대하여 다음을 확인하여라.

(1) $A(\text{adj } A)=(\text{adj } A)A$

(2) $B(\text{adj } B)=(\text{adj } B)B$

일반적으로 다음이 성립한다.

정리 6.23

임의의 행렬 $A\in \text{Mat}_n(\mathbb{R})$에 대하여, 다음이 성립한다.

$$A(\text{adj } A)=(\text{adj } A)A=|A|I$$

위 정리로부터 정칙행렬의 역행렬을 구할 수 있다. 즉, $|A| \neq 0$이면, $A\left(\frac{1}{|A|}\text{adj } A\right) = \left(\frac{1}{|A|}\text{adj } A\right)A = I$이므로 $A^{-1} = \frac{1}{|A|}\text{adj } A$임을 알 수 있다.

여인수 전개의 성질을 이용하면 행렬식의 계산을 쉽게 할 수도 있고, 정칙행렬의 역행렬도 구할 수 있다.

■ 삼각형의 넓이

좌표평면 위에 있는 세 점의 좌표를 아는 경우 그 세 점을 꼭짓점으로 가지는 삼각형의 넓이는 어떻게 구할까?

물론, 주어진 좌표를 활용하여 변의 길이를 구하고 필요한 '높이'를 구할 수 있다.

그러나 이러한 경우에는 행렬식을 이용하여 넓이를 계산하는 것이 가장 편리하다.

정리 6.24

세 점 $O(0,\ 0)$, $A(x_1, y_1)$, $B(x_2, y_2)$을 꼭짓점으로 가지는 삼각형의 넓이는 $S = \frac{1}{2}\begin{vmatrix} x_1 & y_1 \\ x_2 & y_2 \end{vmatrix}$이다.

증명

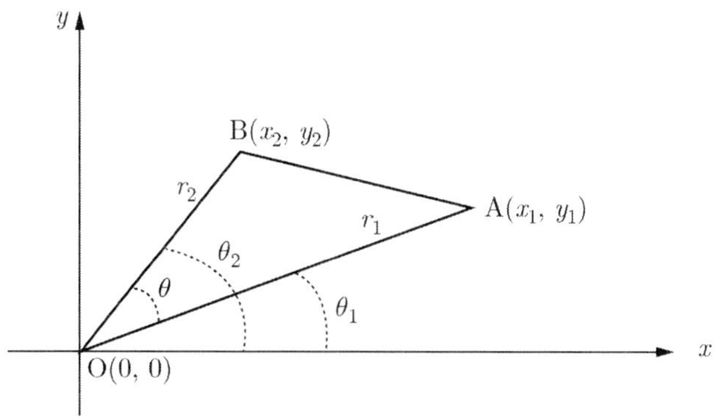

위 그림에서 삼각형 OAB 의 넓이는 다음과 같음을 알 수 있다.

$$
\begin{aligned}
S &= \frac{1}{2}r_1r_2\sin\theta \\
&= \frac{1}{2}r_1r_2\sin(\theta_2-\theta_1) \\
&= \frac{1}{2}r_1r_2(\sin\theta_2\cos\theta_1-\cos\theta_2\sin\theta_1) \\
&= \frac{1}{2}(x_1y_2-x_2y_1) \\
&= \frac{1}{2}\begin{vmatrix} x_1 & y_1 \\ x_2 & y_2 \end{vmatrix}
\end{aligned}
$$

■

과제 6-25

가. 위 공식을 행렬식을 이용하여 나타내면 어떤 점이 편리한가?

나. 네 점 $O(0,\ 0), A(x_1,y_1), B(x_2,y_2), C(x_1+x_2, y_1+y_2)$ 을 꼭짓점으로 가지는 사각형의 넓이는 $S=\begin{vmatrix} x_1 & y_1 \\ x_2 & y_2 \end{vmatrix}$이다.

정리 6.26

세 점 $A(x_1,y_1), B(x_2,y_2),\ C(x_3,\ y_3)$을 꼭짓점으로 가지는 삼각형의 넓이는 $\frac{1}{2}\begin{vmatrix} x_1 & y_1 & 1 \\ x_2 & y_2 & 1 \\ x_3 & y_3 & 1 \end{vmatrix}$이다.

증명 그림과 같이 좌표축을 이동하여 점 $A(x_1, y_1)$가 원점이 되게 한다. 이제 두 점 B와 C의 새 좌표축에 의한 좌표를 각각 $B(X_2, Y_2),\ C(X_3,\ Y_3)$ 라고 하면 삼각형의 넓이는 다음과 같다: $S=\frac{1}{2}(X_2Y_3-X_3Y_2)$. 이제 $X_2=x_2-x_1,\ Y_2=y_2-y_1,\ X_3=x_3-x_1$, 그리고 $Y_3=y_3-y_1$ 이므로 다음을 얻을 수 있다.

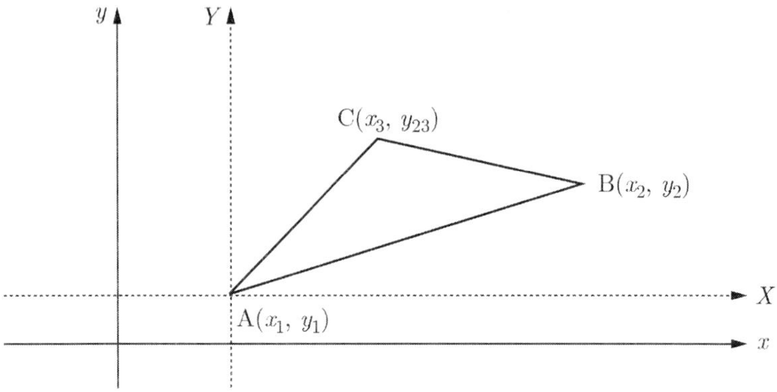

$$S=\frac{1}{2}\{(x_2-x_1)(y_3-y_1)-(x_3-x_1)(y_2-y_1)\}$$

$$=\frac{1}{2}\begin{vmatrix} x_2-x_1 & y_2-y_1 \\ x_3-x_1 & y_3-y_1 \end{vmatrix}=\frac{1}{2}\begin{vmatrix} x_1 & y_1 & 1 \\ x_2-x_1 & y_2-y_1 & 0 \\ x_3-x_1 & y_3-y_1 & 0 \end{vmatrix}$$

$$=\frac{1}{2}\begin{vmatrix} x_1 & y_1 & 1 \\ x_2 & y_2 & 1 \\ x_3 & y_3 & 1 \end{vmatrix}$$

■

과제 6-27

가. 위 공식을 행렬식을 이용하여 나타내면 어떤 점이 편리한가?

나. 네 점 $A(x_1, y_1)$, $B(x_2, y_2)$, $C(x_3, y_3)$, $D(x_2+x_3-x_1, y_2+y_3-y_1)$을 꼭짓점으로 가지는 사각형의 넓이는 $\begin{vmatrix} x_1 & y_1 & 1 \\ x_2 & y_2 & 1 \\ x_3 & y_3 & 1 \end{vmatrix}$ 이다.

*■ 선형대수학과 정보통신

급히 보내야 할 물건은 비행기 등 빠른 교통편으로 보낸다. 정보사회에서는 자주 정보의 효율적 통신이 요구된다. 가끔은 우주 공간에 떠 있는 위성과 통신할 경우도 있다.

이러한 요구에 수학이 할 역할은 무엇인가? 응용대수학으로서 부호론(Coding Theory)은 정보통신을 위한 학문이다.

부호론에서는 선형대수학이 결정적인 역할을 한다.

가. 부호론의 문제

정보 통신 분야에서 대두되는 중요한 문제 중의 하나는 통신 중에 발생할 수 있는 오류(소음) 문제를 해결하는 것이다. 즉, 오류가 발생을 했다면 오류발생 사실을 알아야 하고, 더 나아가 발생한 오류를 수정까지도 가능한 통신 체계가 요구된다.

나. 탐지와 수정

전달하여야 할 내용을 전문(message)이라고 하고 이 전문이 통신로를 통하여 전달될 수 있도록 기호로 전환하는 과정을 부호화(encoding)라고 한다. 또 부호화된 언어를 부호어(codeword)라고 하고, 모든 부호어들의 집합을 부호(code)라고 한다. 이 전문은 통신로를 통하여 수신자에게 전달되고, 수신자는 이것을 보통의 언어로 바꾸어 전달받은 내용을 알게 된다. 여기서, 수신된 기호를 수신벡터(received vector)라고 하고 이 기호를 보통의 언어로 전환하는 과정을 복호(decoding)라고 한다.

일반적으로, 이와 같은 전달체계에서 부호화 및 복호는 컴퓨터를 통하여 기계적으로 처리되지만 불량한 통신로나 소음이 심한 조건 등에서는 전문이 제대로 전달되지 않을 때가 있다. 이와 같이 전문이 잘못 전달되는 경우에 오류(error)가 발생했다고 한다. 부호론은 수신벡터로부터 이와 같은 오류를 탐지(detection)하고 수정(correction)하여 정확한 정보를 얻게 함과 동시에 부호의 부호화 및 복호를 쉽게 할 수 있게 하는 부호를 만드는 이론을 연구하는 학문이다.

다. 선형부호

정보를 부호화하는 방법은 상황에 따라 다양하지만, 이 책에서는 수학적인 이론 특히 선형대수학 이론이 많이 쓰이는 선형 부호(linear code)만을 다룬다.

한편, 일반적인 부호론에서는 q진(q-ary) 선형 부호를 다룰 수 있지만, 이 장에서는 이진(binary) 선형 부호만을 다룬다. 여기에서는 위수가 2 인 유한체 $F_2=\{0,1\}$ 를 F 로 나타낸다. 또, $F^n = F\times \ldots \times F$는 체 F 위에서의 n 차원 벡터공간을 뜻하고, 선형부호는 이진 선형 부호를 뜻한다.

≪정의 6.28≫ 벡터공간 F^n의 부분공간 C를 선형부호라고 한다. 이때, C에 속하는 벡터를 부호어라고 하고, n을 이 부호의 길이(length)라고 한다.

길이 n인 부호 C에 속하는 부호어 $x=(x_1,x_2,\cdots,x_n)$를 간단히 $x=x_1x_2\cdots x_n$로 나타낸다.

예를 들어, 두 가지 정보 'yes'와 'no'를 두 개의 기호 '0'과 '1'을 사용하여 다음과 같이 4가지 방법으로 부호화 하였다고 하자.

가.	0: yes	나.	00: yes	다.	000: yes	라.	00000: yes
	1: no		11: no		111: no		11111: no

이때 $C_1=\{0,1\}$, $C_2=\{00,11\}$, $C_3=\{000,111\}$ 및 $C_4=\{00000, 11111\}$은 각각 부호이다. 또한 0, 1은 C_1의, 00, 11은 C_2 의, 000, 111은 C_3의, 00000, 11111은 C_4의 부호어이다. 또, C_1, C_2, C_3와 C_4는 각각 길이가 1, 2, 3과 5인 이진부호이다.

이진부호의 경우 수 0 과 1 이 통신로를 통하여 전달될 때에 1 과 0 으로 잘못 전달되어 오류가 발생할 확률(일반적으로 $\frac{1}{2}$ 보다 훨씬 작다)은 두 경우 똑같다고 가정한다. 이와 같은 통신로를 대칭통신로(symmetric channel)라고 한다.

앞의 예 '가' 의 경우에 0 을 보냈는데 1 을 받으면 잘못된 정보를 받게 되는데, 받는 사람이 오류가 발생했는지 발생하지 아니했는지 알지 못하기 때문에 잘못된 정보를 얻게 되므로 유용한 부호가 되지 못한다.

'나'의 경우에 01 또는 10을 받으면 정보가 잘못 전달되었음을 알지만 00인지 11인지 알 수 없다. 즉, 한 비트의 오류 발생을 탐지하지만 이를 수정할 수는 없다.

'다'의 경우에 001을 받았다면 이것은 확률적으로 111보다 000이 보내어진 부호어일 확률이 크므로 000으로 복호하게 된다. 즉, 이 부호는 오류가 한 비트에서 발생했을 때에 오류를 수정하여 전문이 바르게 전달될 수 있다. 이와 같은 방법으로 복호하는 방법을 최근방복호법(nearest neighborhood decoding)이라고 한다. 이 부호에서 오류가 한 비트에서 발생하면 정확히 복호되지만, 오류가 두 비트 이상에서 발생하면, 오류가 발생했음은 알지만 복호가 잘못됨을 유의하자.

'라'의 경우에 최근방복호법을 사용하면 두 비트까지의 오류를 수정할 수 있다.

부호어가 통신로를 통하여 전달될 때에 수신벡터를 최근방복호법으로 복호하는 경우 수정할 수 있는 오류의 개수의 범위를 알기 위하여 부호의 최소거리를 정의한다.

≪정의 6.29≫ 길이가 n인 부호 C의 두 부호어 $x = x_1x_2...x_n$과 $y = y_1y_2...y_n$에 대하여 두 부호어 x와 y에 대하여

$$d(x,y) = |\{ i \; : \; x_i \neq y_i \}|$$

를 x와 y사이의 해밍거리(Hamming distance between x and y) 또는 간단히 거리라고 한다. 또한, $d(C) = \min\{d(x,y) \; : \; x,y \in C$이고 $x \neq y\}$를 부호 C의 최소거리(minimum distance)라고 한다.

서로 다른 두 부호어 x와 y의 해밍거리는 x와 y의 같은 위치에서 서로 다른 원소를 가지는 성분들의 개수이다. 이를테면, 앞의 C_1, C_2, C_3와 C_4는 각각 최소거리가 1, 2, 3과 5인 부호이다.

또한 해밍거리 d는 F^n 위에서 거리함수(distance function 또는 metric function)가 된다. 다시 말하면 (F^n, d)는 다음 세 조건을 만족시킨다.

가. $d(x,y)=0 \Leftrightarrow x=y$
나. 임의의 $x,y \in F^n$에 대하여 $d(x,y)=d(y,x)$이다.
다. 임의의 $x,y,z \in F^n$에 대하여 $d(x,z) \le d(x,y)+d(y,z)$이다.

위 마지막 성질은 다음과 같이 증명할 수 있다.

먼저 x에서 $d(x,y)$개의 자리수를 바꾸어 y를 얻고, y에서 $d(y,z)$개의 자리수를 바꾸어 z를 얻을 수 있다. 이 사실로부터 $d(x,z) \le d(x,y)+d(y,z)$가 성립함을 알 수 있다.

부호의 길이, 최소거리, 부호어의 개수 및 기호의 개수를 사용하여 부호를 다음과 같이 나타낸다.

≪**정의 6.30**≫ 길이가 n, 최소거리가 d이고 부호어의 개수가 M개인 부호를 (n, M, d)-부호라고 나타낸다. 최소거리는 나타내지 않을 때에는 (n, M)-부호라고 나타낸다.

앞의 C_2와 C_3은 각 각 이진 (2, 2, 2)-부호와 이진 (3, 2, 3)-부호이다. 일반적으로 (n, M, d)-부호에서 탐지 및 수정할 수 있는 오류의 개수의 범위에 관하여 다음 정리가 성립한다.

정리 6.31

부호 C가 (n, M, d)-부호일 때,
가. $d \ge s+1$이면 s 비트까지의 오류를 탐지할 수 있다.
나. $d \ge 2t+1$이면 t 비트까지의 오류를 수정할 수 있다.

증명 가. 부호 C에서 $d \geq s+1$을 가정하자. 임의의 부호어 x를 보내는 과정에서 s 개의 오류가 발생했다면 수신벡터는 가정에 의하여 C의 부호어가 될 수 없다. 따라서 s 개의 오류가 발생했을 때에 수신벡터가 잘못된 것을 알 수 있다.

나. 부호 C에서 $d \geq 2t+1$을 가정하고 임의의 부호어 x가 보내질 때 t개 이하의 오류가 발생한 수신벡터를 y라고 하자. 즉, $d(x,y) \leq t$이다. 수신벡터 y에 대하여 x와 다른 부호어 x'이 $d(x',y) \leq t$라면

$$d(x,x') \leq d(x,y)+d(x',y) \leq t+t=2t$$

이다. 그러나 부호의 최소거리는 $d \geq 2t+1$이므로 모순이다. 따라서 임의의 다른 부호어 x'에 대하여 $d(x',y) > t$이다. 그러므로 x가 y에 가장 가까운 부호어이다. ■

위의 정리를 이용하면 다음과 같은 표를 얻을 수 있다.

$d(C)$	1	2	3	4	5	6	7	8	9	⋯
탐지할 수 있는 오류의 개수	0	1	2	3	4	5	6	7	8	⋯
수정할 수 있는 오류의 개수	0	0	1	1	2	2	3	3	4	⋯

정리 6.32

부호 C가 (n,M,d)–부호이면, $d-1$ 개의 오류를 탐지할 수 있고 $\left[\dfrac{d-1}{2}\right]$ 개의 오류를 수정할 수 있다. 단 $[x]$ 는 x 보다 크지 않은 최대정수이다.

라. 최소거리의 계산

수정할 수 있는 오류의 범위와 부호의 최소거리 관계를 앞에서 살펴보았다. 이제 주어진 (n,M)–부호의 최소거리를 구하려면 M개의 부호어에

서 서로 다른 두 개의 부호어의 거리를 구하여 그들의 최소값을 찾아야 한다. 즉, $\binom{M}{2}$가지 경우 모두를 택하여 거리를 계산하여야 하므로 매우 복잡하다. 또한 부호를 나타낼 때에 모든 부호어를 나열하여야 하므로 부호어의 개수가 많은 경우는 곤란할 뿐만 아니라 부호화 및 복호에 많은 시간을 소비해야 한다. 이와 같은 문제를 효율적으로 해결하기 위하여 부호에 선형대수적인 기법을 사용한다.

부호는 n 차원 벡터공간 F^n의 부분공간이므로 그의 차원은 n 이하이다. 한편 모든 부분공간은 덧셈에 관한 항등원을 영벡터로 가지므로 선형부호는 영벡터 0을 부호어로 항상 가진다.

부호의 길이가 n이고 k차원 부분공간인 부호를 $[n, k]$-부호라고 나타내고, 최소거리 d가 주어질 때 $[n, k, d]$-부호라고 쓴다. 한편 k차원 부분공간의 원소의 개수는 2^k이므로 $[n, k, d]$-부호이면 $(n, 2^k, d)$-부호이다.

≪정의 6.33≫ n차원 공간 F^n의 임의의 벡터 $x = x_1x_2\cdots x_n$에 대하여 $\omega(x) = \{ |i : x_i \neq 0| \}$을 벡터 x의 해밍 무게(Hamming weight) 또는 간단히 무게라고 한다. 또한 부호 C에 대하여 $\omega(C) = \min\{\omega(x) \mid x \in C - \{0\}\}$을 C의 해밍 무게 또는 간단히 최소무게(minimum weight)라고 한다.

다음 정리는 부호의 최소거리를 쉽게 계산할 수 있는 방법을 말해 준다.

정리 6.34

임의의 부호 C에 대하여, $d(C) = \omega(C)$이다.

증명 n차원 벡터공간 F^n의 임의의 두 벡터를 x와 y라면 $d(x,y) = \omega(x-y)$이다. 부호 C의 최소거리를 d 라고 하면 부호 C의 적당한 부호어 u와 v가 존재하여 $d(u,v)=d$이다. 부호 C는 부분공간이므로 $u-v$는 0벡터가 아닌 C의 원소이다. 따라서 $d=d(u,v)$ $=\omega(u-v)\ge\omega(C)$이다. 역으로 $\omega(C)=d$라고 하자. 그러면 부호 C의 0이 아닌 원소 u가 존재하여 $\omega(u)=d$이므로 $d=\omega(u)$ $=d(u,0)\ge d(C)$이다. 그러므로 $d(C)=\omega(C)$이다. ■

이 정리로부터 부호의 최소거리를 비교적 쉽게 구할 수 있다. 즉, $\binom{M}{2}$ 가지 경우의 거리를 계산하는 대신에, 부호 C 의 0 을 제외한 M−1 개의 부호어들의 해밍무게를 구함으로서 최소거리를 구할 수 있다.

과제 6-35 다음과 같은 세 부호 C_1, C_2, C_3 의 최소거리는 각각 1, 2 및 3 임을 설명하여라.

정보 \ 부호	C_1	C_2	C_3
동	00	000	00000
서	01	011	01101
남	10	101	10110
북	11	110	11011

■ 초등학교에서 선형대수학의 활용

학생들이 즐겨하는 게임 속에서 선형대수가 활용될 수 있다. 여기서는 사다리타기를 예로 들어 수학적인 개념이 어떻게 내재되어있는지 설명하고 여러 가지 재미있는 성질들을 소개한다.

가. 사다리를 타지 않고 술래 정하기

앞서 행렬식을 정의할 때 활용한 치환의 개념으로 사다리를 직접 타지 않고서도 술래를 정할 수 있다.

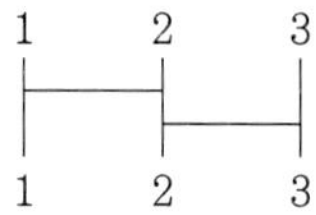

세로선 1, 2, 3을 가지는 다음 사다리타기에서 1과 2를 연결하는 가로선을 호환 (12)로 2와 3을 연결하는 가로선을 호환 (23)이라고 생각할 수 있다. 결국 이 사다리타기의 최종 결과는 두 호환의 곱 (23)(12)에 의해 1은 3에 2는 1에 3은 2에 대응한다.

> **과제 6-36** 다음과 같은 사다리타기를 호환의 곱으로 나타내어 결과를 구해보아라.
>
> 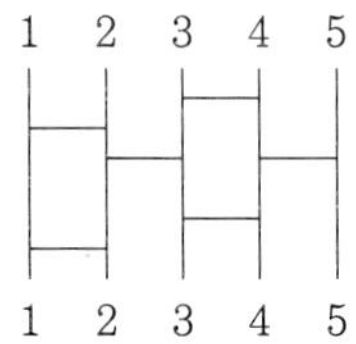
>

나. 사다리 결과를 의도하여 사다리 만들기

내가 원하는 결과를 얻을 수 있도록 사다리타기를 만드는 방법을 알아보자.

우선 세로줄이 3개일 때, 아래의 그림과 같이 1은 3으로, 2는 1로, 3은 2로 가는 사다리타기를 만들어보자.

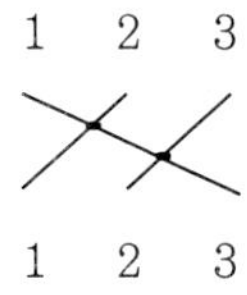

1이 3으로 대응하고 2는 1로 3은 2로 대응하기 위해서는 오른쪽 그림과 같이 두 개의 점이 생긴다. 이때 이 점이 사다리타기의 가로선이 된다. 점을 옆으로 연장해보면, 아래와 같은 2개의 점선이 생기며 이 점선이 가로선이 된다. 이때 이 점에 의해 3개로 나눠진 실선이 사다리 타기의 세로선이 된다.

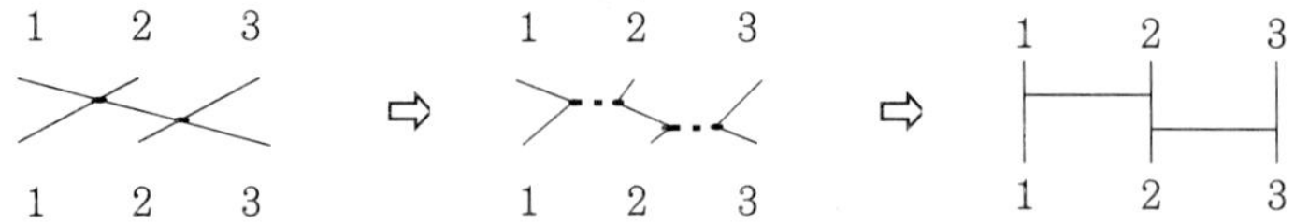

다음과 같이 세로선이 5개인 경우에도 의도된 사다리타기를 만들 수 있다.

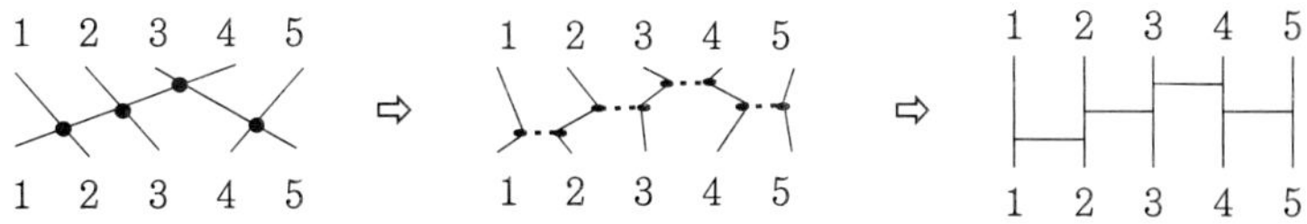

다. 같은 결과를 가지는 사다리 만들기

다음 두 개의 사다리타기의 결과를 생각해보자.

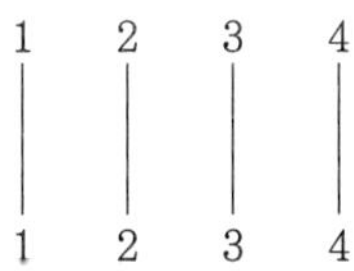

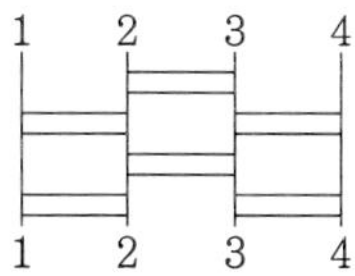

두 사다리타기의 결과가 어떠한가?

다음 사다리타기도 생각해보자.

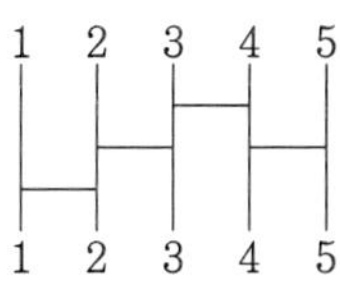

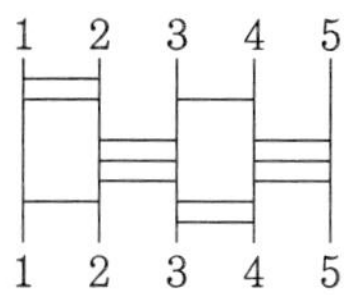

위의 사다리타기의 결과는 어떠한가?

과제 6-37 위의 사다리타기가 같은 결과를 가지는 까닭을 설명하여라.

수업자료

위와 같은 내용을 학교 현장에서 활용할 수 있도록 다음과 같이 활동지를 제공한다.

[학생활동지 6-1]

사다리타기 1

사다리를 직접 타지 않고 결과를 구해봅시다.

◎ 선생님의 설명을 듣고 다음 사다리타기의 결과를 구해 봅시다.

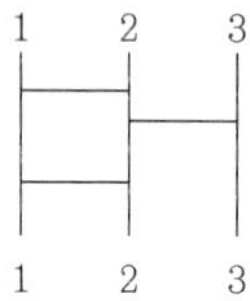	식) 결과) 1 → , 2 → , 3 →
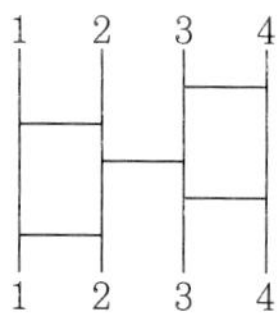	식) 결과) 1 → , 2 → 3 → , 4 →

◎ 다음 사다리타기 식에 맞는 사다리타기를 그리고 결과를 써 봅시다.

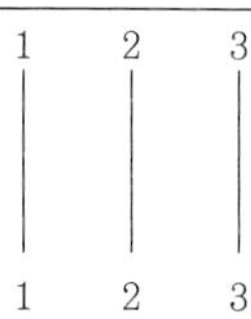	식) (23)(12)(23) 결과) 1 → , 2 → , 3 →
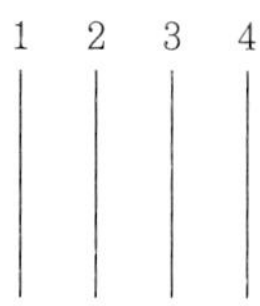	식) (23)(34)(12)(34) 결과) 1 → , 2 → 3 → , 4 →

[학생활동지 6-2]

사다리타기 2

사다리타리 결과를 미리 정해놓고 사다리타기를 만들어봅시다.

다음과 같은 방법으로 사다리 타기의 결과를 미리 정하고 사다리 타기를 만들어 봅시다.

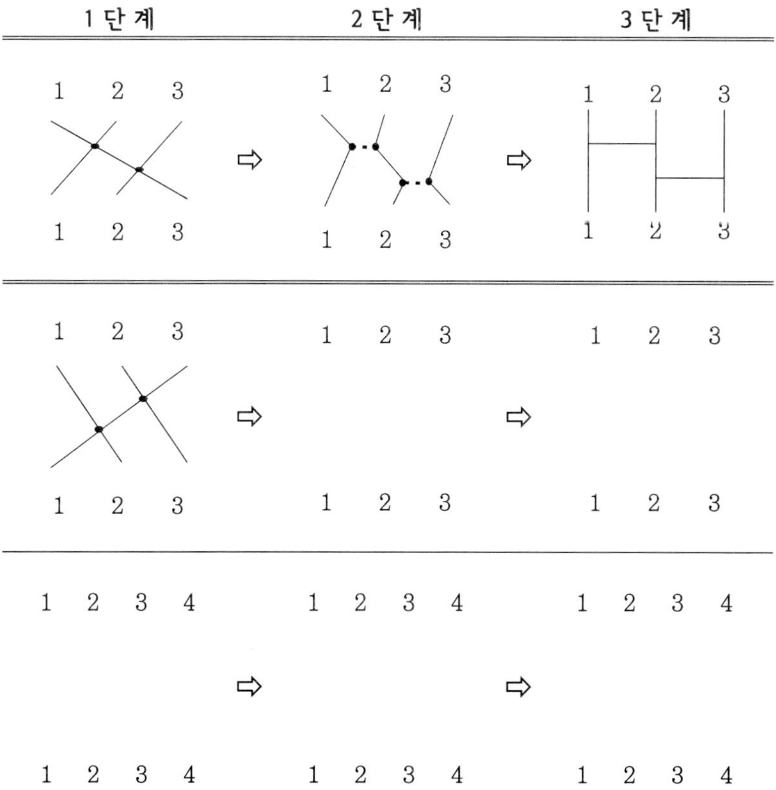

[학생활동지 6-3]

사다리타기 3

같은 결과가 나오는 사다리타리를 만들어봅시다.

같은 결과가 나오는 다른 모양의 사다리타기의 사례를 보고 공통점을 찾아봅시다. 그리고 같은 결과가 나오는 다른 모양의 사다리타기를 만들어 봅시다.

힌트) 원래 있던 선을 표시해보고, 추가 된 가로선의 위치, 개수 등을 확인해 보세요!

사 례

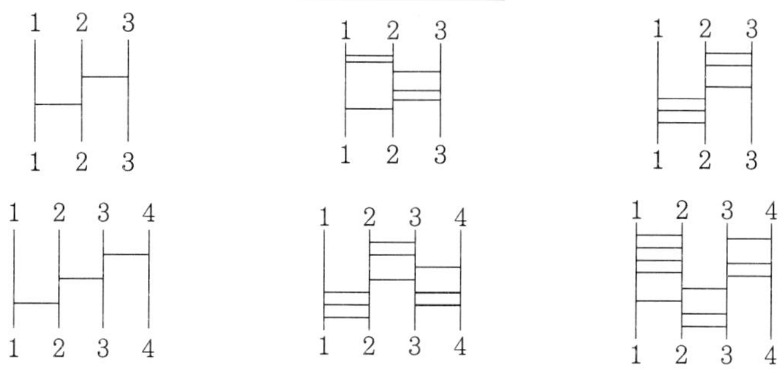

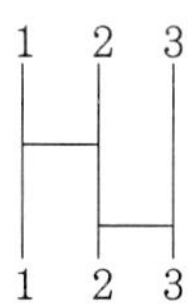

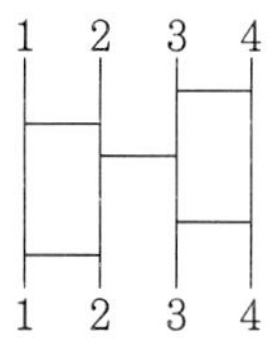

CHAPTER 07 대수적 구조

정수론에서는 정수 전체의 집합 $\mathbb{Z}$ 에서 덧셈과 곱셈에 관한 여러 성질을 활용한다.

선형대수학에서는 실수 성분을 가지는 $n \times n$ 행렬 전체의 집합 $Mat_n(\mathbb{R})$ 에서 덧셈과 곱셈 그리고 스칼라 배에 관한 여러 성질을 활용한다.

추상대수학에서는 구체적인 집합이나 연산이 아니라 추상적인 집합과 거기에 정의된 추상적인 연산에 관한 여러 성질을 연구한다. 따라서 추상대수학에서 도출된 정리들은 정수론이나 선형대수학 등에도 적용된다. 보다 일반적인 상황에서 얻어진 결과이기 때문이다.

추상대수학의 여러 성과 중에서 주목할 만한 것은 '3대 작도불가능'의 문제를 해결하는 것과, 5차 이상의 다항식은 일반적으로 근의 공식이 없다는 것을 증명하는 '갈로아 이론(Galois Theory)'이다.

이 책은 작도가능성의 문제나 갈로아 이론은 다루지 않고 추상대수학의 기본 개념을 다룬다.

■ 대수적 구조

수학을 '구조를 연구하는 학문'이라고 말하기도 한다. 구조란 무엇인가? 연산이 정의된 집합에서 생각하는 '대수적 구조'는 무엇인가?

대수학에서는 주어진 집합과 거기에 정의된 연산에 관한 여러 가지 성질에 관심을 가진다. 이와 같이 연산에 관한 구조를 보통 대수적 구조

(algebraic structure)라고 한다. 대수적 구조에 관하여 다음의 예는 중요하다.

- 정수 전체의 집합 $\mathbb{Z}$에는 덧셈이 잘 정의된다. 이 경우 $\mathbb{Z}$는 '군(group)'이라고 불리는 대수적 구조의 모형이 된다.
- 정수 전체의 집합 $\mathbb{Z}$에는 덧셈과 곱셈이 잘 정의된다. 이 경우 $\mathbb{Z}$는 '환(ring)'이라고 불리는 대수적 구조의 모형이 된다.

이상과 같은 구조를 어떻게 추상화할 수 있을까?

이 장에서는 위의 대수적 구조를 일반화하고 추상화하여 그에 관한 기본적인 성질을 살핀다.

가. 군

정수 전체의 집합 $\mathbb{Z}$에서 덧셈 연산을 생각하여 보자. 우선 덧셈에 관하여 결합법칙이 성립하고, 덧셈에 관한 항등원이 있다. 또, 모든 정수는 덧셈에 관한 역원을 가진다.

이러한 구조를 일반화하여 다음과 같은 정의를 생각한다.

≪**정의 7.1**≫ G가 집합이고, $\cdot$는 G에 정의된 연산이라고 하자. $(G, \cdot)$가 다음 조건을 만족시킬 때 $(G, \cdot)$는 군(group)이라고 한다.

가. 임의의 $x, y, z \in G$에 대하여 $(x \cdot y) \cdot z = x \cdot (y \cdot z)$이다.

나. 모든 $x \in G$에 대하여 $x \cdot e = e \cdot x = x$인 $e \in G$가 존재한다.

다. 각각의 $x \in G$에 대하여 $x \cdot x' = x' \cdot x = e$인 $x' \in G$가 각각 존재한다.

즉, 집합 G에 정의된 연산 $\cdot$에 관하여 결합법칙이 성립하고 항등원이 있으며 모든 원소의 역원이 있으면 군이다.

위 '나'에서의 e는 특정한 x에 따라 정해지는 것이 아니지만 '다'에서의 x'은 x에 따라 다르다.

≪**정의 7.2**≫ 군 $(G, \ \cdot)$가 다음 조건을 추가로 만족시킬 때 $(G, \ \cdot)$는 가환군(abelian group)이라고 한다.
라. 임의의 $x, y \in G$에 대하여 $x \cdot y = y \cdot x$이다.

즉, 교환법칙이 성립하는 군이 가환군이다. 한편, 원소의 개수가 유한인 군을 유한군(finite group)이라고 하고 유한군이 아닌 군을 무한군(infinite group)이라고 한다. 유한군의 원소의 개수를 그 군의 위수(order)라고 한다.

과제 7-3 자연수 전체의 집합 $\mathbb{N}$은 덧셈 연산에 관하여 군이 아니라는 것을 설명하여라.

나. 환

정수 전체의 집합 $\mathbb{Z}$에서 덧셈과 곱셈을 생각하여 보자. 앞에서 살펴 본 바와 같이 $(\mathbb{Z}, \ +)$은 가환군을 이룬다. 한편, 곱셈에 관하여 결합법칙이 성립하고 덧셈에 관한 곱셈의 분배법칙이 성립한다. 이러한 구조를 일반화하여 다음과 같은 정의를 생각한다.

≪**정의 7.4**≫ 집합 R에 두 개의 연산 $+$, $\cdot$가 정의되어 있고, 다음 조건을 만족시킬 때 $(R, \ +, \ \cdot)$(또는 간단히 R)를 환(ring)이라고 한다.
가. $(R, \ +)$는 가환군이다.
나. 연산 $\cdot$에 관한 결합법칙이 성립한다. 즉, 임의의 $x, y, z \in R$에 대하여 $(x \cdot y) \cdot z = x \cdot (y \cdot z)$이다.
다. $+$에 관한 $\cdot$의 분배법칙이 성립한다. 즉, 임의의 $x, y, z \in R$에 대하여 $(x+y) \cdot z = (x \cdot z) + (y \cdot z)$이고 $x \cdot (y+z) = (x \cdot y) + (x \cdot z)$이다.

편의상 환 R의 두 개의 연산 $+$, $\cdot$ 을 각각 덧셈, 곱셈이라고 하고, 환 R의 덧셈에 관한 항등원을 영원(zero element)이라고 하며 0 으로 표시한다.

> **과제 7-5** 0과 양의 유리수 전체의 집합은 덧셈과 곱셈에 관하여 환이 아니라는 것을 설명하여라.

환을 나타낼 때, 곱셈 연산이 무엇인지 분명하고 혼란의 여지가 없을 때에는 곱셈 연산 기호를 생략하여 $a \cdot b$를 ab로 나타낼 수 있다. 그러나 덧셈 연산 기호 $+$는 생략하지 않는다.

환 R가 곱셈에 관한 항등원(보통 1로 나타낸다)을 가질 때 R를 '단위원을 가지는 환(ring with identity)'이라고 한다. 또, 환 R에서 곱셈에 관하여 교환법칙이 성립하면 R를 가환환(commutative ring)이라 하고, 교환법칙이 성립하지 않으면 비가환환(non-commutative ring)[16]이라고 한다. 한편, 환 R의 원소의 개수가 유한일 때, 이 환을 유한환(finite ring)이라 하며 유한환이 아닌 환을 무한환(infinite ring)이라 한다. 유한환의 원소의 개수를 그 환의 위수(order)라고 한다.

≪정의 7.6≫

가. 단위원을 가지는 가환환으로서 다음 조건을 만족시키는 환 R를 정역(integral domain)이라고 한다.

임의의 x, $y \in R$에 대하여 $xy = 0$이면 $x = 0$ 또는 $y = 0$이다.

나. 단위원을 가지는 환으로서 0이 아닌 모든 원소의 곱셈에 관한 역원이 있을 때 그 환을 나눗셈환(division ring)이라고 한다.

다. 곱셈에 관하여 교환법칙이 성립하는 나눗셈환을 체(field)라고 한다.

---

16) 환에서는 가환환(비가환환)을 'abelian ring'('non-abelian ring')이라고 하지 않는다.

환 R의 0이 아닌 두 원소 x, y에 대하여 $xy=0$이면 x, y를 영인자(zero divisor)라고 한다. 결국, 정역은 영인자가 없는 단위원을 가지는 가환환이다.

과제 7-7 가. 다음을 확인하여라.

(1) $\mathbb{Z}_6=\{0, 1, 2, 3, 4, 5\}$에서 2, 3, 그리고 4는 영인자이다.

(2) 실수 성분을 가지는 2×2 행렬 전체의 집합 $\mathrm{Mat}_2(\mathbb{R})$은 행렬의 덧셈과 곱셈에 관하여 환이 됨을 쉽게 알 수 있다. $\mathrm{Mat}_2(\mathbb{R})$의 두 원소 $\begin{bmatrix}1 & 0\\ 0 & 0\end{bmatrix}$과 $\begin{bmatrix}0 & 0\\ 0 & 1\end{bmatrix}$은 모두 영인자이다.

(3) 중학교에서 '이차방정식 $x^2-3x+2=(x-2)(x-1)=0$의 해는 $x=2$ 또는 1'이라고 할 수 있는 것은 실수환 $\mathbb{R}$에는 영인자가 없기 때문이다.

(4) 이차방정식 $x^2-3x+2=(x-2)(x-1)=0$의 해를 $\mathbb{Z}_6=\{0, 1, 2, 3, 4, 5\}$에서 구하면 $x=1$, 2, 4, 5와 같이 네 개 있다.

나. 임의의 세 명제 p, q, r에 대하여 두 합성 명제 $p\to(q\vee r)$와 $p\wedge \sim q\to r$는 동치이다. 이 사실을 이용하여 실수 전체의 집합 $\mathbb{R}$는 실수의 덧셈과 곱셈에 관하여 정역임을 보여라. 또, 임의의 체는 정역임을 설명하여라.

환에서 영원 0과 영인자는 곱셈에 관한 역원을 가질 수 없음을 뒤(과제 7.20)에서 알게 된다.

■ 대수적 구조의 예

$\mathbb{Z}$은 덧셈 연산에 관하여 군이다. 군의 다른 예는 무엇이 있을까?

가. 군의 예

군의 예는 무한가환군, 유한가환군, 유한비가환군, 무한비가환군 등 네 종류를 생각할 수 있다.

(1) 무한가환군

무한가환군의 여러 예는 이미 우리에게 친숙하다. 다음을 들 수 있다.

- $\mathbb{Z}$: 정수 전체의 집합과 덧셈
- $\mathbb{R}^2$: 좌표 평면 위의 모든 점과 그 순서쌍의 덧셈
- $\mathrm{Mat}_2(\mathbb{R})$: 실수 성분의 2×2행렬 전체의 집합과 행렬 덧셈

(2) 유한가환군

유한가환군의 예로서 동치류 집합 $\mathbb{Z}_n$과 덧셈 연산을 생각하면 된다. 예를 들어, $\mathbb{Z}_{12}=\{0,1,2,\cdots,10,11\}$은 위수가 12인 유한가환군이다.

(3) 유한비가환군

유한비가환군의 예로서 두 가지를 살펴보자.

비가환 연산의 대표적인 예는 함수의 합성과 행렬의 곱이다. 사실, 행렬도 함수를 나타내므로 함수의 합성이 비가환 연산의 대표적인 예라고 할 수 있다. 비가환군의 예를 찾기 위하여 함수(변환)의 합성을 생각하는 것은 자연스럽다.

집합 $X=\{1,\ 2,\ 3,\ \cdots,\ n\}$ 위에서의 치환(일대일 대응) 전체의 집합

$$S_n=\{f\ |f:X\rightarrow X\text{는 치환}\}$$

을 생각하고 이 집합에서 함수의 합성 연산을 생각하면 위수가 $n!$인 유한비가환군을 얻을 수 있다. 이러한 군을 보통 '대칭군(symmetric group)'이라고 부르고, S_n으로 나타낸다.

한 예로서 S_3에 대하여 알아보자.

먼저, $\sigma(1)=2,\ \sigma(2)=3,\ \sigma(3)=1$인 치환 σ를 (123)와 같이 나타낼 수 있다. 여섯 개의 치환 모두를 이와 같은 방법으로 나타내면 다음과 같다.

$$S_3=\{1,\ (12),\ (13),\ (23),\ (123),\ (132)\}$$

여기서 1은 항등치환을 나타낸다.

연산(치환의 합성)은 관례에 따라 오른쪽 치환에 왼쪽 치환을 합성하는

것으로 한다. 예를 들어, $(13)(23)=(132)$이다.

과제 7-8 S_3의 연산표를 만들고 S_3은 위수가 6인 비가환군임을 확인하여라.

정n각형을 좌표 공간 $\mathbb{R}^3$에서 그 자신에 겹치도록 하는 합동변환은 n개의 회전(rotation)과 n개의 반사(reflection)로 이루어진다. 모두 $2n$ 개의 합동변환으로 이루어진 이 집합 D_n, $n \geq 3$에 변환의 합성 연산을 생각하면 '정이면체군(dihedral group)'을 얻는다. '정이면체'라는 말은 정다각형을 '면이 두 개인 정다면체'로 이해하면 된다.

n이 4인 경우, 즉 정4각형의 경우에 D_4를 구체적으로 살펴보자.

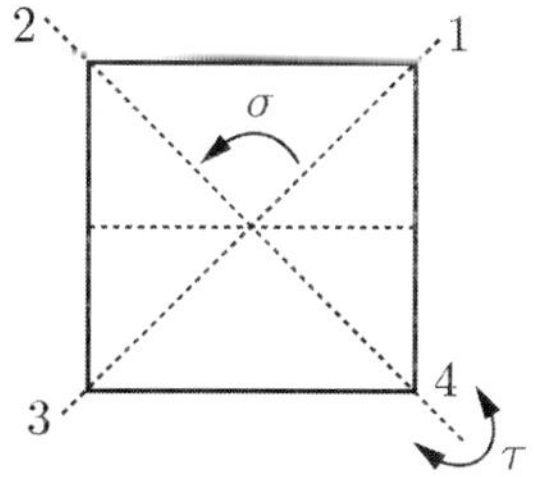

D_4 에서는 두 조건 $\tau^2=1=\sigma^4$과 $\tau\sigma\tau=\sigma^3$을 만족시키는 반사 τ 와 회전 σ 에 의해 D_4 의 모든 원소를 구할 수 있다.

$$D_4=\{\sigma,\sigma^2,\sigma^3,\sigma^4=1,\tau,\sigma\tau,\sigma^2\tau,\sigma^3\tau\}$$

예를 들어, $\sigma=(1234)$ $\tau=(13)$라고 하면 $\tau^2=1=\sigma^4$ 이고, $\tau^{-1}\sigma\tau=\tau\sigma\tau$ $=(4321)=\sigma^3$이다. 관계식 $\tau\sigma\tau=\sigma^3$을 이용하여 다음을 알 수 있다.

$$\sigma\tau=\tau\sigma^3=(\sigma\tau)^{-1},\ \sigma^2\tau=\tau\sigma^2=(\sigma^2\tau)^{-1},\ \sigma^3\tau=\tau\sigma=(\sigma^3\tau)^{-1}$$

한편, 정이면체군 D_4에서 $\sigma\tau=(1234)(13)=(14)(23)$이고 $\tau\sigma=(13)(1234)=(12)(34)$이므로 D_4는 가환군이 아니다. 따라서 D_4는 위수가 8인 유한비가환군이다.

과제 7-9 대칭군 S_3를 다음과 같이 얻을 수도 있음을 확인하여 정이면체군 D_3와 대칭군 S_3는 같다는 것을 보여라.

정3각형을 좌표 공간 $\mathbb{R}^3$에서 그 자신에 겹치도록 하는 합동변환은 3개의 회전과 3개의 반사로 이루어진다. 이 6개의 합동변환으로 이루어진 집합에 변환의 합성 연산을 생각하면 S_3를 얻는다.

(4) 무한비가환군

행렬 $\begin{bmatrix} a & b \\ c & d \end{bmatrix} \in \mathrm{Mat}_2(\mathbb{R})$에서 실수 $ad-bc$는 이 행렬의 행렬식이다. $\mathrm{Mat}_2(\mathbb{R})$에서 행렬식이 0이 아닌 행렬 전체의 집합

$$\mathrm{GL}_2(\mathbb{R}) = \left\{ \begin{bmatrix} a & b \\ c & d \end{bmatrix} \mid a,\ b,\ c,\ d \in \mathbb{R},\ ad-bc \neq 0 \right\}$$

은 행렬 곱셈에 관하여 무한비가환군을 이룬다. 이 군을 일반선형군(general linear group)이라고 한다.

나. 환의 예

환의 예도 무한가환환, 유한가환환, 유한비가환환, 그리고 무한비가환환으로 네 종류를 생각할 수 있다.

(1) 무한가환환

(가) 정수 전체의 집합, 유리수 전체의 집합, 실수 전체의 집합 및 복소수 전체의 집합을 각각 $\mathbb{Z}$, $\mathbb{Q}$, $\mathbb{R}$ 및 $\mathbb{C}$라고 하자. 우리가 보통 사용하는 수의 덧셈 및 곱셈에 대하여 위의 모두는 단위원을 가지는 무한가환환이다.

(나) 집합 $\mathbb{Q}(\sqrt{2}) = \{a + b\sqrt{2} \mid a,\ b \in \mathbb{Q}\}$에는 덧셈과 곱셈이 잘 정의된다. 먼저 $\mathbb{Q}(\sqrt{2})$는 덧셈에 관하여 가환군이다. 즉, 다음이 성립한다.

- 결합법칙이 성립한다.
- 영원 $0=0+0\sqrt{2}$ 가 있다.
- $a+b\sqrt{2}$ 의 역원은 $(-a)+(-b)\sqrt{2}$ 이다.
- 교환법칙이 성립한다.

또, $\mathbb{Q}(\sqrt{2})$은 곱셈에 관하여 다음이 성립한다.

- 결합법칙이 성립한다.
- 단위원 $1=1+0\sqrt{2}$ 가 있다.
- 교환법칙이 성립한다.

한편, $\mathbb{Q}(\sqrt{2})$에서 덧셈에 대한 곱셈의 분배법칙이 성립한다. 따라서 $\mathbb{Q}(\sqrt{2})$는 단위원을 가지는 무한가환환이다.

과제 7-10

가. $\mathbb{Q}(\sqrt{2})$는 체가 됨을 설명하여라.

나. 위에서 $\mathbb{Q}(\sqrt{2})$가 체임을 설명하는 과정에서 고등학교에서 배운 '분모의 유리화'는 어떠한 역할을 하는지 살펴보아라. 사실, 0이 아닌 원소의 곱셈에 관한 역원을 구하는 과정을 '분모의 유리화'라고 한다.

다. 복소수 전체의 집합 $\mathbb{C}$ 는 체가 된다. 특히, 0이 아닌 임의의 복소수는 곱셈에 관한 역원을 가진다. 여기서 곱셈에 관한 역원을 구하는 과정을 '분모의 실수화'라고 한다.

(2) 유한가환환

$\mathbb{Z}_n$는 유한가환환의 대표적인 예가 된다.

과제 7-11 다음을 설명하여라.

가. 가환군 $(R, +)$에 속하는 임의의 두 원소 x, y에 대하여 $x\cdot y=0$이라고 정의하면 $(R, +, \cdot)$는 가환환이다.

나. 집합 $\mathbb{Z}_n$에서 덧셈은 환 $\mathbb{Z}_n$의 덧셈과 같이 정의하고 곱셈은 위 (1)에서와 같이 정의하면 환 $\mathbb{Z}_n$와는 다른 환을 얻는다.

다. 임의의 자연수 n, $n \geq 2$에 대하여 위수가 n인 가환환은 적어도 두 개 있다.

(3) 유한비가환환

유한체 $\mathbb{Z}_2$ 위에서의 2×2행렬 전체의 집합 $\mathrm{Mat}_2(F_2)$은 행렬의 덧셈 연산과 곱셈 연산에 관하여 유한비가환환이 된다.

(4) 무한비가환환

실수를 성분으로 갖는 2×2 행렬 전체의 집합을 $\mathrm{Mat}_2(\mathbb{R})$ 즉,

$$\mathrm{Mat}_2(\mathbb{R}) = \left\{ \begin{bmatrix} a & b \\ c & d \end{bmatrix} \middle| a,\ b,\ c,\ d \in \mathbb{R} \right\}$$

이라 하고 $\mathrm{Mat}_2(\mathbb{R})$에 통상적인 행렬의 덧셈과 곱셈을 생각하면 $(\mathrm{Mat}_2(\mathbb{R}),\ +,\ \cdot\ )$는 단위원 $\begin{bmatrix} 1 & 0 \\ 0 & 1 \end{bmatrix}$을 갖는 무한비가환환이다.

과제 7-12 $\mathrm{Mat}_2(\mathbb{R})$에서 $AB \neq BA$인 두 행렬 $A,\ B \in \mathrm{Mat}_2(\mathbb{R})$를 제시하여라.

일반적으로 $n\times n$ 행렬 전체의 집합

$$\mathrm{Mat}_n(\mathbb{R}) = \left\{ \begin{bmatrix} a_{11} & \cdots & a_{1n} \\ \vdots & & \vdots \\ a_{n1} & \cdots & a_{nn} \end{bmatrix} \middle| a_{ij} \in \mathbb{R},\ i,\ j = 1,\ 2,\ \cdots,\ n \right\}$$

에 행렬의 덧셈과 곱셈을 생각하면 $(\mathrm{Mat}_n(\mathbb{R}),\ +,\ \cdot\ )$도 역시 단위원을 가지는 무한비가환환이 된다.

(5) 체

체는 대수적으로 중요한 구조이다. 특히 곱셈의 가환성과 영원 이외의

원소가 곱셈에 관한 역원을 가짐으로 여러 측면에서 편리하다.

> **과제 7-13** 다음을 확인하여라.
>
> 가. 초/중등학교에서 다루는 수의 집합 $\mathbb{Q}$, $\mathbb{R}$, $\mathbb{C}$ 은 모두 수의 덧셈과 곱셈에 관하여 체이다.
>
> 나. 다음 세 명제는 모두 동치임을 설명하여라.
>
> - n 이 소수이다.
> - $\mathbb{Z}_n$이 정역이다.
> - $\mathbb{Z}_n$이 체이다.

*■ 군의 표현

집합을 표현하는 방법으로 원소나열법과 조건제시법이 있듯이 군도 여러 가지 방법으로 표현할(나타낼) 수 있다. 주어진 군의 모든 속성을 간략하게 나타낼 수 있은 방법은 무엇인가?

군 G 의 원소 $x_1, x_2, \cdots, x_n \in G$ 를 품는 군 중에서 가장 작은 군을 $< x_1, x_2, \cdots, x_n >$로 나타낼 때, $< x_1, x_2, \cdots, x_n >$을 '$x_1, x_2, \cdots, x_n$으로 생성되는 군(group generated by $x_1, x_2, \cdots, x_n$)'이라고 한다.

예를 들어, 정이면체군

$$D_4 = \{\sigma, \sigma^2, \sigma^3, \sigma^4 = 1, \tau, \sigma\tau, \sigma^2\tau, \sigma^3\tau\}$$

에서

$$< \sigma > = \{\sigma, \sigma^2, \sigma^3, \sigma^4 = 1\}$$

이고

$$< \tau > = \{\tau, \tau^2 = 1\}$$

이다.

가. 순환군

군 G 가 G 의 한 원소에 의하여 생성될 때 즉, 어떤 원소 $x \in G$ 에 대하여 $G = < x >$일 때, G 를 순환군(cyclic group)이라고 하고, x 를 G 의 생성자(generator)라고 한다.

정수 전체의 집합 $\mathbb{Z}$ 는 덧셈에 관하여 순환군으로서 1 과 -1은 각각 $\mathbb{Z}$ 의 생성자이다. 다시 말하면, $\mathbb{Z} = < 1 > = < -1 >$ 이다.

정이면체군 $D_4 = \{\sigma, \sigma^2, \sigma^3, \sigma^4 = 1, \tau, \sigma\tau, \sigma^2\tau, \sigma^3\tau\}$ 에서 $< \sigma > = \{\sigma, \sigma^2, \sigma^3, \sigma^4 = 1\}$ 와 $< \tau > = \{\tau, \tau^2 = 1\}$ 는 모두 순환군이다.

> **과제 7-14** 다음을 확인하여라.
> 가. 임의의 자연수 n에 대하여 $\mathbb{Z}_n$은 덧셈에 관하여 순환군이다.
> 나. 순환군은 가환군이다.
> 다. S_3, D_4는 순환군이 아니다.

실제로 다음 사실을 알 수 있다.

군 G가 무한순환군이면 G는 $\mathbb{Z}$ 와 동형이고, 군 G가 위수가 n인 유한순환군이면 G는 $\mathbb{Z}_n$과 동형이다.

나. 정이면체군

정이면체군

$$D_4 = \{\sigma, \sigma^2, \sigma^3, \sigma^4 = 1, \tau, \sigma\tau, \sigma^2\tau, \sigma^3\tau\},\ \sigma = (1234),\ \tau = (13)$$

은 $\sigma = (1234)$, $\tau = (13)$를 가지는 가장 작은 군이다. 즉, D_4는 σ와 τ에 의하여 생성된다. 따라서 정이면체군 D_4 는 '정사각형의 합동변환' 등을 언급하지 않고 다음과 같이 표현할 수 있다.

$$D_4 = < \tau, \sigma \mid \tau^2 = 1 = \sigma^4,\ \tau\sigma\tau = \sigma^3 >$$

생성하는 원소와 그 원소들 사이의 관계를 나타내는 것이다.

과제 7-15 다음을 확인하여라.
대칭군 $S_3(\equiv D_3)$ 는 다음과 같이 표현할 수 있다.

$$S_3 = < \tau, \sigma \mid \tau^2 = 1 = \sigma^3, \tau\sigma\tau = \sigma^2 >$$

■ 대수적 구조의 성질

군이나 환과 같은 대수적 구조는 어떠한 성질을 가질까? 예를 들어, 임의의 정수 $n \in \mathbb{Z}$ 에 대하여 n의 덧셈에 관한 역원의 덧셈에 관한 역원은 n 자신인데, 일반적인 군에서도 그러할까? 실수 0은 곱셈에 관한 역원을 가지지 않으므로 어떤 실수를 0으로 나누는 것은 가능하지 않는데, 일반적인 환에서도 그러할까?

가. 군의 성질

집합에 정의된 연산에 관하여 항등원이 있으면 유일하다. 실제로, 집합 A에서의 연산 $\cdot$ 에 관하여 e 와 e' 가 항등원이라고 하면 $e = e \cdot e' = e'$ 이기 때문이다.

집합 A에 정의된 연산 $\cdot$ 에 관하여 항등원이 있고 결합 법칙이 성립할 때, 원소 $a \in A$ 의 역원이 있으면 그 역원은 유일하다. 실제로, 원소 $e \in A$ 를 연산 $\cdot$ 에 관한 항등원이라고 하고 $a \in A$ 의 $\cdot$ 에 관한 역원을 b와 c 라고 하면 다음이 성립한다.

$$b = b \cdot e = b \cdot (a \cdot c) = (b \cdot a) \cdot c = e \cdot c = c$$

결국 b와 c는 같다.

다음은 군에 관한 기본적인 성질이다.

정리 7.16

군 G에 대하여 다음이 성립한다.

가. 임의의 $a \in G$에 대하여, $(a^{-1})^{-1} = a$이다.

나. 임의의 $a, b \in G$에 대하여, $(ab)^{-1} = b^{-1}a^{-1}$이다.

다. 임의의 $a, b, c \in G$에 대하여 다음이 성립한다.

$$ab = ac \Rightarrow b = c, \quad ba = ca \Rightarrow b = c$$

라. 임의의 $a, b \in G$에 대하여 방정식 $ax = b$와 $ya = b$는 각각 $x = a^{-1}b$, $y = ba^{-1}$인 유일한 해를 가진다.

증명 가. $a^{-1}a = aa^{-1} = e$이므로 역원의 정의에 의하여 a^{-1}의 역원은 a이다. 즉, $(a^{-1})^{-1} = a$이다.

나. 우선 $(ab)(b^{-1}a^{-1}) = a(bb^{-1})a^{-1} = aa^{-1} = e$임을 알 수 있다. 같은 방법으로 $(b^{-1}a^{-1})(ab) = e$이다. 따라서 ab의 역원은 $b^{-1}a^{-1}$이다. 즉, $(ab)^{-1} = b^{-1}a^{-1}$이다.

다. $a \in G$의 역원 $a^{-1} \in G$가 존재하므로 다음이 성립한다.

$$ab = ac \Rightarrow a^{-1}ab = a^{-1}ac \Rightarrow b = c$$
$$ba = ca \Rightarrow baa^{-1} = caa^{-1} \Rightarrow b = c$$

라. $a \in G$의 역원 $a^{-1} \in G$가 존재하므로 다음이 성립한다.

$$ax = b \Rightarrow a^{-1}ax = a^{-1}b$$

따라서 방정식 $ax = b$는 $x = a^{-1}b$인 유일한 해를 가진다. 마찬가지로 방정식 $ya = b$는 $y = ba^{-1}$인 유일한 해를 가진다. ■

과제 7-17 위 증명에서 역원의 유일성이 어떠한 역할을 하는지 설명하여라.

정리 7.18

군 G에 대하여 다음이 성립한다.

가. G가 가환군이기 위한 필요충분조건은 임의의 $a, b \in G$에 대하여 $(ab)^{-1} = a^{-1}b^{-1}$인 것이다.

나. 임의의 $x \in G$에 대하여 $x^2 = e$이면 G는 가환군이다.

증명 가. G가 가환군이면 $(ab)^{-1}=b^{-1}a^{-1}=a^{-1}b^{-1}$이다. 이제, 임의의 $a,\ b \in G$에 대하여 $(ab)^{-1}=a^{-1}b^{-1}$라고 가정하면 $a^{-1},\ b^{-1} \in G$에 대해서도 성립하므로 $(a^{-1}b^{-1})^{-1}=(a^{-1})^{-1}(b^{-1})^{-1}$가 성립한다. 따라서 임의의 $a,\ b \in G$에 대하여 다음이 성립한다.

$$\begin{aligned} ba &= (b^{-1})^{-1}(a^{-1})^{-1} = (a^{-1}b^{-1})^{-1} \\ &= (a^{-1})^{-1}(b^{-1})^{-1} \\ &= ab \end{aligned}$$

따라서 G는 가환군이다.

나. $xx=e$ 이므로 $x^{-1}(xx)=x^{-1}$이다. 즉, $x=x^{-1}$이다. 따라서 임의의 $x \in G$에 대해서 $x=x^{-1}$이다. 이제 임의의 $a,\ b \in G$에 대하여 $ab=(ab)^{-1}=b^{-1}a^{-1}=ba$이다. 따라서 G는 가환군이다. ■

위 정리 '나'의 역은 성립하지 않는다. 가환군 $\mathbb{Z}_3$는 하나의 반례가 된다.

나. 환의 성질

실수에서 0에 어떤 수를 곱해도 0이고, 양수에 음수를 곱하면 음수이며, 음수와 음수를 곱하면 양수이다. 이러한 성질은 일반적인 환의 경우에도 다음과 같이 일반화된다.

정리 7.19

$(R,\ +,\ \cdot\ )$을 환이라 할 때, 임의의 $x,\ y \in R$에 대하여 다음이 성립한다.

가. $x\cdot 0=0\cdot x=0$

나. $x\cdot(-y)=(-x)\cdot y=-(x\cdot y)$

다. $(-x)\cdot(-y)=x\cdot y$

증명 가. $0+0=0$ 이므로 분배법칙에 의하여

$$x \cdot 0 = x \cdot (0+0) = x \cdot 0 + x \cdot 0$$

한편, $(R, +)$는 군이므로 임의의 $a \in R$에 대하여 $a+a=a$ 이면 양변에 a의 덧셈에 관한 역원을 연산함으로써 $a=0$이다. 따라서 $x \cdot 0 = 0$이고, 같은 방법으로 $0 \cdot x = 0$임을 알 수 있다.

나. 분배법칙과 위의 '가'에 의하여

$$x \cdot y + x \cdot (-y) = x \cdot (y + (-y)) = x \cdot 0 = 0$$

따라서 $x \cdot (-y)$의 덧셈에 관한 역원은 $x \cdot y$이다. 즉, $x \cdot (-y) = -(x \cdot y)$. 같은 방법으로 $(-x) \cdot y = -(x \cdot y)$이다.

다. 위의 '나'에 의하여

$$(-x) \cdot (-y) = -((-x) \cdot y) = -(-(x \cdot y))$$

한편, $(R, +)$는 군이므로 정리 7.16 가에 의하여 임의의 $a \in R$에 대하여 $-(-a) = a$이다. 따라서 $-(-(x \cdot y)) = x \cdot y$이고 $(-x) \cdot (-y) = x \cdot y$이다. ■

과제 7-20

가. 환의 덧셈에 관한 항등원 0은 곱셈에 관한 역원을 가질 수 없음을 설명하여라.

나. 환에서 영인자는 곱셈에 관한 역원을 가질 수 없음을 설명하여라.

다. 위 '가'의 성질에 근거하여 나눗셈환이나 체의 정의에서 '0이 아닌 모든 원소의 곱셈에 관한 역원이 있을 때'의 당위성을 설명하여라.

■ 학교 수학과 실생활에서의 대수적 구조

학교 수학에 대수적 성질과 구조에 관련된 내용은 무엇인가?

가. 0으로 곱하기

임의의 환 $(R, +, \cdot)$과 임의의 $x \in R$에 대하여 $x \cdot 0 = 0 \cdot x = 0$이

다. 이 사실이 초등학교 수학에서 '어떤 수(자연수 또는 양의 유리수)에 0을 곱하면 항상 0이다'로 표현되며, 교사는 대부분 이 사실을 직관적으로 설명한다.

> **과제 7-21** 다음과 같은 질문에 어떻게 답을 하여야 할까?
> 어떤 수에 0을 더하면 아무 것도 더하지 않았으므로 원래의 수 그대로입니다. 어떤 수에 0을 곱하면 아무 것도 곱하지 않았으므로 원래의 수 그대로여야 하지 않을까요?

나. 방정식의 풀이

중학교 과정에서의 일차 방정식 $ax+b=0$, $a \neq 0$의 풀이 과정 모두를 체의 정의와 관련지어 다음과 같이 설명할 수 있다.

- 양변에 b의 덧셈에 관한 역원을 더한다.

$$(ax+b)+(-b)=0+(-b)$$

- 덧셈에 관한 결합법칙, 역원의 정의, 항등원의 정의 등을 이용하여 다음을 얻는다.

$$ax+\{b+(-b)\}=-b$$
$$ax+0=-b$$
$$ax=-b$$

- $a \neq 0$이므로 a는 곱셈에 관한 역원 $\frac{1}{a}$이 존재한다.
- $ax=-b$의 양변에 $\frac{1}{a}$을 곱한다. 곱셈에 관한 교환법칙이 성립하므로 $\frac{1}{a}$을 식의 우측에 곱하거나 좌측에 곱해도 된다.

$$\left(\frac{1}{a}\right)\times ax=\left(\frac{1}{a}\right)\times(-b)$$

- 곱셈에 관한 역원과 항등원 각각의 정의와 환의 성질을 이용하면 다음

을 얻을 수 있다.

$$x = -\frac{b}{a}$$

과제 7-22 일차 방정식 $x+3+x=2+3$의 풀이 과정을 통하여 다양한 대수적 성질(항등원, 역원, 교환법칙, 결합법칙 등)을 조사하여라.

다. 덧셈 알고리즘

다음 덧셈 알고리즘은 기존의 알고리즘과 다소 다르다. 백의 자리, 십의 자리, 그리고 일의 자리의 순서로 덧셈을 하고, 각각의 결과를 다시 더한 것이다.

$$\begin{array}{r} 678 \\ +564 \\ \hline 1100 \\ 130 \\ 12 \\ \hline 1242 \end{array}$$

이 알고리즘의 타당성을 다음 관점에서 설명할 수 있다.

- 자릿값
- 덧셈에 관한 결합법칙
- 덧셈에 관한 교환법칙

과제 7-23 결합법칙이나 분배법칙을 설명할 때 다음과 같은 각각의 예는 바람직하지 않음을 설명하여라.

- $(7+3)+9=7+(3+9)$
- $(7+3)\times 9=(7\times 9)+(3\times 9)$

라. 수학하기

위에서 간략히 살펴보았듯이 실생활에서 수학을 활용하면 편리한 경우가 많이 있다.

> **과제 7-24** 경험적으로 짝수에 짝수를 더하면 짝수이고, 짝수에 홀수를 더하면 홀수이며, 홀수에 홀수를 더하면 짝수임을 알 수 있다. 일반적인 경우에도 이 사실이 성립한다는 것을 설명하여라. 이때, 덧셈, 곱셈, 분배법칙, 그리고 '수 대신에 문자' 즉 '대수(代數)'적 기법이 사용됨에 주목하여라.

■ 초등학교에서 대수적 구조의 활용

앞에서 설명한 바와 같이 대수학에서는 주어진 집합과 거기에 정의된 연산에 관한 여러 가지 성질에 관심을 가진다. 특히, 정수 전체의 집합 $\mathbb{Z}$로써 군과 환을 설명할 수 있다. 그러나 초등학교에서 다루는 자연수 $\mathbb{N}$와 양의 유리수 $\mathbb{Q}^+$ 및 그 연산으로써 군과 환을 설명하는 데에는 한계가 있다.

그렇다면 초등학교에서 다루는 수와 연산에는 대수적 구조가 존재하지 않는 것인가? 덧셈과 곱셈의 교환법칙, 결합법칙, 곱셈의 덧셈에 대한 분배법칙 등과 같은 성질은 초등학교에서 배우는 연산에도 여전히 적용된다. 초등학교에서 다루는 수와 연산을 설명할 수 있는 대수적 구조는 다음과 같다.

가. 반군

집합 G에 정의된 연산 $\cdot$에 관하여 결합법칙이 성립할 때 $(G, \cdot)$를 반군(semigroup)이라고 한다. 예를 들어, 초등학교에서 학습하는 자연수 전체의 집합 $\mathbb{N}$ 그리고 양의 유리수 전체의 집합 $\mathbb{Q}^+$는 덧셈과 곱셈 각각에 관하여 결합법칙이 성립하므로 $(\mathbb{N},+)$, $(\mathbb{N},\times)$, $(\mathbb{Q}^+,+)$, $(\mathbb{Q}^+,\times)$ 모두는 반군이다.

과제 7-25 자연수의 뺄셈과 나눗셈에서 결합법칙이 성립하는지 알아보아라.

나. 모노이드

반군인 집합 G에 항등원이 존재할 때 $(G, \ \cdot\ )$를 모노이드(monoid)라고 한다. 따라서 초등학교에서 학습하는 0과 자연수 전체의 집합 $\mathbb{N} \cup \{0\}$에서 0은 덧셈에 관한 항등원이므로 $(\mathbb{N} \cup \{0\},+)$는 모노이드이다. 한편, $\mathbb{Q}^+$에서 1은 곱셈에 관한 항등원이므로 $(\mathbb{Q}^+,\times)$는 모노이드이다.

다. 군

모노이드 $(G, \ \cdot\ )$에서 G의 모든 원소의 역원이 존재할 때, $(G, \ \cdot\ )$는 비로소 군이 된다.

예를 들어, 0과 자연수 전체의 집합은 덧셈에 관하여 군이 아니다. 그러나 양의 유리수 전체의 집합 $\mathbb{Q}^+$는 곱셈($\times$)에 관하여 군의 정의에 제시된 모든 조건을 만족시키므로 $(\mathbb{Q}^+,\times)$는 군이다. 실제로, $(\mathbb{Q}^+,\times)$는 가환군이다.

과제 7-26 분수의 뺄셈과 나눗셈에서 교환법칙이 성립하는지 알아보아라.

라. 반환

환의 정의 7.4를 살펴보면 초등학교에서는 음수를 다루지 않기 때문에 덧셈에 대한 역원이 존재하지 않는다. 즉, 환이 아니다. 그러나 여전히 0과 자연수, 양의 유리수에서 덧셈에 관한 곱셈의 분배법칙이 성립한다. 이를 설명할 수 있는 대수적 구조가 반환(semiring)이다. 반환의 정의는 다음과 같다.

≪**정의 7.27**≫ 집합 R에 두 개의 연산 $+$, $\cdot$ 가 정의되어 있고, 다음 조건을 만족시킬 때 $(R, +, \cdot)$를 반환(semiring)이라고 한다.
가. $(R, +)$는 가환모노이드이다.
나. $(R, \cdot)$는 모노이드이다.
다. $+$에 관한 $\cdot$의 분배법칙이 성립한다.
라. 0으로 곱하면 0이 된다. 즉, 임의의 $x \in R$에 대하여
$0 \cdot x = x \cdot 0 = 0$이다.

과제 7-28 다음 지혜의 풀이가 옳은지 알아보아라.

$$\overset{2}{\cancel{6}}\frac{\overset{1}{\cancel{3}}}{5} \times \frac{1}{\underset{1}{\cancel{3}}} = 2\frac{1}{5}$$

지혜의 풀이 : $6\frac{3}{5}$을 가분수로 바꾸지 않아도 문제를 해결할 수 있어요.
먼저 6에 $\frac{1}{3}$을 곱하고, 그 다음에 $\frac{3}{5} \times \frac{1}{3}$을 계산하면 쉽게 해결할 수 있어요.

수업자료

위와 같은 내용을 학교 현장에서 활용할 수 있도록 다음과 같이 활동지를 제공한다.

[학생활동지 7-1]

분수의 덧셈과 뺄셈

◎ 보다 쉽게 해결할 수 있는 방법을 이용하여 해결하고 그 과정을 설명해 봅시다.

1. $5\frac{1}{3} + 7\frac{2}{5} = \square + 5\frac{1}{3}$

2. $8\frac{2}{5} + \square = 7\frac{3}{8} + 8\frac{2}{5}$

☞ 해결과정:

3. $3\frac{1}{5} + \frac{3}{4} + \frac{1}{4} = \square$

4. $9\frac{3}{7} + \frac{2}{5} + \frac{3}{5} = \square$

☞ 해결과정:

5. $2\frac{3}{7} - \frac{1}{2} - \frac{1}{2} = \square$

6. $8\frac{7}{9} - 2\frac{1}{2} - \frac{1}{2} = \square$

☞ 해결과정:

7. $3\frac{8}{9} + 2\frac{7}{8} - \square = 3\frac{8}{9}$

8. $8\frac{2}{5} + \square - 6\frac{1}{2} = 8\frac{2}{5}$

☞ 해결과정:

9. $2\frac{1}{4} + 3\frac{7}{9} = \square + 1\frac{1}{4}$

10. $3\frac{3}{7} + \square = 8\frac{5}{6} + 5\frac{3}{7}$

☞ 해결과정:

[학생활동지 7-2]

분수의 곱셈과 나눗셈

◎ 보다 쉽게 해결할 수 있는 방법을 이용하여 해결하고 그 과정을 설명해 봅시다.

1. $3\frac{5}{8} \times 6\frac{3}{4} = \square \times 3\frac{5}{8}$

2. $5\frac{4}{7} \times \square = 10\frac{9}{11} \times 5\frac{4}{7}$

☞ 해결과정:

3. $\frac{8}{47} \times \frac{6}{7} \times \frac{7}{3} = \square$

4. $\frac{17}{23} \times \frac{5}{6} \times \frac{3}{5} = \square$

☞ 해결과정:

5. $\frac{9}{25} \div \frac{3}{5} \div \frac{3}{5} = \square$

6. $\frac{4}{81} \div \frac{2}{3} \div \frac{2}{3} = \square$

☞ 해결과정:

7. $5\frac{4}{27} \times \frac{11}{15} \times \square = 5\frac{4}{27}$

8. $8\frac{25}{41} \times \square \times \frac{7}{36} = 8\frac{25}{41}$

☞ 해결과정:

9. $\frac{1}{4} \times 4\frac{4}{11} = \square$

10. $12\frac{9}{10} \times \frac{1}{3} = \square$

☞ 해결과정:

CHAPTER 08 부분구조

자연수의 덧셈은 유리수의 덧셈으로 볼 수 있다. 즉, 자연수의 덧셈은 '분수의 덧셈'의 특별한 경우라고 볼 수 있다.

어떤 집합이 주어지면 그 집합의 원소 중에서 일부로 이루어지는 부분집합을 생각한다.

대수적 구조를 가지고 있는 집합의 부분집합이 있을 경우, 그 부분집합이 동일한 연산에 관하여 동일한 대수적 구조를 가지는지, 그렇지 않은지는 중요한 문제이다.

집합의 부분집합을 생각하듯이 대수적 구조의 부분구조를 생각한다. 이 장에서는 군과 환의 경우에 이 문제를 논의한다.

■ 부분군

군을 일단은 집합으로 볼 수 있다. 군(집합) G의 공집합이 아닌 부분집합 H이 있다고 하자. 이 부분집합을 언제 '부분군'이라고 할까?

가. 정의

집합론에서는 공집합도 하나의 부분집합으로 인정하지만 군의 부분구조를 생각할 때에는 항상 공집합이 아닌 부분집합의 경우만을 생각한다.

부분집합이 그 자체로 군의 구조를 가질 때, 그 부분집합을 부분군이라고 한다. 물론, 부분군에서의 연산은 원래 군에서의 연산과 같다.

부분군의 자세한 정의는 다음과 같다.

≪**정의 8.1**≫ 군 $(G, \cdot)$의 $\varnothing$이 아닌 부분집합 H가 G에서와 동일한 연산 $\cdot$ 에 관하여 군이 될 때 H를 G의 부분군(subgroup)이라고 하고 보통 $H \le G$와 같이 나타낸다.

군 $(G, \cdot)$의 항등원을 e 라고 할 때 $(\{e\}, \cdot)$는 부분군이다. 또 G 자신도 G의 부분군이다. 이 때 부분군 $(\{e\}, \cdot)$과 $(G, \cdot)$을 군 $(G, \cdot)$의 자명한 부분군(trivial subgroup)이라고 한다.

과제 8-2 다음을 확인하여라.

가. 군 $(\mathbb{Z}, +)$, $(\mathbb{Q}, +)$, $(\mathbb{R}, +)$는 군 $(\mathbb{C}, +)$의 부분군이다.

나. $2\mathbb{Z}$는 군 $\mathbb{Z}$의 부분군이다.

다. K가 H의 부분군이고 H가 G의 부분군이면 K는 G의 부분군이다.

라. $H = \left\{ \begin{bmatrix} a & 0 \\ 0 & b \end{bmatrix} \middle| a, b \in \mathbb{R} \right\}$라고 하면 $(H, +)$는 $(\mathrm{Mat}_2(\mathbb{R}), +)$의 부분군이다.

마. $S_3 = \{1, (12), (13), (23), (123), (132)\}$에서 $\{1, (123), (132)\}$와 $\{1, (12)\}$는 모두 S_3의 부분군이다.

바. 수의 집합에서 $\cdot$ 가 곱셈을 나타낼 때, 군 $(\mathbb{Q} - \{0\}, \cdot)$은 $(\mathbb{R} - \{0\}, \cdot)$의 부분군이며, 군 $(\{1, -1\}, \cdot)$은 군 $(\mathbb{Q} - \{0\}, \cdot)$의 부분군이다. 한편 $\mathbb{R} - \{0\}$는 $\mathbb{R}$의 부분집합이지만 군 $(\mathbb{R} - \{0\}, \cdot)$는 연산이 다르기 때문에 군 $(\mathbb{R}, +)$의 부분군이 아니다.

사. $\mathbb{Z}_2$는 $\mathbb{Z}$의 부분군이 아니고 $\mathbb{Z}_5$는 $\mathbb{Z}_6$의 부분군이 아니다.

아. 부분군에서의 연산은 원래의 군에서의 연산과 같다는 사실을 이용하여 다음을 설명하여라. H가 군 $(G, \cdot)$의 부분군이면 H에서의 항등원은 G에서의 항등원과 같다. 마찬가지로 H의 임의의 원소의 H에서의 역원은 G에서의 역원과 같다.

앞으로 연산에 대한 혼란의 염려가 없을 때 즉, 연산이 무엇인지 분명할 때에는 '군 $(G, \ \cdot\ )$' 대신에 '군 G'라고 나타낸다.

나. 부분군의 판별

주어진 군 G의, 공집합이 아닌 부분집합 H가 G의 부분군인가 아닌가를 알아보는 것은 중요하다. 그런데 정의에 따라 H가 G의 부분군임을 보이기 위해서는 H에 연산이 잘 정의된다는 것과 군의 정의가 요구하는 모든 조건을 만족시킨다는 것을 보여야 한다. 이런 까닭에 부분군의 판별에 관한 다음 정리는 편리하다.

≪정의 8.3≫ $H(\neq \varnothing)$가 군 G의 부분집합일 때 다음은 서로 동치이다.

(1) H는 G의 부분군이다.

(2) ① $a, b \in H \Rightarrow ab \in H$

② $a \in H \Rightarrow a^{-1} \in H$

(3) $a, b \in H \Rightarrow ab^{-1} \in H$

증명 밑그림

이 증명에서는 (3) ⇒ (1)을 보이는 것이 핵심이다. 먼저 H가 공집합이 아님을 이용하여 H 안에 항등원이 있음을 밝히고, 이어서 H의 모든 원소의 역원이 H 안에 있음을 증명한다. 마지막으로 H 위에 연산이 잘 정의됨을 보인다.

증명 (1) ⇒ (2)

H가 G의 부분군이면 군의 정의에 의하여 (2)가 성립된다.

(2) ⇒ (3)

$a, b \in H$라고 하자. 그러면 조건 ②에 의하여 $b^{-1} \in H$이고 조건 ①에 의하여 $ab^{-1} \in H$이다.

(3) ⇒ (1)

G에서 결합법칙이 성립하고 H는 G의 부분집합이므로 H에서

도 결합법칙이 성립한다. 이제 $H \neq \varnothing$ 이므로 적어도 한 원소 $a \in H$가 있다. (3)에 의하여 $e = aa^{-1} \in H$이다. 따라서 임의의 $b \in H$에 대하여 $b^{-1} = eb^{-1} \in H$이다. 임의의 $a, b \in H$에 대하여 $ab = a(b^{-1})^{-1} \in H$이므로 H는 G의 부분군이다. ■

군과 같은 대수적 구조의 성질은 두 종류가 있다. 즉, 연산의 정의, 항등원, 역원과 같이 존재성에 관한 성질이 있고, 결합법칙, 교환법칙, 분배법칙과 같이 존재성에 무관한 성질이 있다. 사실, 부분군인가 아닌가를 판별할 때에는 존재성에 관한 성질만 살피면 된다. 위의 증명 (3) ⇒ (1)에서 'G에서 결합법칙이 성립하고 H는 G의 부분집합이므로 H에서도 결합법칙이 성립한다'라는 주장은 자명하다.

과제 8-4

가. 다음을 확인하여라.

(1) 짝수에 짝수를 더하거나 빼면 짝수이지만 홀수에 홀수를 더하거나 빼면 홀수라고 할 수 없다. 이 사실을 다음과 같이 표현할 수 있다 : 군 $(\mathbb{Z}, +)$에서 짝수 전체의 집합은 부분군이지만 홀수 전체의 집합은 부분군이 아니다.

(2) 유리수에 유리수를 더하거나 빼면 유리수이지만 무리수에 무리수를 더하거나 빼면 무리수라고 할 수 없다. 이 사실을 다음과 같이 표현할 수 있다 : 군 $(\mathbb{R}, +)$에서 유리수 전체의 집합은 부분군이지만 무리수 전체의 집합은 부분군이 아니다.

(3) $\{H_\lambda \mid \lambda \in \Lambda\}$를 군 G의 부분군들의 집합이라면, $H = \bigcap_{\lambda \in \Lambda} H_\lambda$는 G의 부분군이다.

(4) 위 정리에서 $(G, +)$가 가환군인 경우에는 $H(\neq \varnothing)$가 G의 부분군이기 위한 필요충분조건 '$a, b \in H \Rightarrow ab^{-1} \in H$'은 다음과 같이 된다.

$$a, b \in H \Rightarrow a - b \in H$$

나. $\{H_\alpha\}$를 군 G의 부분군들로 이루어진 집합족이라고 하면, $H = \cup H_\alpha$

는 일반적으로 G의 부분군이 아니다. 다음 조건을 만족시키는 S_3의 두 부분군 H_1과 H_2를 제시하여라.

$$H_1 \cup H_2 \text{는 } S_3 \text{의 부분군이 아니다.}$$

다. 다음 조건을 만족시키는 $\mathbb{Z}$의 두 부분군 H_1과 H_2를 제시하여라:
$H_1 \cup H_2$는 $\mathbb{Z}$의 부분군이 아니다.

■ 부분환

환의 경우에는 연산이 두 개 있다. 환을 일단은 집합으로 보고, 그 환(집합)의 공집합이 아닌 부분집합이 있다고 하자. 이 부분집합을 언제 '부분환'이라고 할까?

가. 정의

군에서 부분군의 개념을 환에 대해서도 생각할 수 있다. 군에서와 마찬가지로 부분환은 공집합이 아닌 부분집합에서만 생각하고, 연산도 원래의 환에서와 같은 연산이다.

부분집합 자체로도 환의 구조를 가질 때, 그 부분집합을 부분환이라고 한다.

부분환의 자세한 정의는 다음과 같다.

≪정의 8.5≫ $(R, +, \cdot)$을 환이라고 하고 $S(\neq \varnothing)$를 R의 부분집합이라고 할 때 $(S, +, \cdot)$도 환이 되면 S를 R의 부분환(subring)이라고 하고 보통 $S \leq R$와 같이 나타낸다.

'환 $(R, +, \cdot)$'를 연산에 관한 혼란의 우려가 없을 때에는 '환 R'라고 나타낸다.

과제 8-6 다음을 확인하여라.

가. $(\mathbb{Z},\ +,\ \cdot)$, $(\mathbb{Q},\ +,\ \cdot)$, $(\mathbb{R},\ +,\ \cdot)$ 및 $(\mathbb{C},\ +,\ \cdot)$는 모두 환이다. 이 경우 $\mathbb{Z}$는 $\mathbb{Q}$의, $\mathbb{Q}$는 $\mathbb{R}$의, $\mathbb{R}$은 $\mathbb{C}$의 부분환이다.

나. $2\mathbb{Z}=\{2x \mid x\in\mathbb{Z}\}$일 때 환 $(2\mathbb{Z},\ +,\ \cdot)$는 환 $(\mathbb{Z},\ +,\ \cdot)$의 부분환이다. 환 $\mathbb{Z}$의 곱셈에 관한 항등원은 1이나 부분환 $2\mathbb{Z}$ 에는 곱셈에 관한 항등원이 없다.

다. 집합 $\mathbb{Z}^2=\mathbb{Z}\times\mathbb{Z}=\{(x_1,\ x_2)\mid x_1,\ x_2\in\mathbb{Z}\}$에 덧셈은 자연스럽게 정의하고, 곱셈은 $(x_1,\ x_2)(x'_1,\ x'_2)=(x_1x'_1,\ x_2x'_2)$와 같이 정의하자. 그러면 $\mathbb{Z}^2$는 환이 되고 집합 $S=\{(x_1,\ 0)\mid x_1\in\mathbb{Z}\}$은 $\mathbb{Z}^2$의 부분환이다. 이때 환 $\mathbb{Z}^2$의 곱셈에 관한 항등원은 $(1,\ 1)$이지만 부분환 S의 곱셈에 관한 항등원은 $(1,\ 0)$이다.

라. S가 R의 부분환이고, R가 T의 부분환이면 S는 T의 부분환이다.

마. $\mathbb{Z}_2$는 $\mathbb{Z}$ 의 부분환이 아니며 $\mathbb{Z}_4$의 부분환도 아니다.

위에서 본 바와 같이 환의 정의에서는 곱셈에 관한 항등원의 존재를 가정하지 않으므로 환 R가 곱셈에 관한 항등원을 가지는 환일지라도 그 부분환 S는 곱셈에 관한 항등원을 갖지 않을 수 있으며, 또 부분환 S가 곱셈에 관한 항등원을 갖는 경우라도 원래의 환의 곱셈에 관한 항등원과 다를 수 있다.

그러나 덧셈에 관해서는 다르다. 즉, S가 환 R의 부분환이면 S의 덧셈에 관한 항등원은 R의 덧셈에 관한 항등원과 같다. 또한 S의 임의의 원소의 덧셈에 관한 역원은 R에서의 덧셈에 관한 역원이다.

나. 부분환의 판별

부분군의 판별법을 이용하면 부분환의 판별법을 쉽게 얻을 수 있다.

정리 8.7

$S(\neq\varnothing)$가 환 R의 부분집합일 때 다음은 서로 동치이다.

(1) S는 R의 부분환이다.

(2) ① $x,\ y\in S\Rightarrow x-y\in S$ ② $x,\ y\in S\Rightarrow xy\in S$

증명 (1) ⇒ (2)

S가 R의 부분환이면 환의 정의에 의하여 (2)가 성립된다.

(2) ⇒ (1)

먼저 ①에 의하여 $(S, +)$는 가환군이고 ②에 의하여 S는 곱셈에 관하여 닫혀 있다. 또 S는 R의 부분집합이므로 S는 곱셈에 관한 결합법칙과 곱셈의 덧셈에 관한 분배법칙을 만족시킨다. 따라서 S는 R의 부분환이다. ■

군에서와 마찬가지로 (2) ⇒ (1)의 증명 과정에서 결합법칙, 분배법칙은 당연히 성립함을 알 수 있다. 한편, 부분환의 판별에서 부분군의 판별법이 중요한 역할을 한다. 사실, 부분환이 되기 위해서는 우선 덧셈에 관하여 부분군이 되어야 하고, 그 외에 곱셈이 잘 정의되기만 하면 된다.

과제 8-8 다음을 확인하여라.

가. $\mathbb{Z}$는 $\mathbb{Q}$의, $\mathbb{Q}$는 $\mathbb{R}$의, $\mathbb{R}$은 $\mathbb{C}$의 부분환이다. 이 주장 속에 정수에 정수를 곱하면 정수이고 유리수에 유리수를 곱하면 유리수이고 실수에 실수를 곱하면 실수라는 주장이 내포되어 있다.

나. $(2\mathbb{Z}, +, \cdot)$는 환 $(\mathbb{Z}, +, \cdot)$의 부분환이다. 이 주장 속에 짝수에 짝수를 곱하면 짝수라는 주장이 내포되어 있다.

다. 정수환 $(\mathbb{Z}, +, \cdot)$의 부분환은 모두 $(n\mathbb{Z}, +, \cdot)$의 꼴이다.

라. 환 $\mathrm{Mat}_2(\mathbb{R})$에서 대각 행렬 전체의 집합은 부분환이다.

■ 부분구조에 의한 동치 관계

군의 용어나 환의 용어를 사용하여 정수론에서 배운 다음 사실을 기억하여 보자.

군(환) $\mathbb{Z}$에 부분군(부분환) $5\mathbb{Z}$를 활용하여 임의의 $m, n \in \mathbb{Z}$에 관하여 관계를 다음과 같이 정의하자.

$$m \sim n \Leftrightarrow m - n \in 5\mathbb{Z}$$

이 관계는 동치관계이므로 $\mathbb{Z}$ 를 분할한다. 사실, 임의의 $n \in \mathbb{Z}$에 대하여 n의 동치류는 다음과 같다.

$$H + n = \{5k + n \mid k \in \mathbb{Z}\}$$

이러한 과정은 일반적인 군이나 환에서 그대로 유효할까?

가. 부분군에 의한 동치관계

군 G와 G의 부분군 H에 대하여 임의의 $x,\ y \in G$에 관하여 다음과 같이 정의되는 관계 $\sim$를 생각하여 보자.

$$x \sim y \Leftrightarrow xy^{-1} \in H$$

이 관계 $\sim$는 G 위에서의 동치관계임을 다음과 같이 보일 수 있다.

가. 임의의 $x \in G$에 관하여 $xx^{-1} = e \in H$이므로 $x \sim x$이다.

나. $x \sim y \Rightarrow xy^{-1} \in H \Rightarrow (xy^{-1})^{-1} \in H \Rightarrow yx^{-1} \in H \Rightarrow y \sim x$

다. $(x \sim y$이고 $y \sim z) \Rightarrow (xy^{-1} \in H$이고 $yz^{-1} \in H)$

$$\Rightarrow (xy^{-1})(yz^{-1}) = xz^{-1} \in H \Rightarrow x \sim z$$

따라서 G는 동치류로 분할된다. G의 부분군 H에 의한 동치류 전체의 집합을 G/H로 나타낸다.

위에서 정의한 관계 $\sim$가 동치관계임을 보이는 과정에서, H가 군이라는 사실이 중요한 역할을 한다. 사실, 위 '가'에서는 H가 항등원을 가진다는 사실을 이용하고, '나'에서는 H의 원소의 역원이 H 안에 있다는 사실을 이용한다. 한편, '다'에서는 H가 연산에 관하여 닫혀있다는 사실과 연산의 결합법칙을 이용한다.

정리 8.9

위 동치관계에 의한 x의 동치류는 다음과 같다.

$$Hx = \{hx \mid h \in H\}$$

이 정리로부터 다음을 알 수 있다.

임의의 x, $y \in G$에 대하여, $x \sim y$이기 위한 필요충분조건은 $Hx = Hy$이다.

과제 8-10

가. 위 정리 8.9를 증명하여라.

나. 군 G의 부분군 H에 의한 동치류 전체의 집합을 G/H에 대하여 다음을 확인하여라.

(1) H도 하나의 동치류로서 G/H의 한 원소이다. 사실, H는 G의 항등원의 동치류이다.

(2) G/H의 원소 중에서 H 외에는 G의 부분군이 없다.

다. 다음 두 사실을 잘 이해하여 혼동하지 않도록 하여라.

(1) $H(\neq \varnothing)$가 군 G의 부분집합일 때 H가 G의 부분군이기 위한 필요충분조건은 $x, y \in H \Rightarrow xy^{-1} \in H$이다.

(2) 군 G의 부분군 H 그리고 임의의 x, $y \in G$에 대하여 $Hx = Hy$이기 위한 필요충분조건은 $xy^{-1} \in H$이다.

라. 다음을 확인하여라.

군 G와 G의 부분군 H에 대하여 임의의 x, $y \in G$에 관한 관계 $\sim'$을 다음과 같이 정의하자.

$$x \sim' y \Leftrightarrow x^{-1}y \in H$$

(1) 이 관계도 동치관계이다.

(2) 이 동치관계에 의한 x의 동치류는 다음과 같이 주어진다.

$$xH = \{xh \mid h \in H\}$$

마. 군 G, G의 부분군 H, 그리고 $x \in G$에 대하여 Hx와 xH는 일반적으로 같지 않다. 신현용(2011a)을 참고하여 그러한 예를 하나 제시하여라.

군 G와 G의 부분군 H에 의한 동치류에 관하여 다음 정리는 중요하다.

정리 8.11

군 G와 G의 부분군 H에 대하여 다음과 같이 정의되는 함수 $f : H \to Hx$는 일대일대응이다.

$$f(h) = hx,\ h \in H$$

증명 함수 f가 잘 정의되는 것은 분명하다. 이제 $h_1x = h_2x$, h_1, $h_2 \in H$라고 하면 $h_1 = h_1xx^{-1} = h_2xx^{-1} = h_2$이므로 f는 일대일이다. 한편, 임의의 $hx \in Hx$에 대하여 $f(h) = hx$이므로 f는 위로의 사상이다. ■

G가 유한군인 경우에는 G의 부분군 H에 의한 모든 동치류의 위수는 같다. 한편, 이 경우의 동치류의 개수를 G에서의 H의 지수(index)라고 하고 $|G : H|$와 같이 나타낸다.

이상으로부터 다음 사실을 알 수 있다.

정리 8.12 라그랑쥬(Lagrange)

유한군 G에서, G의 부분군 H의 위수와 지수는 모두 $|G|$의 약수이다. 사실, 다음이 성립한다.

$$|G| = |G : H|\ |H|$$

군 G와 G의 부분군 H가 주어졌을 때 H에 의한 동치관계를 어떻게 정의하느냐에 따라서 동치류는 Hx 또는 xH이다. 이 각각의 동치류를 G에서의 x에 의한 H의 우잉여류(right coset) 또는 x에 의한 H의 좌잉여류(left coset)라고 한다.

과제 8-13

가. 다음을 확인하여라.

(1) 군 G가 가환군이면 임의의 부분군 H와 임의의 원소 $x \in G$에 의한 우잉여류 Hx와 좌잉여류 xH는 같은 집합이다. 즉, $Hx = xH$이다.

(2) $\mathbb{Z}_n$에서 정수 k에 의한 잉여류는 다음과 같이 주어진다.

$$n\mathbb{Z} + k = k + n\mathbb{Z}$$

나. 가환군이 아닌 군 G와 G의 한 부분군 H에 의한 우잉여류 Hx와 좌잉여류 xH는 일반적으로 같은 집합이 아니다. 이 사실을 다음의 예를 통하여 확인하여라.

$G = S_3 = \{1, (12), (13), (23), (123), (132)\}$,

$H = \{1, (12)\}$, $x = (13)$

다. $S_3 = \{1, (12), (13), (23), (123), (132)\}$의 부분군은 $\{1\}$, $\{1, (12)\}$, $\{1, (13)\}$, $\{1, (23)\}$, $\{1, (123), (132)\}$, 그리고 S_3이다. 이 경우에 라그랑쥬 정리를 확인하여라.

군 G와 부분군 H, 그리고 $x \in G$에 대하여 $Hx = xH$일 때 $Hx\,(xH)$를 x에 의한 H의 잉여류(coset)라고 한다.

나. 부분환에 의한 동치 관계

군에는 그 군의 한 부분군에 의하여 동치관계가 정의되고 그 동치관계에 의하여 동치류로 분할된다. 이제 환의 경우에도 비슷한 과정을 생각할 수 있다.

환 R와 그의 부분환 S가 주어졌을 때, R를 덧셈에 관한 군으로 생각할 수 있으므로 다음과 같이 정의된 관계 $\sim$는 R 위의 동치관계이다.

$$\forall x, y \in R,\ x \sim y \Leftrightarrow x - y \in S$$

이 경우 $x \in R$의 동치류는 다음과 같다.

$$S + x = \{s + x \mid s \in S\}$$

군의 경우에서와 마찬가지로 환 R의 부분환 S가 주어질 때 위와 같이 동치관계가 정의되고 그 동치관계에 의하여 환 R를 동치류로 분할할 수 있다. 이렇게 얻은 동치류 전체의 집합을 보통 R/S로 나타낸다.

과제 8-14 다음을 확인하여라.

가. 임의의 자연수 m에 대하여 $m\mathbb{Z}$은 $\mathbb{Z}$의 부분환이다. 이제 부분환 $m\mathbb{Z}$를 이용하여 $\mathbb{Z}$에 동치관계를 정의하고 그 동치관계에 의하여 $\mathbb{Z}$를 분할하여 $\mathbb{Z}_m$을 얻는다.

나. $\mathbb{Z}_m=\{0, 1, \cdots, m-1\}$에 덧셈이 잘 정의되고 $\mathbb{Z}_m$은 이 덧셈연산에 관하여 가환군이 된다.

다. $\mathbb{Z}_m=\{0, 1, \cdots, m-1\}$에는 곱셈도 잘 정의되고 $\mathbb{Z}_m$은 위의 덧셈연산과 이 곱셈연산에 관하여 환이 된다.

이제 정수환 $\mathbb{Z}$에서 환 $\mathbb{Z}_m$을 얻는 과정을 일반적인 군(환) $G(R)$과 부분군(부분환) $H(S)$의 경우에 생각할 수 있다. 즉, 동치류 전체의 집합 $G/H(R/S)$에 덧셈(덧셈과 곱셈)을 적절히 정의하여 군(환)을 얻을 수 있기를 기대할 수 있다. 그러나 일반적으로 G/H에는 덧셈이 잘 정의되지 않는다.

***과제 8-15**

가. 신현용(2011a)을 참고하여 다음을 확인하여라.

G/H(또는 R/S)에 덧셈(또는 덧셈과 곱셈)이 잘 정의되기 위하여 '정규부분군(normal subgroup)(또는 이데알(ideal))'의 개념이 요구된다.

나. 부분군과 관련하여 또 하나의 중요한 문제는 두 개 부분군에 의한 새로운 부분군의 구성이다. 다음을 확인하여라.

(1) 임의의 정수 a에 대하여 집합 $a\mathbb{Z}$는 $\mathbb{Z}$의 부분군이다.

(2) 임의의 두 정수 a와 b에 대하여 $a\mathbb{Z}\cap b\mathbb{Z}$는 $\mathbb{Z}$의 부분군이지만 $a\mathbb{Z}\cup b\mathbb{Z}$는 일반적으로 $\mathbb{Z}$의 부분군이 아니다.

(3) 임의의 두 정수 a와 b에 대하여 $a\mathbb{Z}+b\mathbb{Z}$는 $\mathbb{Z}$의 부분군이다.

(4) H와 K가 군 G의 부분군이면 $H\cap K$는 G의 부분군이지만 $H\cup K$는 일반적으로 G의 부분군이 아니다.

(5) H와 K가 군 G의 부분군일 때, $HK=\{hk \mid h\in H,\ k\in K\}$라고 하면 $H\cup K\subset HK$이다.

(6) H와 K가 군 G의 부분군이고, 군 G가 가환군이면 $HK=\{hk \mid h\in H,\ k\in K\}$는 G의 부분군이다.

■ 학교 수학과 실생활에서의 부분구조

부분구조의 개념은 학교 수학의 어떠한 내용과 관련이 있을까? 이에 관하여 간략히 살펴보자.

유리수 전체의 집합 $\mathbb{Q}$ 은 실수체 $\mathbb{R}$ 의 부분환이다. 이 사실과 $\sqrt{2}$ 가 유리수가 아니라는 사실을 이용하여 $1+\sqrt{2}$ 는 유리수가 아님을 설명하여보자.

$1+\sqrt{2}$ 가 유리수라고 하자. 1 은 유리수이고 유리수 전체의 집합은 부분환이므로 덧셈과 뺄셈에 관하여 닫혀 있다. 따라서 $(1+\sqrt{2})+(-1)=\sqrt{2}$ 는 유리수이다. 이는 모순이다.

> **과제 8-16** 짝수 전체의 집합은 덧셈 군 $\mathbb{Z}$ 의 부분군이라는 사실을 이용하여 짝수에 홀수를 더하면 홀수가 됨을 설명하여라.

■ 초등학교 수학에서 부분구조의 활용

자연수는 양의 유리수라고 할 수 있다. 더 나아가, 자연수 전체의 집합의 덧셈에 관한 대수적 구조는 양의 유리수 전체 집합의 덧셈에 관한 대수적 구조의 부분구조라고 할 수 있다.

실제로, 양의 유리수 전체로 이루어진 집합 $\mathbb{Q}^+$ 에서 덧셈(+)을 생각하면 $(\mathbb{Q}^+,+)$은 반군이다. 자연수 전체로 이루어진 집합 $\mathbb{N}$ 에 대하여 $(\mathbb{N},+)$는 $(\mathbb{Q}^+,+)$의 부분반군이다.

마찬가지로, 양의 유리수 전체로 이루어진 집합 $\mathbb{Q}^+$ 에서 곱셈(×)을 생각하면 $(\mathbb{Q}^+,\times)$은 반군이다. 자연수 전체로 이루어진 집합 $\mathbb{N}$ 에 대하여 $(\mathbb{N},\times)$는 $(\mathbb{Q}^+,\times)$의 부분반군이다.

0과 양의 유리수 전체로 이루어진 집합 $\mathbb{Q}^+ \cup \{0\}$ 에서 덧셈을 생각하면 $(\mathbb{Q}^+ \cup \{0\}, +)$은 모노이드이다. 이제 0과 자연수 전체로 이루어진 집합 $\mathbb{N} \cup \{0\}$ 에 대하여 $(\mathbb{N} \cup \{0\}, +)$는 $(\mathbb{Q}^+ \cup \{0\}, +)$의 부분모노이드이다.

과제 8-17 $(\mathbb{N}, \times)$는 $(\mathbb{Q}^+, \times)$의 부분모노이드임을 설명하여라.

위의 과제로부터 다음을 주장할 수 있다.

> 자연수 전체 집합의 곱셈에 관한 대수적 구조는 양의 유리수 전체 집합의 곱셈에 관한 대수적 구조의 부분구조이다.

CHAPTER

09 구조의 비교

수학적 대상을 비교하는 방법으로서 여러 가지를 생각할 수 있다. 예를 들어, 두 집합을 비교하고자 할 때에 두 집합의 포함관계를 살피는 것은 한 가지 방안이다. 그러나 이러한 방안은 적용되는 경우가 흔치 않다. 실제로 두 집합을 비교하는 가장 보편적인 방법은 함수를 이용하는 것이다. 두 개의 무한집합을 비교하는 경우에는 이 방안이 특히 유용하다.

이 장에서는 대수적 구조를 비교하는 방안을 소개한다.

■ 대수적 구조의 비교

주어진 두 개의 집합이 단순히 원소들의 모임이라면 이 경우의 비교는 두 집합 사이에 일대일대응이 존재하는지 그렇지 않은지가 관건이다.

정렬순서(well-order)가 주어진 집합을 비교하고자 하는 경우에는, 함수가 각각의 순서를 보전하여야 하고, 그 후에 일대일대응을 살피게 된다.

위상공간을 비교하고자 할 때에 연속함수를 사용하는 것도 같은 맥락이다.

이제, 군이나 환과 같은 대수적 구조를 비교하고자 할 때에는 어떠한 함수를 사용하여야 할까? 대수적 구조에서는 집합에 정의된 연산이 중요하기 때문에 비교 대상인 대수적 구조 각각에 정의된 연산에 각별한 관심을 기울여야 하지 않을까?

가. 두 군의 비교

두 개의 군을 함수로써 비교하고자 할 때 그 함수는 연산을 잘 보존하여야 할 필요가 있다. 즉, 이러한 경우에는 그 함수가 일대일대응이냐 아니냐보다 함수에 의한 연산의 보존 여부를 먼저 살펴야 한다.

≪정의 9.1≫ 군 G에서 군 H로의 사상 $f : G \to H$가 모든 $a, b \in G$에 대하여

$$f(ab) = f(a)f(b)$$

를 만족시킬 때, 이 함수 f를 G에서 H로의 군준동형사상(group homomorphism)이라고 한다. 군준동형사상 $f : G \to H$가 일대일대응일 때, f를 군동형사상(group isomorphism)이라고 하고, G와 H 사이에 군동형사상이 있을 때 G와 H는 동형(isomorphic)이라고 하며 $G \cong H$와 같이 나타낸다.

위의 정의에 제시된 성질 $f(ab) = f(a)f(b)$에서 ab는 군 G에서 연산한 결과이고, $f(a)f(b)$는 군 H에서 연산한 결과이지만 연산을 구별하여 나타내지 아니한 것이다. 또, 혼란의 여지가 없을 때 즉, 비교하는 두 대수적 구조가 군이라는 것이 분명할 때에는 군준동형사상(군동형사상)을 그냥 준동형사상(동형사상)이라고 부른다.

과제 9-2 다음을 확인하여라.

가. 두 군 $(\{1, -1\}, \times)$, $\mathbb{Z}_2 = \{0, 1\}$ 사이에 다음 함수 f를 생각하자.

$$f(1) = 0,\ f(-1) = 1$$

이 함수는 군동형사상이다.

나. $\mathbb{Z}_3 = \{0, 1, 2\}$는 $\mathbb{Z}_6 = \{0, 1, 2, 3, 4, 5\}$의 부분군이 아니지만 $\mathbb{Z}_6$의 부분군 $\{0, 2, 4\}$와 동형이다. 즉, $f(0) = 0$, $f(1) = 2$, $f(2) = 4$와 같이 정의된 함수 $f : \mathbb{Z}_3 \to \mathbb{Z}_6$는 군준동형사상이고 $f(\mathbb{Z}_3) = \{0, 2, 4\} \le \mathbb{Z}_6$이다.

다음 정리는 준동형사상의 합성은 준동형사상임을 말한다. 이 경우에도 세 군의 연산에 혼란의 여지가 없기 때문에 연산을 구체적으로 나타내지 않는다.

정리 9.3

세 군 G, H, K에 대하여 $f: G \rightarrow H$와 $g: H \rightarrow K$가 준동형사상이면 합성사상 $g \circ f: G \rightarrow K$도 준동형사상이다.

증명 임의의 $a, b \in G$에 대하여

$$\begin{aligned}(g \circ f)(ab) &= g(f(ab)) = g(f(a)f(b)) \\ &= g(f(a))g(f(b)) = (g \circ f)(a)(g \circ f)(b)\end{aligned}$$

따라서 합성사상 $g \circ f$는 G에서 K로의 준동형사상이다. ■

닮은 두 삼각형이나 정해진 법(modulus)에 의하여 합동인 두 정수는 여러 면에서 비슷한 성질을 가진다. 다음 정리에 의하면 동형인 두 군도 그렇다. 사실, 동형인 두 군은 구태여 구분하지 않고 같은 군으로 취급한다.

정리 9.4

군의 동형관계($\cong$)는 동치관계이다.

증명 가. (반사율) 임의의 군 G에 대하여 항등사상 $I_G: G \rightarrow G$는 동형사상이다. 따라서 $G \cong G$이다.

나. (대칭률) 군 G, H에 대하여 $G \cong H$라 가정하고 $f: G \rightarrow H$를 동형사상이라고 하자. f는 일대일대응이므로 f의 역함수 $f^{-1}: H \rightarrow G$가 있으며, 일대일대응이다. 한편 $a', b' \in H$이라고 하면, $f(a) = a'$, $f(b) = b'$인 $a, b \in G$가 있고 $f^{-1}(a') = a$, $f^{-1}(b') = b$이다. 따라시

$$f^{-1}(a'b') = f^{-1}(f(a)f(b)) = f^{-1}(f(ab)) = ab$$
$$= f^{-1}(a')f^{-1}(b').$$

그러므로 f^{-1}는 동형사상이다. 따라서 $H \cong G$이다.

다. (추이율) 군 G, H, K에 대하여 $G \cong H$, $H \cong K$라고 하고, 사상 $f : G \to H$와 $g : H \to K$를 동형사상이라고 하자. 이 경우 $g \circ f : G \to K$은 준동형사상이고 f, g가 일대일대응이므로 $g \circ f$도 일대일대응이다. 따라서 $g \circ f$는 동형사상이다. 따라서 $G \cong K$이다. ■

다음 두 정리는 군준동형사상이 가지는 특징을 말한다. 일반적인 함수에서는 이러한 성질을 기대하기 어렵다.

정리 9.5

두 군 G, H에 대하여 $f : G \to H$가 준동형사상이면 다음이 성립한다.

가. $f(e) = e$

나. 임의의 $x \in G$에 대하여, $f(x^{-1}) = f(x)^{-1}$이다.

다. $\mathrm{Im}\, f = \{f(x) | x \in G\}$는 H의 부분군이다.

라. $\mathrm{Ker} f = \{x \in G | f(x) = e\}$는 G의 부분군이다.

증명 가. $f(e) = f(ee) = f(e)f(e)$. 양변의 좌측에 $f(e)^{-1}$를 연산하여 다음을 얻는다.

$$f(e)^{-1}f(e) = f(e)^{-1}f(e)f(e)$$

좌변은 e이고 우변은 $f(e)$이다. 따라서 $f(e) = e$이다.

나. $f(x^{-1})f(x) = f(x^{-1}x) = f(e) = e$이며 $f(x)f(x^{-1}) = f(xx^{-1}) = f(e) = e$이다. 따라서 $f(x^{-1}) = f(x)^{-1}$이다.

다. 먼저 $f(e) = e$이므로 $\mathrm{Im}\, f \neq \varnothing$이다. 이제 x', $y' \in \mathrm{Im}\, f$라고 하면, $f(x) = x'$, $f(y) = y'$인 x, $y \in G$이고 $f(xy^{-1}) =$

$f(x)f(y)^{-1} = x'y'^{-1}$이므로 $x'y'^{-1} \in \text{Im } f$이다.

라. 먼저 위의 가에 의하여 $\text{Ker } f \neq \varnothing$ 이다. 이제 $x, \ y \in \text{Ker } f$라고 하면, $f(x) = e, \ f(y) = e$이다. 이제, $f(xy^{-1}) = f(x)f(y)^{-1} = e$이므로 $xy^{-1} \in \text{Ker } f$이다. ■

위 정리에서 Ker f는 준동형사상 f의 '핵(kernel)'이라고 하고, Im f는 준동형사상 f의 '상(image)'이라고 한다.

정리 9.6

준동형사상 $f : G \to H$가 일대일이기 위한 필요충분조건은 $\text{Ker } f = \{e\}$이다.

증명 먼저 충분조건($\Rightarrow$ 방향)을 증명하기 위하여 f가 일대일이라고 하자. $\text{Ker } f \geq \{e\}$이므로 $\text{Ker } f \leq \{e\}$임을 보이면 된다. 이를 위하여 $x \in \text{Ker } f$라고 하면 다음이 성립한다 : $f(x) = e = f(e)$. 그런데 f가 일대일이므로 $x = e$이다. 이제 필요조건($\Leftarrow$ 방향)을 증명하기 위하여 $\text{Ker } f = \{e\}$이라고 하고 $f(x) = f(y)$라고 하자. f가 준동형사상이므로 $f(xy^{-1}) = e$이다. 즉, $xy^{-1} \in \text{Ker } f$이다. $\text{Ker } f = \{e\}$이므로 $xy^{-1} = e$ 즉, $x = y$이고 이는 f가 일대일임을 뜻한다. ■

과제 9-7 다음을 확인하여라.
준동형사상 $f : G \to H$가 위로의 사상이기 위한 필요충분조건은 $\text{Im } f = H$이다.

나. 환준동형사상

두 군을 비교하고자 할 때 군준동형사상을 사용하듯이 두 환을 비교할 때에는 환준동형사상을 사용한다. 환의 구조에는 두 개의 연산이 정의된다는 사실을 감안하면 환준동형사상의 정의를 쉽게 생각할 수 있다.

과제 9-8 다음은 환준동형사상의 정의다. 빈칸을 적절히 채우라.
환 R에서 환 R'으로의 사상(함수) $f : R \to R'$가 모든 $a, b \in R$에 대하여

$$f(a+b) = f(a) + f(b)$$
$$f(ab) = f(a)f(b)$$

를 만족시킬 때, 이 사상 f를 R에서 R'으로의 (　)사상(ring homomorphism)이라고 한다. 환준동형사상 $f : R \to R'$이 일대일대응일 때, f를 (　)사상(ring isomorphism)이라고 하고, 두 환 R와 R' 사이에 환동형사상이 있을 때 R와 R'은 (　) (isomorphic)이라고 하며 $R \cong R'$과 같이 나타낸다.

위의 정의에서 두 환의 연산을 구별하여 나타내지 아니한 것이다. 또, 혼란의 여지가 없을 때 즉, 비교하는 두 대수적 구조가 모두 환임이 분명할 때에는 환준동형사상(환동형사상)을 그냥 준동형사상(동형사상)이라고 부른다.

과제 9-9 다음을 확인하여라.
정수환 $\mathbb{Z}$ 에서 잉여류환 $\mathbb{Z}_n$로의 사상 $f : \mathbb{Z} \to \mathbb{Z}_n$을 $f(x) = x + n\mathbb{Z}$로 정의하면 f는 표준 위로의 환준동형사상이다.

환 $(R, +, \cdot)$, $(R', +, \cdot)$에서 사상 $f : R \to R'$가 환준동형사상이라 하면 이 사상은 군 $(R, +)$에서 군 $(R', +)$로의 군준동형사상이므로 다음이 성립한다.

가. $f(0) = 0$

나. $\forall a \in R,\ f(-a) = -f(a)$

환은 덧셈에 관하여 군이고 환준동형사상은 덧셈의 측면에서는 군준동형사상이므로, 환준동형사상은 군준동형사상과 비슷한 성질을 많이 가진다.

과제 9-10 다음을 증명하여라.

가. R, R', R''를 환이라고 할 때 $f: R \to R'$와 $g: R' \to R''$가 준동형사상이면 합성사상 $g \circ f: R \to R''$도 환준동형사상이다.

나. 환 R, R'에 대하여 $f: R \to R'$를 환준동형사상이라고 할 때 다음이 성립한다.

(1) $\text{Im}\, f = \{f(x) | x \in R\}$은 R'의 부분환이다.

(2) $\text{Ker}\, f = \{x \in R | f(x) = 0\}$ 은 R의 부분환이다.

(3) R, R'가 환이고 f가 환준동형사상일 때 f가 일대일이기 위한 필요충분조건은 $\text{Ker}\, f = \{0\}$이다.

(4) R, R'가 환이고 f가 환준동형사상일 때 f가 위로의 사상이기 위한 필요충분조건은 $\text{Im}\, f = R'$이다.

위 과제에서 $\text{Ker}\, f$는 준동형사상 f의 '핵'이라고 하고, $\text{Im}\, f$는 준동형사상 f의 '상'이라고 한다.

한편, 환에는 두 개 연산이 있는데, 환준동형사상은 각각의 연산에 관한 성질을 따로따로 조사하여야 한다.

과제 9-11

가. R, R'이 단위원을 가지는 환이고 $f: R \to R'$이 환준동형사상일 때 다음이 성립하지 않는 예를 제시하여라: $f(1) = 1$.

나. R, R'이 단위원을 가지는 환이고 $f: R \to R'$가 위로의 환준동형사상이면 다음이 성립함을 증명하여라.

(1) $f(1) = 1$

(2) $x \in R$가 곱셈에 관한 역원을 가지면 $f(x^{-1}) = f(x)^{-1}$이다.

■ 학교수학에서의 함수

자연수 전체의 집합을 $\mathbb{N}$, 양의 유리수 전체의 집합을 $\mathbb{Q}^+$라고 하면 $(\mathbb{N},+)$와 $(\mathbb{Q}^+,+)$는 반군이다. 이제, 다음과 같이 정의되는 함수 $f:\mathbb{N}\to\mathbb{Q}^+$는 반군준동형사상이다.

$$\text{임의의 } n\in\mathbb{N} \text{ 에 대하여 } f(n)=n\text{이다.}$$

마찬가지로, 다음과 같이 정의되는 함수 $f:\mathbb{N}\cup\{0\}\to\mathbb{Q}^+\cup\{0\}$는 모노이드준동형사상이다.

$$\text{임의의 } n\in\mathbb{N} \text{ 에 대하여 } f(n)=n\text{이다.}$$

위의 두 함수는 일대일이다. 따라서 덧셈에 관한 한 자연수 전체의 대수적 구조는 양의 유리수 전체의 대수적 구조의 부분구조로 볼 수 있다.

이제, 다음 두 함수를 생각하여 보자.

$$f:(\mathbb{N},+)\to(\mathbb{N},+),\ f(n)=2n$$
$$g:(\mathbb{N},\times)\to(\mathbb{N},\times),\ g(n)=2n$$

함수 f는 반군준동형사상이지만, 함수 g는 반군준동형사상이 아니다. 따라서 같은 집합이라고 하더라도 연산이 달라지면 대수적 구조가 달라진다는 것을 알 수 있다.

> **과제 9-12** 위에서 함수 f는 반군준동형사상이지만, 함수 g는 반군준동형사상이 아님을 설명하여라.

CHAPTER

10 자연에 스민 수학

수학자의 상상은 자연을 초월하지만 수학은 자연과 무관하지는 않다. 자연에도 구조와 규칙이 있고 아름다움이 있기 때문이다.

사람이 만든 것이라 하더라도 그것이 자연의 법에 따른 것이라면 거기에 있는 수학은 자연에 있는 수학이다.

이 장에서는 자연에 스며있는 수학을 몇 가지 살핀다.

■ 피보나치수열

가. 자연 속의 피보나치

아래 왼쪽은 솔방울이다. 여기서 8 개의 왼쪽 나선과 13 개의 오른쪽 나선을 발견할 수 있다. 아래 오른쪽은 해바라기 꽃이다. 여기서 34 개의 왼쪽 나선과 55 개의 오른쪽 나선을 발견할 수 있다.

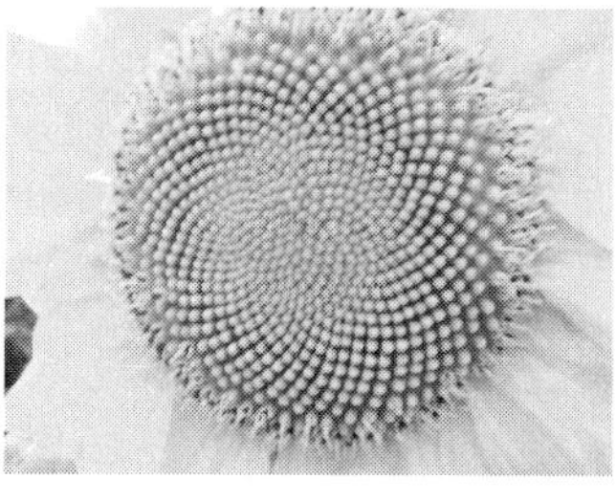

나. 피보나치수열의 뜻

피보나치라는 13세기의 사람이 다음과 같은 이상한 문제를 소개하였다.

토끼 한 쌍은 2 개월 후부터 매 달 한 쌍의 새끼를 낳는다. 새로 태어난 쌍도 마찬가지이다. 일 년 후 토끼는 모두 몇 쌍인가?

다음과 같은 표를 만들어 이 문제를 풀어보자.

개월	지금	1	2	3	4	5	6	7	8	9	10	11	12
태어난 쌍	0	0	1	1	2	3	5	8	13	21	34	55	89
전체	1	1	2	3	5	8	13	21	34	55	89	144	233

위 문제의 풀이과정에서

$$1,\ 1,\ 2,\ 3,\ 5,\ 8,\ 13,\ 21,\ 34,\ 55,\ 89,\ \cdots$$

와 같은 수들을 얻을 수 있다.

■ 수열

$$1,\ 1,\ 2,\ 3,\ 5,\ 8,\ 13,\ 21,\ 34,\ 55,\ 89,\ \cdots$$

을 피보나치수열(Fibonacci sequence)이라고 한다.

> **과제 10-1** 앞에서 언급한 솔방울과 해바라기 꽃에서 발견된 두 수의 쌍 각각은 피보나치수열에서 이웃하는 두 수의 쌍임을 확인하여라.

각 사람 개개인의 의미를 살피는 것보다 다른 사람 또는 그 사람이 속한 사회 속에서 그 사람을 살피는 것이 중요할 것 같다. 피보나치수열에 나타나는 수 각각에는 큰 의미를 부여하기 어렵다. 피보나치수열에서는 이웃하는 두 수의 관계를 고려할 때 의미가 있다.

다. 피보나치수열의 성질

피보나치수열은 여러 가지 흥미로운 성질을 가진다. 그 중에서 세 개를 소개하면 다음과 같다.

(1) 피보나치 수열에서 연속하는 두 항의 합이 그 다음 항이다. 즉, 피보나치 수열 $\{a_n\}$에 대하여 $a_n + a_{n+1} = a_{n+2}$이다.

> **과제 10-2** 다음을 확인하여라.
>
> • 메르센느 수(Mersenne number) 수 $M_n = 2^n - 1\ (n \geq 1)$은 $1, 2, 2^2, \cdots, 2^{k-1}$ 모두의 합이다.
>
> • 페르마 수(Fermat number) $F_n = 2^{2^n} + 1\ \ (n \geq 0)$에 대하여 다음이 성립한다: $F_0 F_1 F_2 \cdots F_{n-1} + 2 = F_n$

(2) 피보나치수열에서 $\frac{(\text{뒤 항})}{(\text{앞 항})}$으로 이루어진 수열은 수렴하며 그 극한값은 황금비 $\frac{1+\sqrt{5}}{2}$이다. 이 수열의 모든 항 $\frac{(\text{뒤 항})}{(\text{앞 항})}$은 유리수이지만 그 극한값인 황금비는 무리수이다. 이 증명은 뒤에서 한다.

(3) 피보나치수열 $b_1,\ b_2,\ \cdots,\ b_n,\ \cdots$에 관하여 다음이 성립한다.

$$b_{n+1} b_{n-1} - b_n^2 = (-1)^n, \quad n \geq 2$$

증명 수학적귀납법으로 증명한다.

• 먼저 $n = 2$인 경우를 생각하자.

$b_1 = 1,\ b_2 = 1,\ b_3 = 2$ 이므로 $b_3 b_1 - b_2^2 = 1 = (-1)^2$가 성립한다.

• $n = k$ 인 경우에 주어진 관계가 성립한다고 하자. 즉 다음이 성립한다고 하자.

$$b_{k+1} b_{k-1} - b_k^2 = (-1)^k$$

• $n = k+1$ 인 경우에 주어진 관계가 성립함을 증명하자. 즉 다음이 성립한다는 것을 증명하자.

$$b_{k+2}b_k - b_{k+1}^2 = (-1)^{k+1}$$

이제 $b_{k+2} = b_k + b_{k+1}$ 이고 $b_{k+1} = b_{k-1} + b_k$이므로

$$\begin{aligned} b_{k+2}b_k - b_{k+1}^2 &= (b_k + b_{k+1})b_k - b_{k+1}^2 \\ &= b_k^2 + b_{k+1}b_k - b_{k+1}^2 = b_k^2 + b_{k+1}(b_k - b_{k+1}) \\ &= -(b_{k+1}b_{k-1} - b_k^2) = (-1)^{k+1} \end{aligned}$$ ■

라. 마술에 수학이!

피보나치수열의 성질을 이용하면 퍼즐을 만들 수 있다.

왼쪽 도형은 한 변의 길이가 8인 정사각형이고, 오른쪽 도형은 두 변의 길이가 각각 5, 8인 직사각형이다. 왼쪽의 도형을 그림과 같이 네 조각으로 잘라서 오른쪽 도형을 덮었다. 이때 두 도형의 넓이에 차이가 생겼다. 무엇이 잘못된 것일까?

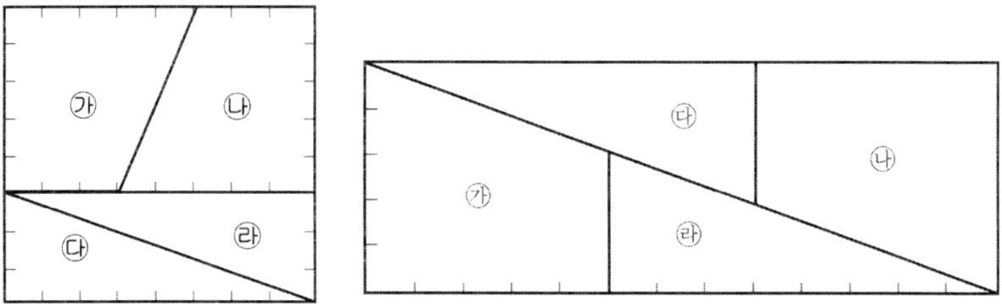

과제 10-3 위 문제의 정답은 무엇인가?

위 문제에 등장하는 수는 3, 5, 8, 13 이다. 이 수들은 피보나치수열에서 연속된 네 개의 수이다.

위와 비슷한 문제를 더 만들 수 있다. 아래에서 왼쪽 도형은 한 변의 길이가 13인 정사각형이고, 오른쪽 도형은 두 변의 길이가 각각 8, 21인 직사각형이다. 왼쪽의 도형을 그림과 같이 네 조각으로 잘라서 오른쪽 도형

을 덮었다. 한 칸이 사라졌다. 무엇이 잘못된 것일까?

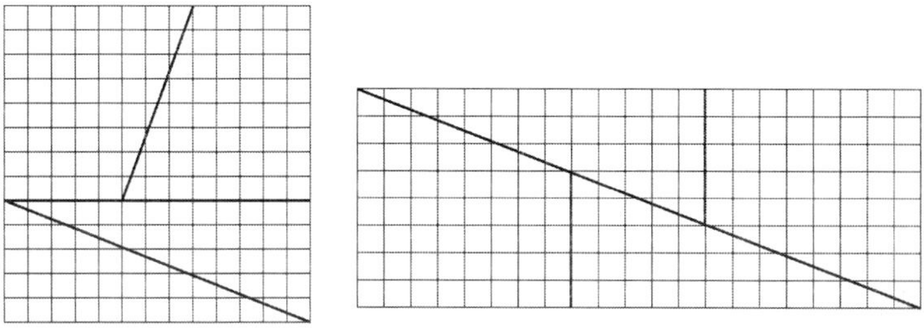

위 문제에 등장하는 수는 5, 8, 13, 21 이다. 이 수들도 피보나치수열에서 연속된 네 개의 수이다.

*■ 단순연분수

피보나치수열은 황금비와 밀접한 관계에 있다. 피보나치수열에서 $\frac{(\text{뒤 항})}{(\text{앞 항})}$ 으로 얻는 수는 모두 유리수이고 황금비는 무리수인데 이들 사이의 관계를 어떻게 설명할 수 있을까?

가. 연분수

$1+\frac{1}{1}$, $1+\cfrac{1}{1+\cfrac{1}{1}}$, 또는 $1+\cfrac{1}{1+\cfrac{1}{1+\cfrac{1}{1}}}$ 와 같이 번잡한 형식으로 된 분수를 '연분수(continued fraction)'라고 한다.

위에 주어진 꼴로 표현된 수를 계산하여 간단하게 나타내면 한 유리수가 된다는 것을 쉽게 알 수 있다.

이제, 이러한 과정을 무한히 반복하는 수를 생각할 수 있을까?

나. 수렴과 극한

다음과 같은 꼴로 표현된 값을 어떻게 구할 수 있을까?

$$1+\cfrac{1}{1+\cfrac{1}{1+\cfrac{1}{\cdots}}}$$

먼저, 주어진 값을 x 라고 놓으면 $x=1+\dfrac{1}{x}$ 과 같은 관계를 얻어 x를 구할 수 있지 않을까?

'주어진 값을 x 라고' 할 때에는 $1+\cfrac{1}{1+\cfrac{1}{1+\cfrac{1}{\cdots}}}$ 가 이미 하나의 수인 것을 가정하는 것인데, 그래도 괜찮을까?

실제로, 여기에는 수렴성 등 여러 가지 수학적 설명이 요구된다.

결국, $1+\cfrac{1}{1+\cfrac{1}{1+\cfrac{1}{\cdots}}}$ 의 값을 구하는 문제는 다음 수열이 수렴한다는 것을 보이고 그 수열의 극한치를 구하는 문제로 생각할 수 있다.

$$1,\ 1+\frac{1}{1},\ 1+\cfrac{1}{1+\cfrac{1}{1}},\ 1+\cfrac{1}{1+\cfrac{1}{1+\cfrac{1}{1}}},\ \cdots$$

다. 연분수의 정의

실수 $x_0, x_1, x_2, \cdots$ 에 대하여

$$x_0+\cfrac{1}{x_1+\cfrac{1}{x_2+\ddots\,+\cfrac{1}{x_{n-1}+\cfrac{1}{x_n}}}}$$

와 같은 꼴의 분수를 '유한연분수(finite continued fraction)'라고 하고,

$< x_0;\ x_1, x_2, \cdots, x_n >$와 같이 나타낸다.

이 책에서 주로 논의하는 연분수는 다음과 같은 꼴이다.

$$a_0 + \cfrac{1}{a_1 + \cfrac{1}{a_2 + \ddots \, + \cfrac{1}{a_{n-1} + \cfrac{1}{a_n}}}}$$

여기서 a_0, a_1, a_2, $\cdots$, a_n은 정수이고 특히 $a_1 \geq 1$, $a_2 \geq 1$, $\cdots$, $a_n \geq 1$이다.

이와 같은 꼴의 분수를 '유한단순(finite simple)연분수'라고 한다.

라. 유리수와 무리수

중・고등학교에서 유리수와 무리수의 구분은 다음과 같이 한다. 즉, 주어진 수를 소수(小數, decimal number)로 나타내었을 때, 순환하는 경우에는 유리수이고 순환하지 않으면 무리수이다. 이 때, 유한소수는 순환하는 소수로 본다. 한편, 유리수는 $\dfrac{(\text{정수})}{(\text{정수})}$의 꼴로 표현이 가능하지만 무리수는 그렇지 않다.

유리수와 무리수의 구분은 연분수를 통해서도 가능하다. 사실, 유리수는 유한단순연분수로 나타내어지고 무리수는 무한단순연분수로 나타내어진다.

먼저, 유한단순연분수$< a_0;\ a_1, a_2, \cdots, a_n >$가 유리수를 나타낸다는 것은 분명하다. 더욱이, $u = < a_0;\ a_1, a_2, \cdots, a_n >$이라고 할 때, $n = 0$ 이면 $u = a_0$ 이고 또 $n \geq 1$이면

$$u = < a_0;\ a_1, a_2, \cdots, a_n > = a_0 + \frac{1}{< a_1;\ a_2, a_3, \cdots, a_n >}$$

이다.

이제, 유클리드의 알고리즘을 이용하면 임의의 유리수를 유한단순연분수로 나타낼 수 있다.

정리 10.4

모든 유리수 u는 유한단순연분수로 나타낼 수 있다.

증명 $u=\dfrac{r_0}{r_1}$가 주어진 유리수라고 하자($r_1>0$).

$$r_0=a_0r_1+r_2\ ,\ 0<r_2<r_1$$
$$r_1=a_1r_2+r_3\ ,\ 0<r_3<r_2$$
$$\vdots$$
$$r_{k-1}=a_{k-1}r_k+r_{k+1}\ ,\ 0<r_{k+1}<r_k$$
$$r_k=a_kr_{k+1}$$

라고 하면 주어진 유리수는 다음과 같다.

$$a_0+\cfrac{1}{a_1+\cfrac{1}{a_2+\ddots+\cfrac{1}{a_{k-1}+\cfrac{1}{a_k}}}}$$

$$=<a_0;a_1,a_2,\cdots,a_k> \qquad \blacksquare$$

두 연분수 $2+\dfrac{1}{3}$와 $2+\cfrac{1}{2+\cfrac{1}{1}}$는 모두 유리수 $\dfrac{7}{3}$를 나타낸다. 사실, 위 증명에서 $a_k\geq 2$이므로 $a_k-1\geq 1$이다. 따라서 주어진 유리수는 다음 두 가지 방법으로만 나타낼 수 있음을 알 수 있다.

$$<a_0;a_1,\ a_2,\ \cdots,\ a_k>,\ <a_0;a_1,\ a_2,\ \cdots,\ a_k-1,1>$$

과제 10-5 다음을 확인하여라.

$$\frac{77}{15} = \langle 5\ ;7,2 \rangle = \langle 5\ ;7,1,1 \rangle$$

$$\frac{15}{77} = \langle 0\ ;5,7,2 \rangle = \langle 0\ ;5,7,1,1 \rangle$$

$$\frac{-77}{15} = \langle -6\ ;1,6,2 \rangle = \langle -6\ ;1,6,1,1 \rangle$$

$$\frac{-15}{77} = \langle -1\ ;1,4,7,2 \rangle = \langle -1\ ;1,4,7,1,1 \rangle$$

이상의 논의로부터 모든 유리수는 유한단순연분수로 나타낼 수 있고, 유한단순연분수는 유리수임을 알 수 있다.

이제, 다음 사실을 증명하고자 한다.

- 무한단순연분수는 무리수에 수렴한다. 즉, 무한단순연분수는 무리수이다.
- 모든 무리수는 무한단순연분수로 나타낼 수 있다.

다음은 무한단순연분수의 성질을 조사하는데 유용하다.

정리 10.6

정수로 이루어진 무한수열 $a_0,\ a_1,\ a_2,\ \cdots\ ,\ a_n,\ \cdots$ (단, $i \geq 1$일 때, $a_i \geq 1$)에 대하여,

$$h_{-2} = 0,\ h_{-1} = 1,\ h_i = a_i h_{i-1} + h_{i-2} \quad (i \geq 0)$$

$$k_{-2} = 1,\ k_{-1} = 0,\ k_i = a_i k_{i-1} + k_{i-2} \quad (i \geq 0)$$

라고 하고 $u_n = \langle a_0 ; a_1,\ \cdots, a_n \rangle$이라고 하면 다음이 성립한다.

가. $1 = k_0 \leq a_1 = k_1 < k_2 < \cdots < k_n < \cdots$

나. $h_i k_{i-1} - h_{i-1} k_i = (-1)^{i+1} \qquad (i \geq -1)$

$$h_ik_{i-2} - h_{i-2}k_i = (-1)^i a_i \qquad (i \geq 0)$$

다. 임의의 양의 실수 x 에 대하여,

$$< a_0 ; a_1, \cdots, a_{i-1}, x > = \frac{xh_{i-1} + h_{i-2}}{xk_{i-1} + k_{i-2}} \quad (i \geq 1)$$

라. 각 $i(i \geq 0)$ 에 대하여, $u_i = \dfrac{h_i}{k_i}$ 이고 $(h_i, k_i) = 1$이다. 또한,

$$u_i - u_{i-1} = \frac{(-1)^{i+1}}{k_ik_{i-1}} \qquad (i \geq 1)$$

$$u_i - u_{i-2} = \frac{(-1)^i a_i}{k_ik_{i-2}} \qquad (i \geq 2)$$

마. $u_0 < u_2 < u_4 < \cdots < u_{2n} < \cdots\cdots < u_{2n+1} < \cdots < u_5 < u_3 < u_1$

바. 극한값 $\xi = \lim\limits_{n \to \infty} u_n = \lim\limits_{n \to \infty} < a_0 ; a_1, \cdots, a_n >$가 존재한다. 또한,

$u_{2n} < \xi < u_{2n+1} \qquad (n \geq 0)$

증명 가. 먼저, $k_0 = a_0k_{-1} + k_{-2} = 1$이고, $k_1 = a_1k_0 + k_{-1} = a_1 \geq 1 = k_0$이다. 이제, $i \geq 2$라고 하자. $k_i = a_ik_{i-1} + k_{i-2} \geq k_{i-1} + k_{i-2}$ $(a_i \geq 1)$. 수학적 귀납법 가정에 의하여 $k_{i-2} \geq 1$이다. 따라서

$$k_i \geq k_{i-1} + k_{i-2} > k_{i-1}$$

나. 먼저, $i = -1$ 인 경우에는

$$h_{-1}k_{-2} - h_{-2}k_{-1} = 1 \cdot 1 = (-1)^{-1+1}$$

이므로 정리가 성립한다. 이제, $i \geq 0$이라고 하고 수학적 귀납법 가정으로서 $h_{i-1}k_{i-2} - h_{i-2}k_{i-1} = (-1)^i$ 라고 하자.

$$\begin{aligned} & h_ik_{i-1} - h_{i-1}k_i \\ &= (a_ih_{i-1} + h_{i-2})k_{i-1} - h_{i-1}(a_ik_{i-1} + k_{i-2}) \end{aligned}$$

$$= h_{i-2}k_{i-1} - h_{i-1}k_{i-2}$$
$$= -(h_{i-1}k_{i-2} - h_{i-2}k_{i-1})$$
$$= (-1)(-1)^{i}$$
$$= (-1)^{i+1}$$

두 번째 관계식도 같은 방법으로 증명할 수 있다.

다. 먼저 $i = 1$ 인 경우에 다음이 성립한다.

$$< a_0;x > \ = a_0 + \frac{1}{x} = \frac{xa_0 + 1}{x}$$
$$= \frac{xh_0 + h_{-1}}{xk_0 + k_{-1}}$$

다음을 가정하자.

$$< a_0;a_1,a_2,\cdots,a_{i-1},x >= \frac{xh_{i-1} + h_{i-2}}{xk_{i-1} + k_{i-2}}$$

이제

$$< a_0;a_1,a_2,\cdots,a_{i-1},a_i,x > = < a_0;a_1,a_2,\cdots,a_{i-1},a_i + \frac{1}{x} >$$
$$= \frac{(a_i + \frac{1}{x})h_{i-1} + h_{i-2}}{(a_i + \frac{1}{x})k_{i-1} + k_{i-2}}$$
$$= \frac{xa_ih_{i-1} + h_{i-1} + xh_{i-2}}{xa_ik_{i-1} + k_{i-1} + xk_{i-2}}$$
$$= \frac{x(a_ih_{i-1} + h_{i-2}) + h_{i-1}}{x(a_ik_{i-1} + k_{i-2}) + k_{i-1}}$$
$$= \frac{xh_i + h_{i-1}}{xk_i + k_{i-1}}$$

라. 먼저 $< a_0 >= a_0 = \frac{h_0}{k_0}$ 이다. 이제 $i \geq 1$에 대하여 위 '다' 에 의하여 다음이 성립한다.

$$u_i = < a_0 ; a_1, \cdots, a_{i-1}, a_i > = \frac{a_i h_{i-1} + h_{i-2}}{a_i k_{i-1} + k_{i-2}} = \frac{h_i}{k_i}$$

한편, '나' 의 관계에 의하여 $(h_i, k_i) = 1$과 나머지 식을 얻을 수 있다.

마. 위 '라'의 관계로부터 알 수 있다.

바. 수열 $u_0 < u_2 < u_4 < \cdots < u_{2n} < \cdots$은 위로 유계인 단조증가이므로 한 실수 ξ에 수렴한다. 한편, 수열

$$u_1 > u_3 > u_5 > \cdots > u_{2n+1} > \cdots$$

은 아래로 유계인 단조감소이므로 한 실수 ξ'에 수렴한다. 이제 $\lim_{n \to \infty} (u_{2n+1} - u_{2n}) = \lim_{n \to \infty} \frac{1}{k_{2n+1} k_{2n}} = 0$이므로 $\xi = \xi'$이고 $\lim_{n \to \infty} u_n = \xi$이다. ■

위 정리로부터 연분수 형태의 무한 전개는 그 값이 어떤 실수 값을 갖는다는 것을 알 수 있다. 다음과 같은 정의를 생각할 수 있다.

정의 10.7

정수로 이루어진 무한 수열 $a_0, a_1, a_2, \cdots, a_n, \cdots$(단 $n \geq 1$일 때, $a_n \geq 1$)에 대하여 표현

$$a_0 + \cfrac{1}{a_1 + \cfrac{1}{a_2 + \cfrac{1}{a_3}}} \\ \cdots$$

을 $< a_0 ; a_1, a_2, \cdots, a_n, \cdots >$으로 나타내고, 이를 무한단순연분수(infinite simple continued fraction)라고 한다.

유한단순연분수 $u_n = < a_0 ; a_1, a_2, \cdots, a_n >$ 들의 극한값 $\xi = \lim_{n\to\infty} u_n = \lim_{n\to\infty} < a_0 ; a_1, a_2, \cdots, a_n >$ 은 항상 존재하며, 극한값 ξ 를 무한단순연분수의 값이라 하고, u_n 을 ξ 의 제n 근사분수(n–th convergent)라고 한다.

과제 10-8 다음을 확인하여라.

다음 무한단순연분수이므로 어느 특정한 실수 값을 갖는다.

$$1+\cfrac{1}{1+\cfrac{1}{1+\cfrac{1}{\cdots}}}$$

이 연분수는 수렴한다는 사실을 이미 알고 있기 때문에 그 수렴값을 구하기 위해 우리는 다음과 같은 과정을 통하여 그 값을 구할 수 있다.

$x = 1+\cfrac{1}{1+\cfrac{1}{1+\cfrac{1}{\cdots}}}$ 라고 놓으면 오른쪽 식은 $x = 1+\frac{1}{x}$ 이다. 따라서 이차 방정식을 풀면 $x = \frac{1 \pm \sqrt{5}}{2}$ 이고 그 값이 양수임을 알기 때문에 $x = \frac{1+\sqrt{5}}{2}$ 이다.

일반적으로 무한성이 내재된 산술적 계산을 할 때는 주의해야 한다. 수렴이 이미 증명된 식의 경우에는 변형을 통하여 그 수렴 값을 찾을 수 있지만 수렴이 보장되지 않은 경우에는 그럴 수 없기 때문이다.

다음 정리를 통하여 무한단순연분수는 무리수임을 알 수 있다.

정리 10.9

가. $\xi = < a_0 ; a_1, a_2, \cdots, a_n, \cdots >$ 에 대하여 다음이 성립한다.

(1) $0 < | \xi - u_n | < \frac{1}{k_{n+1}k_n} < \frac{1}{k_n^2} \quad (n \geq 1)$

(2) $a_0 = [\xi]$

나. $\xi = < a_0 ; a_1, a_2, \cdots, a_n, \cdots >$는 무리수이다.

증명 가. (1) $0 < | \xi - u_n | < | u_{n+1} - u_n | = \dfrac{1}{k_{n+1}k_n} < \dfrac{1}{k_n^2}$이다.

(2) $u_0 < \xi < u_1$ 즉 $a_0 < \xi < a_0 + 1$이므로 $a_0 = [\xi]$이다.

나. 이제 $\xi = \dfrac{a}{b}$ $(a \in \mathbb{Z}, b \in \mathbb{N})$라고 하면 $0 < \left| \dfrac{a}{b} - \dfrac{h_n}{k_n} \right| < \dfrac{1}{k_n^2}$

이므로 $0 < | k_n a - h_n b | < \dfrac{b}{k_n}$이다. 여기서 k_n을 b보다 크게 할 수 있고 $k_n a - h_n b$는 정수이므로 모순을 얻을 수 있다. ■

이상에서 무한단순연분수는 무리수임을 알았다. 다음 정리에 의하면 모든 무리수는 무한단순연분수로 나타낼 수 있다. 따라서 어떤 실수가 무리수이기 위한 필요충분조건은 그 실수를 무한단순연분수로 나타낼 수 있는 것이다.

정리 10.10

임의의 무리수 ξ 는 무한단순연분수로 나타낼 수 있다. 사실,

$$\xi_0 = \xi, \qquad a_0 = [\xi_0]$$

$$\xi_1 = \frac{1}{\xi_0 - a_0}, \qquad a_1 = [\xi_1]$$

$$\cdots$$

$$\xi_{i+1} = \frac{1}{\xi_i - a_i}, \qquad a_{i+1} = [\xi_{i+1}], \ i \geq 0$$

라고 하면 다음이 성립한다.

$$\xi = < a_0 ; a_1, a_2, \cdots, a_n, \cdots > = < a_0 ; a_1, \cdots, a_n, \xi_{n+1} >$$

$$\xi_i = < a_i ; a_{i+1}, \cdots, a_n, \cdots >, \ i \geq 0$$

증명 먼저 모든 $i \geq 0$에 대하여 ξ_i 는 무리수이고 $\xi_{i+1} = \dfrac{1}{\xi_i - a_i} > 1$이며 $a_{i+1} \geq 1$이다. 다음을 알 수 있다.

$$\xi = \xi_0 = a_0 + \frac{1}{\xi_1} = < a_0 ; \xi_1 > = < a_0 ; a_1, \xi_2 > = \cdots$$

$$= < a_0 ; a_1, \cdots, a_n, \xi_{n+1} >$$

이제 $\xi = < a_0 ; a_1, \cdots, a_n, \xi_{n+1} > = \dfrac{\xi_{n+1} h_n + h_{n-1}}{\xi_{n+1} k_n + k_{n-1}}$ 이므로

$$\xi - u_n = \frac{\xi_{n+1} h_n + h_{n-1}}{\xi_{n+1} k_n + k_{n-1}} - \frac{h_n}{k_n}$$

$$= \frac{(-1)^n}{k_n (\xi_{n+1} k_n + k_{n-1})}$$

따라서 $\xi = \lim_{n \to \infty} u_n = \lim_{n \to \infty} < a_0 ; a_1, a_2, \cdots, a_n, \cdots >$이다. ■

과제 10-11 다음을 설명하여라.
주어진 유리수에 위의 알고리즘을 적용하면 유한 단계 만에 끝나며 그 결과로 얻어진 유한단순연분수는 원래의 유리수와 같다.

마. 무리수의 유리 근삿값

무한단순연분수를 활용하여 무리수 ξ 의 유리 근삿값을 구하여 보자. 사실, 무리수의 연분수 전개를 이용하면 무리수에 대한 가장 좋은 유리수 근삿값을 얻을 수 있다.

정리 10.12

무리수 ξ의 연분수 전개가 $< a_0 ; a_1, a_2, \cdots, a_n, \cdots >$일 때, ξ의 제n 근사 분수 u_n은 n 의 값이 커질수록 ξ에 보다 가까운 유리 근삿값이

다. 즉, 다음이 성립한다.

$$0 < |\xi - u_n| < |\xi - u_{n-1}|, \; n \geq 1$$

증명 앞의 정리 증명에서 다음 사실에 주목한다.

$$|\xi - u_n| = \frac{1}{k_n(\xi_{n+1}k_n + k_{n-1})}$$

$$|\xi - u_{n-1}| = \frac{1}{k_{n-1}(\xi_n k_{n-1} + k_{n-2})}$$

$$1 \leq k_{n-1} \leq k_n \;,\; a_n < \xi_n < a_n + 1, \;\; 1 \leq a_{n+1} < \xi_{n+1}$$

이제, n (≥ 1)에 대하여 다음이 성립한다.

$$\xi_{n+1}k_n + k_{n-1} > a_{n+1}k_n + k_{n-1} = k_{n+1}$$

$$\xi_n k_{n-1} + k_{n-2} < (a_n + 1)k_{n-1} + k_{n-2}$$

$$= k_n + k_{n-1} \leq a_{n+1}k_n + k_{n-1} = k_{n+1}$$

따라서 $|\xi - u_n| < \frac{1}{k_n k_{n+1}} < \frac{1}{k_{n-1}k_{n+1}} < |\xi - u_{n-1}|$이다. ■

주어진 무리수의 유리수 근삿값은 연분수를 사용하여 구할 수 있다.

정리 10.13

무리수 ξ 의 연분수 전개가 $< a_0 \,; a_1, a_2, \cdots, a_n, \cdots >$ 이고, ξ 의 제 n 근사 분수를 $u_n = \frac{h_n}{k_n}$이라고 하자($n \geq 1$). 두 정수 $a, b\,(b > 0)$에 $\left|\xi - \frac{a}{b}\right| < |\xi - u_n|$ 이면 $k_n < b$이다.

위 정리는 다음을 말한다.

연분수가 제공하는 근사분수보다 더 정확한 유리 근삿값을 구하려면 근사분수의 분모보다 크게 하여야 한다. 다시 말하면, 연분수를 활용하여 구하는 무리수의 유리 근삿값은 '최적'이다.

이 정리의 증명은 김응태 · 박승안(2002)에 있다.

과제 10-14

가. 컴퓨터를 사용하여 무리수를 무한단순연분수로 나타내는 방법이 있는지 알아보아라.

나. 컴퓨터를 활용하여 다음 무리수를 무한단순연분수로 나타내어라.

$$\pi,\ e,\ \sqrt{2},\ \phi = \frac{1+\sqrt{5}}{2}$$

바. 피보나치수열과 황금비

피보나치수열 $b_1,\ b_2,\ \cdots\ ,\ b_n,\ \cdots$ 에서 $\dfrac{b_{n+1}}{b_n}$ 이 황금비 ϕ에 수렴한다.

과제 10-15 황금비 ϕ의 무한단순연분수 표현으로부터 피보나치수열 두 쌍을 발견하여라.

■ 도처에 무리수가!

'무리수'는 글자 그대로 보통 사람이 생각하기는 '무리(無理, irrational)'인지도 모른다. 그러나 자연에는 무리수가 넘쳐난다.

무리수가 자연에 있음은 무리가 아니지만 사람이 수학으로 인식하기가 어려웠던 것일까?

가. 무리수

아마 $\sqrt{2}$ 는 최초로 발견된 무리수일 것이다. 무리수 개념이 생기기 오래 전에 피타고라스정리는 이미 알려져 활용되고 있었고, 직각을 사이에 낀 두 변의 길이가 모두 1인 직각삼각형의 빗변의 길이는 $\sqrt{2}$ 이기 때문이다.

(1) 카메라 조리개

빛의 양을 수동으로 조절하는 카메라에는 다음과 같은 수열이 쓰여 있다.

1.4 2 2.8 4 5.6 8 11 16

실제로 이 수들은 다음과 같다.

$\sqrt{2}$ $(\sqrt{2})^2$ $(\sqrt{2})^3$ $(\sqrt{2})^4$ $(\sqrt{2})^5$ $(\sqrt{2})^6$ $(\sqrt{2})^7$ $(\sqrt{2})^8$

여기에 왜 무리수 $\sqrt{2}$ 가 있을까?

위의 카메라에 쓰여있는 수들은 카메라의 F값이고,

$$F = \frac{(\text{렌즈의 초점거리}(f))}{(\text{조리개 구경의 길이}(D))}$$

이다. 이 식을 통해 F값은 조리개 구경(口徑, 지름)의 길이에 반비례한다는 것을 알 수 있다. 조리개는 카메라에 들어오는 빛의 양을 조절하는 장치이다. 어두울 때에는 조리개를 열어서 카메라에 들어오는 빛의 양을 늘린다. 이와 같은 경우에는 조리개 구경의 길이가 길어지므로 F값은 작아진다. 반대로, 밝을 때에는 조리개를 닫아서 빛의 양을 줄이고, 이때 F값은 커진다.

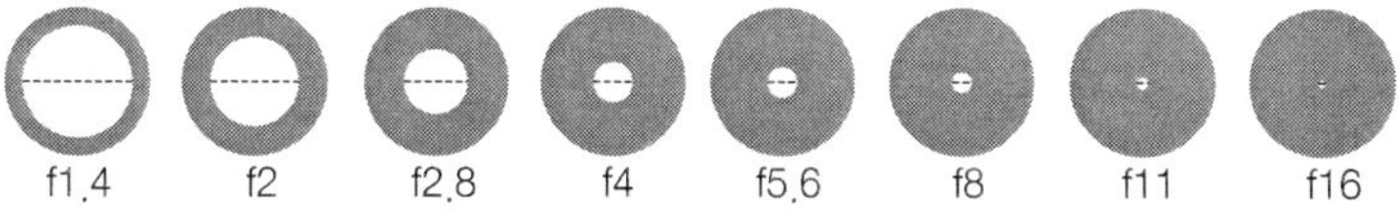

F값에 따른 조리개 구경

주변이 어두울 때 카메라에 들어오는 빛의 양을 2배로 늘리려면 조리개를 열어서 빛이 들어오는 구멍의 크기를 2배로 늘리면 된다. 빛이 들어오는 구멍은 원 모양이므로 처음의 크기를 πr^2이라 하자. 이제, 반지름(r)을 $\sqrt{2}$ 배하면 구멍의 크기는 $2\pi r^2$이 되어 2배가 된다. F값은 조리개 구경(지름)의 길이에 반비례하므로 $\frac{1}{\sqrt{2}}$배가 된다. 즉, F값은 2에서 $\frac{1}{\sqrt{2}}$배를 하여 1.4가 된다.

(2) 인쇄지 규격

우리가 보통 사용하는 인쇄지는 A, B 두 가지 형태가 있다.

A 형태이든지 B 형태이든지 간에 인쇄지의 작은 변의 길이와 긴 변의 길이의 비는 $1 : \sqrt{2}$ 이다.

과제 10-16 인쇄지의 규격은 왜 $1 : \sqrt{2}$ 인지 그 이유를 조사하여라.

한편, B4 인쇄지의 넓이는 A4 인쇄지 넓이의 1.5배이다. 이제, 인쇄지에 관한 기본적인 정보에 기반하여 A4 인쇄지 대각선의 길이가 B4 의 긴 변의 길이와 같음을 증명하자. 즉, 아래 두 사실을 전제한다.

- B4의 넓이는 A4 넓이의 1.5배이다.
- B4와 A4 모두의 경우 긴 변의 길이는 짧은 변의 길이의 $\sqrt{2}$ 배이다.

A4 인쇄지의 작은 변의 길이를 x라고 하면 A4 인쇄지의 넓이는 $\sqrt{2}x^2$이고 대각선의 길이는 $\sqrt{3}x$이다.

B4 인쇄지의 작은 변의 길이를 y라고 하면 B4 인쇄지의 넓이는 $\sqrt{2}y^2$이므로 $y^2 = \frac{3}{2}x^2$의 관계가 성립한다. B4 긴변의 길이는 $\sqrt{2}y$이므로 $\sqrt{2}y = \sqrt{3}x$임을 알 수 있다.

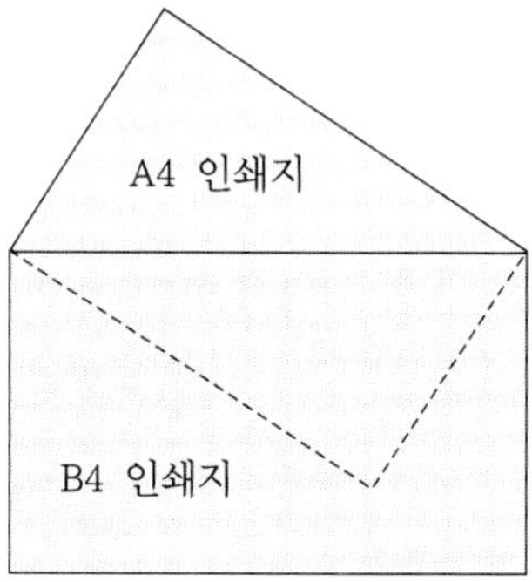

(3) 황금비

자연에서 자주 발견하게 되는 피보나치 수열은 황금비와 밀접한 관계에 있음을 살펴보았다.

한편, 앞에서 다음 문제를 생각한 바 있다.

가로, 세로, 높이가 각각 2cm, 3cm, 5cm인 블록을 촘촘히 쌓아 정육면체의 탑을 만들려고 한다. 최소 몇 개의 블록이 필요한가?

이 문제는 최소공배수 또는 일차연립합동식과 관련된다.

블록을 촘촘하게 붙이는 문제는 '대칭(symmetry)'과 관련하여 벽지(wallpaper) 무늬와도 관련된다. 벽지 무늬는 대부분 어느 부분의 반복이다. 예를 들어, 가로와 세로 각각의 길이가 20cm, 30cm인 직사각형의 타일을 다음 그림과 같이 일정한 방향으로 촘촘하게 붙이는 경우에는 타일 6개로 만들어지는 정사각형(60cm × 60cm)의 무늬가 주기적으로 반복된다.

영국의 수학자 펜로즈(R. Penrose)는 주기성이 전혀 없이 타일을 촘촘하게 붙이는 것이 가능하다는 것을 보였다.

> **과제 10-17** 펜로즈 타일이 무엇인지 조사하여라.

펜로즈가 제시한 타일에 나타나는 내각의 크기는 36°, 72°, 108°, 그리고 144°이다. 108°는 정오각형의 한 내각의 크기이고 72°는 144°의 반이며 36°는 72°의 반이고 144°는 36°와 108°의 합이다. 즉, 펜로즈 타일에 등장하는 각 모두는 정오각형과 관계가 있기 때문에 황금비와 관계있다.

> **과제 10-18** 마름모꼴의 변 모두의 길이가 1일 때, 긴 대각선의 길이가 ϕ라면 마름모 내각 중 큰 각의 크기는 얼마일까?

평면을 주기성이 없이 덮을 수 있는 타일이 펜로즈 타일이라면 입체를 주기성 없이 채울 수 있다.

> **과제 10-19** 펜로즈 타일의 '3차원 버전'이라고 할 수 있는 콘웨이(J. Conway)입체에 관하여 알아보아라.

나. 초월수

1, 2, 또는 3 등과 같은 수를 '자연수'라고 한다. 나이를 세거나 돈을 계산할 때 등 일상생활에서 자주 사용하는 수이기 때문에 '자연스럽게' 느껴지기 때문인가 보다.

$\frac{1}{2}$이나 $\frac{2}{3}$와 같이 $\frac{(\text{자연수})}{(\text{자연수})}$의 꼴의 수는 자연스럽지는 않을지 몰라도 '합리적(rational)'이라고 느껴지는 지 '유리수(rational number)'라고 한다.

그러나 $\sqrt{2}$, $\frac{1+\sqrt{5}}{2}$, π, 그리고 e 와 같은 수는 '무리수(irrational number)'라고 부른다.

무리수 중에 '초월수'라는 수가 있다.

≪정의 10.20≫ 계수(coefficient)가 유리수인 다항식의 근을 대수적인 수(algebraic number)'라고 하고, 그렇지 않은 수를 초월수(transcendental number)라고 한다.

무리수 $\sqrt{2}$는 다항식 x^2-2의 근이기 때문에 대수적인 수이다. 마찬가지로, 무리수인 황금비 $\frac{1+\sqrt{5}}{2}$은 다항식 $x^2-x-1=0$의 근이기 때문에 대수적인 수이다.

과제 10-21 모든 유리수는 대수적인 수임을 설명하여라.

앞에서 살펴 본 무리수 π와 e는 초월수임이 알려져 있다. 이 책에서는 그 증명을 생략한다.

(1) 원주율

원이나 구(球)의 크기와 관련하여 다음과 같은 질문을 할 수 있다.

- 원의 둘레의 길이는 지름의 길이의 상수 배인가?
- 원의 넓이는 지름의 길이와 어떠한 관계에 있는가?
- 구(球)의 부피는 지름의 길이와 어떠한 관계에 있는가?

위 문제에 관한 완벽한 답은 아르키메데스가 제공하였다고 보아야 한다. 그는 다음 사실을 알아냈다.

- 원의 둘레의 길이는 지름의 길이의 상수 배이다. 실제로, 원의 둘레의 길이를 L, 지름의 길이를 l이라고 하면 $L=\pi l$이다. 여기서 π는 원주율이다.
- 원주율 π의 값은 대략 3.14이다.
- 원의 넓이를 S, 지름의 길이를 l이라고 하면 $S=\frac{\pi l^2}{4}$이다.
- 구(球)의 부피를 V, 지름의 길이를 l이라고 하면 $V=\frac{\pi l^3}{6}$이다.

과제 10-22

가. 원의 둘레의 길이는 지름의 길이의 약 3.14 배라는 것을 실을 이용하여 살펴보아라.

나. 원의 넓이를 S, 지름의 길이를 l이라고 할 때 $S=\frac{\pi l^2}{4}$라는 것을 설명하여라.

다. 구(球)의 부피를 V, 지름의 길이를 l이라고 할 때, $V=\frac{\pi l^3}{6}$라는 것을 직관적으로 설명할 수 있는 방안은 무엇인가?

아르키메데스는 원뿔의 부피도 계산하여 원기둥, 구, 원뿔 부피 상호간의 관계를 밝혔다. 아르키메데스의 묘비에는 원기둥과 그 안에 내접하는 구가 새겨져 있었다고 한다.

다음 그림을 생각하여 보자. 왼쪽 그림에서는 원뿔이 원기둥 안에 있고, 오른쪽 그림에서는 구 안에 원뿔 두 개가 붙어 있다.

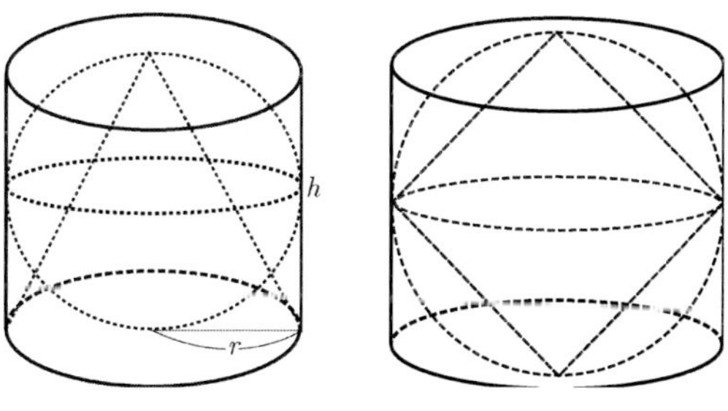

위에 있는 원뿔, 구, 원기둥 세 입체의 부피의 비율은 1 : 2 : 3 이다. 자연수가 초월수들 사이에 존재한다.

과제 10-23 위 그림에서 원뿔, 구, 원기둥 세 입체의 부피의 비율은 1 : 2 : 3 임을 증명하여라.

원주율은 원이나 구에만 관련되는 수가 아니다.

과제 10-24 다음 급수는 발산한다는 것을 설명하여라.

$$1+\frac{1}{2}+\frac{1}{3}+\cdots+\frac{1}{n}+\cdots$$

이에 반하여 급수 $\frac{1}{1^2}+\frac{1}{2^2}+\frac{1}{3^2}+\cdots$는 수렴한다는 사실이 알려졌지만 그 값이 정확히 얼마인지를 다음과 같이 밝힌 사람은 오일러이다. 이 급수에 원주율이 개입한다.

$$\frac{\pi^2}{6}=\frac{1}{1^2}+\frac{1}{2^2}+\frac{1}{3^2}+\cdots$$

이 책에서는 증명하지 않지만 원주율 π는 무리수이다.

(2) 오일러 상수: e

무리수 중에서 또 하나 중요한 것이 있다.

≪정의 10.25≫ $e=\frac{1}{1}+\frac{1}{2}+\frac{1}{3!}+\cdots+\frac{1}{n!}+\cdots$

■ 소수의 분포

양의 실수 x 에 대하여 x 보다 작거나 같은 소수 전체의 개수를 $\pi(x)$ 라고 하면 다음이 성립한다. 여기서 $\ln x=\log_e x$ 이다.

$$\lim_{x\to\infty}\frac{\pi(x)}{x/\ln x}=1$$

100만원을 A 은행에 예치하면 1년 후 100%의 이자를 준다고 하자. B 은행은 6개월 후 50%의 이자를 지불하고 년 말에 복리 50%를 지급한다. C 은행은 매 분기마다 같은 방식으로 지급한다. Z 은행은 매 순간마다 그렇게 한다면 1년 후에 얼마를 지급해야 하나?

$$1+1$$

$$(1+\frac{1}{2})+(1+\frac{1}{2})\times\frac{1}{2}=(1+\frac{1}{2})^2$$

$$(1+\frac{1}{3})+(1+\frac{1}{3})\times\frac{1}{3}+((1+\frac{1}{3})+(1+\frac{1}{3})\times\frac{1}{3})\times\frac{1}{3}=(1+\frac{1}{3})^3$$

$$\vdots$$

$$(1+\frac{1}{n})^n$$

과제 10-26 위에서 마지막 식 $(1+\frac{1}{n})^n$은 수렴한다는 것을 수학적 귀납법을 사용하여 증명하여라.

다음 정리의 증명은 (허민, 2000)에 있다.

정리 10.27

$$\lim_{n\to\infty}(1+\frac{1}{n})^n = e$$

이 책에서는 증명하지 않지만 e는 무리수이다.

■ 초등학교에서 피보나치수열의 활용

피보나치 수에는 초등학교에서 활용하기에 적합한 흥미로운 성질들이 존재한다.

가. 피나보치 수의 합으로 표현하기

모든 자연수를 피보나치 수들의 합으로 표현할 수 있다. 예를 들면, 30을 30 = 21 + 8 + 1로 표현하거나, 30 = 13 + 8 + 5 + 3 + 1로 나타낼 수 있다. 이처럼 한 자연수를 나타내기 위한 피보나치 수의 조합은 다양하지만, 자연수를 만들 때 이어지지 않는 피보나치 수만을 이용해서 만드는 방법은 오직 한가지만 존재한다.

즉, 30을 피보나치 수의 합으로 표현하되, 서로 붙어있는 피보나치 수를 사용하지 않고 나타내는 방법은 30 = 21 + 8 + 1외에는 없다. 이것은 벨기에의 제켄도르프(Edouard Zechendorf, 1901−1983)에 의해 발견되어서 제켄도르프 이론이라고도 한다. 초등학교에서는 피보나치 수의 이러한 성질을 활용하여 학생들에게 친숙한 자연수를 피보나치 수의 조합으로 만드는 활동을 진행할 수 있다.

나. 피보나치 수를 활용하여 곱셈계산하기

피보나치 수를 이용해서도 곱셈 계산을 할 수 있다.

47 × 96	
1	96
2	192
3	288
5	480
8	768
13	1248
21	2016
34	3264
47 × 96 = 1248+3264 = 4512	

피보나치 수를 활용한 곱셈의 방법을 47×96을 예로 들어 알아보자. 우선 표의 왼 칸에 1부터 시작하여 47보다 작은 피보나치 수가 나타날 때까지 위에서부터 차례로 쓴다. 그 후 표의 오른쪽 칸에 96에서 시작하여 두 번째 줄에는 96의 두 배를 쓰고, 그 이후부터는 피보나치 수열의 규칙과 마찬가지로 앞의 두 행을 더해서 차례로 적는다. 이제, 곱해지는 수 47을 피보나치 수의 합으로 나타냈을 때 쓰이는 피보나치 수를 선택한다. 47 = 13 + 34이므로 가장 왼쪽 행이 13, 34일 때 오른쪽 행의 수를 더하면 47×96의 합을 구할 수 있다.

수업자료

위와 같은 내용을 학교 현장에서 활용할 수 있도록 다음과 같이 활동지를 제공한다.

[학생활동지 10-1]

피보나치 수 1

1. 다음 수의 배열을 보고 문제에 답하시오.

1, 1, 2, 3, 5, 8, 13, …

(1) 8번째 수는 무엇일까요?

(2) 위의 수 배열의 규칙을 써보시오.

(3) 다음의 분수를 소수로 나타내시오.

	분수	소수
$\frac{\text{두번째수}}{\text{첫번째수}}$		
$\frac{\text{세번째수}}{\text{두번째수}}$		
$\frac{\text{네번째수}}{\text{세번째수}}$		
$\frac{\text{다섯번째수}}{\text{네번째수}}$		
$\frac{\text{여섯번째수}}{\text{다섯번째수}}$		
$\frac{\text{일곱번째수}}{\text{여섯번째수}}$		
$\frac{\text{여덟번째수}}{\text{일곱번째수}}$		
아래로 내려올수록 얼마에 가까워지는지 소수 둘째자리까지 쓰시오.		

(4) 이와 같은 수의 배열을 □□□□ □□이라고 하고, 여기서 이어진 두 수의 비가 수렴하는 수를 □□□라고 합니다.

[학생활동지 10-2]

피보나치 수 2

자연수를 피보나치 수의 합으로 표현해 보자.
30 = 21 + 8 + 1와 같이 다음에 주어진 수를 이어지지 않은 피보나치 수들의 합으로 표현해 보세요.

1, 1, 2, 3, 5, 8, 13, 21, 34, 55, 89, ⋯

자연수	피보나치 수의 합	자연수	파보나치 수의 합
4 =		20 =	
6 =		25 =	
7 =		35 =	
9 =		40 =	
10 =		45 =	
11 =		50 =	
12 =		60 =	

[학생활동지 10-3]

피보나치 수 3

피보나치 수를 이용하여 두 수의 곱셈 문제를 해결해보자.

피보나치 수를 이용해서도 곱셈 계산을 할 수 있습니다. 다음 규칙을 보고 피보나치 수를 이용하여 25 × 91을 해결해봅시다.

1. 표의 왼쪽 칸 : 1부터 시작하여 25보다 큰 피보나치 수가 나오지 않을 때까지 차례로 피보나치 수를 계속 써 내려간다.
2. 표의 오른쪽 칸 : 첫 줄에 91을 쓰고 밑에는 91을 두 배하여 쓴 뒤 아래로 내려갈수록 전의 두 수를 더해서 써 내려간다.
3. 25를 피보나치 수의 합으로 나타냈을 때 사용되는 피보나치 수를 찾고, 그 수의 오른쪽 칸에 쓴 수들을 모두 합하면 두 수의 곱의 결과가 나온다.

25 × 91 =

CHAPTER

11 예술에 깃든 수학

앞 장에서 살펴보았듯이 사람의 손이 닿지 않은 자연에는 수학적 소재가 자주 발견된다. 사람이 만든 예술품은 어떠할까?

예술이 추구하는 가치가 아름다움이라면 예술에 수학이 깃들지 않을 수 없다. 수학은 아름다움을 아름답게 설명하는 아름다움이기 때문이다.

이 장에서는 음악과 미술에 깃들어 있는 수학을 몇 가지 예를 통하여 간략히 살핀다.

■ 음악에 수학이

가. 무리수와 음악

아래 기타(guitar)를 보며 어떠한 질문들을 할 수 있을까? 그 중에서 '수학적'인 문제가 있을까?

과제 11-1 학생들에게 기타에 관한 질문으로서 어떠한 것을 할 수 있을까?

평균율(equal temperament)에서는 한 옥타브 사이에 있는 12 개의 음을 기하평균(geometric mean)을 이용하여 나눈다. 즉, 진동수 1 (현의 길이 2)과 진동수 2 (현의 길이 1) 사이를 12 개의 음으로 나누되 2 의 12제곱근 $\sqrt[12]{2}$ 라는 무리수를 사용한다.

"도"와 한 옥타브 높은 "도" 사이에 있는 12개의 음은 다음과 같다.

도 도#(레♭) 레 레#(미♭) 미 파 파#(솔♭) 솔 솔#(라♭) 라 라#(시♭) 시 도

기본음(도)의 현의 길이를 1 로 나타내며 $\sqrt[12]{2}$ 를 r 로 표시하면 평균율에 의한 각 음의 현의 길이는 다음과 같다.

기본음(도): $r^0 = 1$

단2도 높은음(레♭): $\frac{1}{r}$

장2도 높은음(레): $\frac{1}{r^2}$

단3도 높은음(미♭): $\frac{1}{r^3}$

장3도 높은음(미): $\frac{1}{r^4}$

완전4도 높은음(파): $\frac{1}{r^5}$

완전5도 높은음(솔): $\frac{1}{r^7}$

한 옥타브 높은음(도): $\frac{1}{r^{12}} = \frac{1}{2}$

과제 11-2 앞 그림의 기타는 평균율에 의하여 조율되었다고 하자. 그림에서 점이 두 개 찍혀있는 지점이 개방현의 길이의 반($\frac{1}{2}$)인 프렛(fret)이다. 점이 한 개 찍혀 있는 각각의 프렛에서의 현의 길이와 개방현의 길이의 비율은 얼마인지 계산하여라.

나. 유리수와 음악

소리의 규칙에 관심이 많았던 피타고라스는 현의 길이와 소리의 높이 사이의 관계에 관하여 다음 두 가지 사실을 발견하였다.

편의상, 이 두 사실을 '피타고라스음계의 공리(axiom)'라고 부르자.

- 주어진 현의 길이를 $\frac{1}{2}$ 로 줄이면 한 옥타브가 높은 같은 음이 된다.
- 주어진 현의 길이를 $\frac{2}{3}$ 로 줄이면 완전5도 높은 음이 난다.

과제 11-3 3화음(triad)은 완전5도(perfect fifth) 음을 중심으로 구성된다. 다음 Major-코드(장3화음)의 음의 구성을 확인하여라.

C-코드: 도미솔(CEG)
D-코드: 레파#라(DF#A)
E-코드: 미솔#시(EG#B)
F-코드: 파라도(FAC)
G-코드: 솔시레(GBD)
A-코드: 라도#미(AC#E)
B-코드: 시레#파#(BD#F#)

이제, 피타고라스 음계에 따라 각 음의 현의 길이를 알아보자.

완전5도씩 계속 올려 나가되 한(또는 두) 옥타브 밖으로 벗어나면 2(또는 4)를 곱하여 한(또는 두) 옥타브 내림으로써 7 개의 음을 얻을 수 있다.

이러한 과정을 거쳐 얻은 각 음의 현의 길이는 다음과 같다. 여기서, ≡는 한 옥타브 또는 두 옥타브 내리는 것을 뜻한다.

도: 1

기본음으로 현의 길이를 1이라고 하자.

솔: $1\times\frac{2}{3}$

C-코드에서 솔은 도보다 완전5도 높다. 따라서 솔의 현의 길이는 도의 현의 길이의 $\frac{2}{3}$이다.

레: $1\times(\frac{2}{3})^2 \equiv \frac{4}{9}\times 2 = \frac{8}{9}$

G-코드에서 레는 솔보다 완전5도 높다. 따라서 레의 현의 길이는 도의 현의 길이의 $\frac{8}{9}$이다.

라: $1\times(\frac{2}{3})^3 \equiv \frac{8}{27}\times 2 = \frac{16}{27}$

D-코드에서 라는 레보다 완전5도 높다. 따라서 라의 현의 길이는 도의 현의 길이의 $\frac{16}{27}$이다.

미: $1\times(\frac{2}{3})^4 \equiv \frac{16}{81}\times 4 = \frac{64}{81}$

A-코드에서 미는 라보다 완전5도 높다. 따라서 미의 현의 길이는 도의 현의 길이의 $\frac{64}{81}$이다.

시: $1\times(\frac{2}{3})^5 \equiv \frac{32}{243}\times 4 = \frac{128}{243}$

E-코드에서 시는 미보다 완전5도 높다. 따라서 시의 현의 길이는 도의 현의 길이의 $\frac{128}{243}$이다.

파: $\frac{3}{4}$

파의 현의 길이를 x 라고 하자. F-코드에서 도는 파보다 완전5도 높기 때문에 $x \times \frac{2}{3} = \frac{1}{2}$ 이다. 따라서 $x = \frac{3}{4}$ 이다. 이 경우에는 기본음보다 한 옥타브 높은 '도($\frac{1}{2}$)'에서 완전5도를 역산하여 '파'를 계산한 것이다.

이를 정리하여 각 음의 현의 길이는 다음과 같음을 알 수 있다.

도	레	미	파	솔	라	시	도
1	$\frac{8}{9}$	$\frac{64}{81}$	$\frac{3}{4}$	$\frac{2}{3}$	$\frac{16}{27}$	$\frac{128}{243}$	$\frac{1}{2}$

피타고라스음계에 의하면 기본음보다 완전5도 높은 음의 현의 길이는 $\frac{2}{3}$ 이고, 평균율에 의하면 기본음보다 완전5도 높은 음의 현의 길이는 $\frac{1}{r^7}$ 이다. 그러나 유리수 $\frac{2}{3}$ 와 무리수 $\frac{1}{r^7}$ 의 차이가 유발하는 소리의 차이는 사람의 귀로 인식하지 못하는 정도이다.

다. 동양음악과 서양음악

우리나라와 중국에서 전통 음을 만드는 주된 방법은 삼분손익(三分損益)이다. 삼분손익법은 삼분손일(三分損一)과 삼분익일(三分益一)을 반복하여 12율을 얻게 한다.

기본음이 되는 소리를 내는 율관(律管)의 길이를 3등분하고, 그 중에서 1/3을 제거한 나머지(2/3)에 해당하는 길이의 율관으로 소리를 내면, 완전5도 높은 소리가 나는데, 이 방법이 삼분손일(三分損一)이다. 한편, 율관의 길이를 3등분하여 그 1/3에 해당하는 길이만큼을 더한 길이(4/3)의 율관에서 나는 소리는 기본보다 완전4도 낮은 소리가 나는데, 이러한 방법이 삼분익일(三分益一)이다.

성종 대에 편찬된 "악학궤범" 십이율위장도설(十二律圍長圖說)에 의하면, 길이가 9촌(寸)인 황종율관을 기본으로 하여 삼분손일과 삼분익일을 반복하여 12율관(황종, 대려, 태주, 협종, 고선, 중려, 유빈, 임종, 이칙, 남려, 무역, 응종)을 모두 얻는다.

즉, 황종율관의 길이 9촌의 $\frac{2}{3}$를 취하면 6촌의 임종율관을 얻고, 6촌의 임종율관을 삼분익일 즉 $\frac{4}{3}$를 취하면 8촌의 태주율관을 얻는다. 태주 율관을 다시 삼분손일하면 남려 율관을, 남려 율관을 삼분익일하면 고선 율관을 얻는다. 이렇게 황종에서 출발하여 삼분손일과 삼분익일을 계속하면 12율관(황종, 대려, 태주, 협종, 고선, 중려, 유빈, 임종, 이칙, 남려, 무역, 응종)을 모두 얻는다.

이상의 과정을 구체적으로 알아보자. 이 계산에서는 황종율관의 길이를 1 이라고 하고, 삼분손일과 삼분익일을 반복하여 12개의 관의 길이를 구한다. 음 이름 뒤의 괄호 안에 있는 수는 관의 길이 순서이다.

1 : 황종(1)

$1\times\frac{2}{3}=\frac{2}{3}=\frac{354294}{531441}$: 임종(8)

$\frac{2}{3}\times\frac{4}{3}=\frac{8}{9}=\frac{472392}{531441}$: 태주(3)

$\frac{8}{9}\times\frac{2}{3}=\frac{16}{27}=\frac{314928}{531441}$: 남려(10)

$\frac{16}{27}\times\frac{4}{3}=\frac{64}{81}=\frac{419904}{531441}$: 고선(5)

$\frac{64}{81}\times\frac{2}{3}=\frac{128}{243}=\frac{279936}{531441}$: 응종(12)

$\frac{128}{243}\times\frac{4}{3}=\frac{512}{729}=\frac{373248}{531441}$: 유빈(7)

△ $\frac{512}{729}\times\frac{2}{3}=\frac{1024}{2187}=\frac{248832}{531441}\equiv\frac{497664}{531441}$: 대려(2)

$$\frac{1024}{2187}\times\frac{4}{3}=\frac{4096}{6561}=\frac{331776}{531441}：\text{이칙}(9)$$

$$\triangle\ \frac{4096}{6561}\times\frac{2}{3}=\frac{8192}{19683}=\frac{221184}{531441}\equiv\frac{442368}{531441}：\text{협종}(4)$$

$$\frac{8192}{19683}\times\frac{4}{3}=\frac{32768}{59049}=\frac{294912}{531441}：\text{무역}(11)$$

$$\triangle\ \frac{32768}{59049}\times\frac{2}{3}=\frac{65536}{177147}=\frac{196608}{531441}\equiv\frac{393216}{531441}：\text{중려}(6)$$

$$\frac{65536}{177147}\times\frac{4}{3}=\frac{262144}{531441}：\text{황종}(1)$$

위에서 '△' 표가 붙은 부분은 현의 길이를 두 배 늘여서 음을 한 옥타브 내린 것이다.

이상을 종합하여 율관의 길이 순서로 배열하면 다음과 같이 된다.

황종, 대려, 태주, 협종, 고선, 중려, 유빈, 임종, 이칙, 남려, 무역, 응종

라. ♯와 ♭의 위치

조옮김을 할 때 어느 음에 올림표(♯) 또는 내림표(♭)가 붙는지를 외우고 있으면 편리하다. 여기에서는 왜 그러한 위치에 올림표 또는 내림표가 있어야 하는지를 알아본다.

여기에 실린 내용은 신현용 · 신혜선 · 나준영 · 신기철 (2014)에 있는 것의 일부이다.

(1) 장조의 경우

C-장조는 다음과 같은 음으로 구성된다.

C – D – E – F – G – A – B – C

C를 으뜸음으로 하고, 이웃하는 두 음 사이는 '온음–온음–반음–온음–온음–온음–반음'으로 되어있다. 그렇다면, C보다 완전5도 높은 G를 으뜸음으로 하는 G-장조는 어디에 ♯이 있을까?

G – A – B – C – D – E – F – G

여기에서 '온음–온음–반음–온음–온음–온음–반음'을 유지하려면 다음과 같이 되어야 한다.

G – A – B – C – D – E – F♯ – G

따라서 ♯이 아래 그림 두 번째 칸과 같이 있어야 한다.

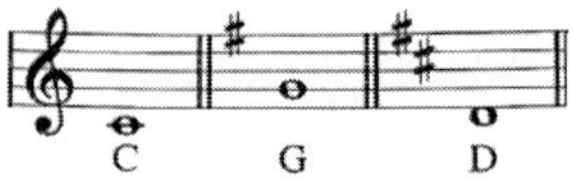

과제 11-4 D를 으뜸음으로 하는 D–장조의 경우에는 ♯이 위의 그림 세 번째 칸과 같은 위치에 두 개 있음을 확인하여라.

이제, C보다 완전5도 낮은 F를 으뜸음으로 하는 F–장조는 어디에 ♭이 있는지 알아보자.

F – G – A – B – C – D – E – F

여기에서 '온음–온음–반음–온음–온음–온음–반음'을 유지하려면 다음과 같이 되어야 한다.

F – G – A – B♭ – C – D – E – F

따라서 ♭가 아래 그림 두 번째 칸과 같이 있어야 한다.

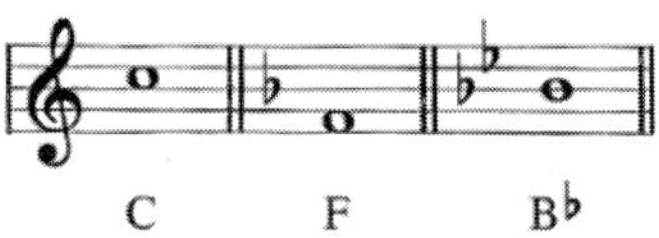

과제 11-5 F보다 완전5도 낮은 B♭를 으뜸음으로 하는 B♭–장조의 경우에는 ♭가 위의 그림 세 번째 칸과 같은 위치에 두 개 있음을 확인하여라.

(2) 단조의 경우

A-단조는 C-장조와 같은 조표를 사용한다. 즉, A-단조는 다음과 같은 음으로 구성된다.

A - B - C - D - E - F - G - A

A를 으뜸음으로 하고, 이웃하는 두 음 사이는 '온음-반음-온음-온음-반음-온음-온음'으로 되어 있다.

과제 11-6 다음을 확인하여라.

가. A보다 완전5도 높은 E를 으뜸음으로 하는 E-단조, E보다 완전5도 높은 B-단조의 경우에는 ♯의 위치가 각각 아래 그림 두 번째 칸과 세 번째 칸과 같다.

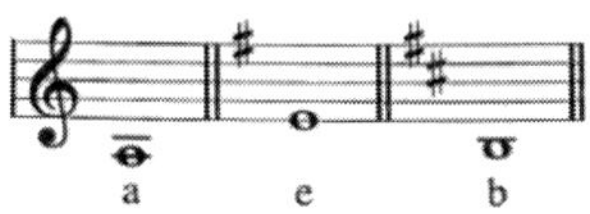

나. A보다 완전5도 낮은 D를 으뜸음으로 하는 D-단조, D보다 완전5도 낮은 G를 으뜸음으로 하는 G-단조의 경우에는 ♭의 위치가 각각 아래 그림 두 번째 칸과 세 번째 칸과 같다.

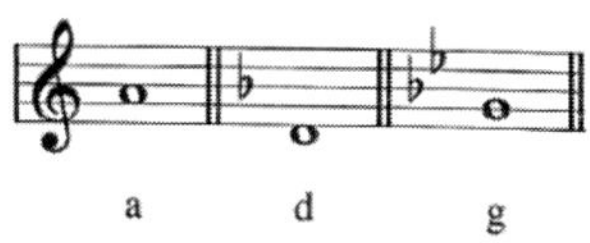

(3) 수학으로

이상에서 살펴본 조옮김을 수학적 기호나 용어를 사용하여 설명하여보자. 수학을 사용하면 모든 이론이 분명하여지거나 설명이 쉬워진다는 뜻은 아니다. 여기에서는 단지 조성을 수학으로도 설명할 수 있다는 것을 살핀다.

먼저, 다음 두 행렬을 생각한다.

$$G=\begin{bmatrix} 0&1&0&0&0&0&0\\ 0&0&1&0&0&0&0\\ 0&0&0&1&0&0&0\\ 0&0&0&0&1&0&0\\ 0&0&0&0&0&1&0\\ 0&0&0&0&0&0&1\\ 1&0&0&0&0&0&0 \end{bmatrix},\quad X=\begin{bmatrix} x_1\\ x_2\\ x_3\\ x_4\\ x_5\\ x_6\\ x_7 \end{bmatrix}$$

위의 두 행렬을 곱하면 다음이 성립한다.

$$GX=\begin{bmatrix} 0&1&0&0&0&0&0\\ 0&0&1&0&0&0&0\\ 0&0&0&1&0&0&0\\ 0&0&0&0&1&0&0\\ 0&0&0&0&0&1&0\\ 0&0&0&0&0&0&1\\ 1&0&0&0&0&0&0 \end{bmatrix}\begin{bmatrix} x_1\\ x_2\\ x_3\\ x_4\\ x_5\\ x_6\\ x_7 \end{bmatrix}=\begin{bmatrix} x_2\\ x_3\\ x_4\\ x_5\\ x_6\\ x_7\\ x_1 \end{bmatrix}$$

즉, X의 모든 성분은 앞으로 한 칸씩 이동한다. 마찬가지로 G^2, G^3, G^4, G^5, G^6 각각을 X의 왼쪽에 곱해주면 X의 성분을 앞으로 두 칸, 세 칸, 네 칸, 다섯 칸, 여섯 칸씩 이동시키는 결과를 얻게 된다. 한편, $G^7=1$이므로 G^7을 X의 왼쪽에 곱해주면 원래의 X로 돌아온다.

편의를 위하여, 행렬 G를 치환 $\sigma=(1765432)=(7654321)\in S_7$ 이라고 나타내면, G^2, G^3, G^4, G^5, G^6는 각각 다음과 같은 치환이 된다.

$$\sigma^2=(1642753)$$

$$\sigma^3=(1526374)$$

$$\sigma^4=(1473625)$$

$$\sigma^5=(1357246)$$

$$\sigma^6=(1234567)$$

다장조의 음계를 다음과 같이 생각하자.

다	라	마	바	사	가	나	다
C	D	E	F	G	A	B	C
1음	2음	3음	4음	5음	6음	7음	8음
↑	↑	↑	↑	↑	↑	↑	↑
1칸	2칸	3칸	4칸	5칸	6칸	7칸	8칸

여기서 1칸, 2칸, 4칸, 5칸, 그리고 6칸은 온음이고, 3칸과 7칸은 반음이다.

행렬 X를 다음과 같이 생각하자.

$$X=\begin{bmatrix} x_1 \\ x_2 \\ x_3 \\ x_4 \\ x_5 \\ x_6 \\ x_7 \end{bmatrix}=\begin{bmatrix} 1\text{칸} \\ 2\text{칸} \\ 3\text{칸} \\ 4\text{칸} \\ 5\text{칸} \\ 6\text{칸} \\ 7\text{칸} \end{bmatrix}$$

올림표(♯)가 한 개 있는 사장조에 대하여 알아보기 위하여, 일곱 개의 자리를 이동시키는 치환 $\delta=\sigma^4=(1473625)\in S_7$를 생각하자.

과제 11-7 σ의 위수(order)가 7임을 이용하여 δ의 위수도 7임을 증명하여라.

다음을 알 수 있다.

$$G^4X=\begin{bmatrix} x_5 \\ x_6 \\ x_7 \\ x_1 \\ x_2 \\ x_3 \\ x_4 \end{bmatrix}$$

따라서 치환 δ는 '1칸-2칸-3칸-4칸-5칸-6칸-7칸'의 순서를 '5칸-6칸-7칸-1칸-2칸-3칸-4칸'의 순서로 치환시킨다.

여기서 반음인 '3칸'과 '7칸'에 주목하자.

'5칸-6칸-7칸-1칸-2칸-3칸-4칸'에서 반음인 '3칸'의 자리로 오는 '7칸'은 이미 반음이다. 그러나 반음인 '7칸'의 자리로 오는 '4칸'은 반음이 아니고 온음인 '6칸'의 자리로 오는 '3칸'은 반음이다. 따라서 '3칸'의 뒤의 음이며 '4칸'의 앞의 음, 즉 '4음'에 ♯이 있어야 한다. '4음'은 F이므로 F에 ♯이 있어야 한다.

이 사실은 치환 $\delta=(1473625)$를 직접 살펴도 알 수 있다. 이 치환에서 '3'으로 오는 '7'은 이미 반음이지만, '6'으로 오는 '3'은 반음이고 '7'로 오는 '4칸'은 온음이므로 '3'의 뒤의 음이며 '4'의 앞의 음, 즉 F에 ♯이 있어야 한다.

이제 ♯이 두 개 붙는 경우는 ♯이 하나 붙는 경우의 반복이다. ♯이 하나 붙는 경우에는 그 위치는 으뜸음보다 두 번의 완전5도만큼 낮은음의 자리이므로 ♯이 두 개 붙는 경우에는, ♯이 하나 붙은 경우에다 ♯이 두 개 붙는 음계의 으뜸음 'D'보다 두 번의 완전5도 낮은 음인 'C'에 두 번째 ♯을 붙이면 된다는 것을 알 수 있다.

과제 11-8 ♯이 세 개 이상 붙는 경우에 어디에 ♯이 있는지를 계산하여라.

이상에서 장조의 경우에 ♯의 위치를 계산하였다. 장조의 경우에 ♭의 위치, 그리고 단조의 경우에 ♯과 ♭의 위치를 같은 방법으로 계산할 수 있다.

실제로, 음악 이론에서 수학의 역할은 매우 크다. 신현용 · 신혜선 · 나준영 · 신기철(2014)에는 음악에 사용되는 수학의 예가 있다.

*■ 미술에 수학이

인간의 특성을 나타내는 여러 말이 있다. 예를 들어, 호모사피엔스는(HOMO SAPIENS)는 "생각하는 인간"을, 호모하빌리스(HOMO HABILIS)는 "놀이하는 인간"을, 그리고 호모무지쿠스(HOMO MUSICUS)는 "노래하는 인간"을 나타낸다.

여기서 말하는 인간의 특징 세 가지의 공통점은 무엇인가? 수학이다. 수학 없이 생각이 가능할까? 수학 없이 품격 있는 놀이가 가능하며 수학 없이 음악이 가능할까?

음악에 수학이 스며있다면 미술에는 어떨까?

가. 띠

띠(frieze)는 일정한 모양이 좌우로 무한히 반복된다고 가정한다. 이러한 띠의 대칭을 생각할 때 다음을 알 수 있다.

- 좌우로 무한히 뻗은 직선은 불변이다.
- 일정한 거리에 의한 평행이동이 항상 존재한다.

이제 다음과 같은 대칭이 가능하다.

- 좌우 반사(reflection)가 있을 수 있다.
- 180° 회전(rotation)이 있을 수 있다.
- 상하 반사가 있을 수 있다.
- 일정한 거리를 평행이동한 후 상하 반사를 하는 미끄럼반사(glide-reflection)가 있을 수 있다.

이상을 요약하면 일곱 가지의 띠를 생각할 수 있다.

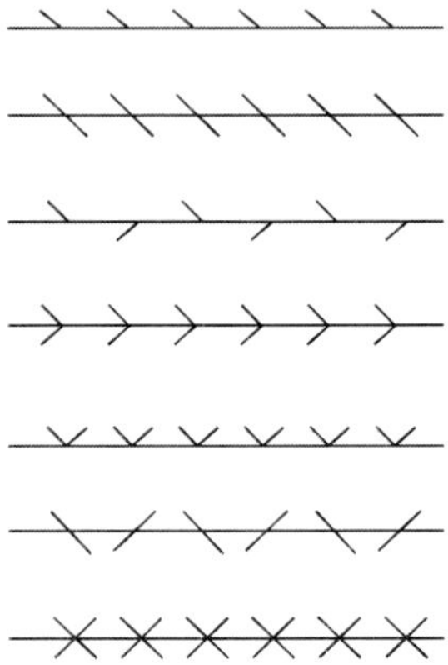

띠에 대한 대칭군을 띠군(frieze group)이라고 한다. 위 각각의 띠에 관한 군(띠군)을 어렵지 않게 계산할 수 있다.

> *과제 11-9 신현용 · 유익승 · 문태선 · 신실라(2014)를 참고하여 7개의 띠군이 무엇인지 조사하여라.

나. 벽지

띠는 좌 · 우 두 쪽 방향만을 고려하는데 벽지(wallpaper)는 좌·우 상·하 네 방향 모두를 고려한다.

가능한 모든 벽지 문양을 수학적으로 분류하면 모두 17가지이다. 즉, 17개의 벽지군(wallpaper group)이 있다.

> *과제 11-10 신현용 · 유익승 · 문태선 · 신실라(2014)를 참고하여 17개의 벽지군이 무엇인지 조사하여라.

다. 건축

네덜란드의 건축가 벤 판 베르컬(Ben van Berkel)은 '수학으로 건축'을 하는 사람으로 불린다. 가족 구성원 각자의 사생활을 보장하되 공유되는 공간을 효율적으로 제공하는 생활공간으로서 뫼비우스 띠를 적용한 것이 하나의 예이다.

베르컬은 뫼비우스 띠의 한 차원 높은 기하학적 모델이라고 할 수 있는 클라인 병도 실제 건축에 응용한다.

> **과제 11-11** 벤 판 베르컬의 건축물 중에서 뫼비우스 띠와 클라인의 병 각각을 응용한 건축물에 대하여 조사하여라. 또, 그의 건축물 중에서 한국에 있는 것들을 조사하여라.

마. 테셀레이션

네덜란드의 화가 에셔(M. Escher)는 기하학에 관한 본능적인 식견이 있었던 것으로 여겨진다. 그의 많은 작품은 기하학적 구조를 가지고 있기 때문이다.

> ***과제 11-12** 신현용 · 유익승 · 문태선 · 신실라(2014)를 참고하여 에셔의 작품에 표현되어 있는 수학적 내용을 조사하여라.

■ 초등학교 수학에서 음악의 활용

초등학생들이 음악시간에 직접 다루거나 주변에서 흔히 볼 수 있는 악기인 리코더, 단소, 피아노, 기타들은 모두 공통적으로 잘 연주했을 때 아름다운 소리가 나고, 연주를 잘 하지 못했을 때 좋지 않은 소리가 난다. 피아노를 칠 때에도 한음을 잘못 누르면 그것이 틀렸다는 것이 소리로 난

번에 드러난다. 조화로운 음과 조화롭지 않은 음의 차이는 어디에서 오는가? 그것은 바로 수학이다. 조화로운 음, 즉 아름다운 소리가 나는 음들 사이에는 수들 사이의 특별한 관계를 맺고 있다. 따라서 본 장에서는 음들 사이의 관계를 수학적으로 탐구해볼 수 있는 활동들을 소개하고자 한다. 또한 학생들의 흥미를 고취시키고 분수의 크기 비교, 분수의 곱셈, 소수의 나눗셈 등을 음악과 연결하여 지도할 수 있는 하나의 방안을 제안하고자 한다.

가. 피타고라스음계와 분수 학습

앞에서 살펴보았듯이 피타고라스음계는 $\frac{2}{3}$와 $\frac{1}{2}$이라는 유리수를 통해 7음을 만들어내고, 평균율은 기하평균과 무리수를 통해 한 옥타브내의 12음을 만든다. 초등학교에서도 실제로 분수의 곱셈 수업에서 학생들에게 $\frac{2}{3}$와 $\frac{1}{2}$을 이용하여 한 옥타브내의 7개 음의 현의 길이를 수로 표현하는 활동을 어렵지 않게 할 수 있다. 기본음 도의 현의 길이를 1이라고 하고 완전 5도 높은 음에 $\frac{2}{3}$배를 하고, 한 옥타브 밖으로 벗어나면 2배를 하여 각 음의 현의 길이를 아래와 같이 나타낼 수 있다.

	도	솔	레	라	미	시	파	도
현의 길이	1	$\frac{2}{3}$	$\frac{8}{9}$	$\frac{16}{27}$	$\frac{64}{81}$	$\frac{128}{243}$	$\frac{3}{4}$	$\frac{1}{2}$

이제 분수의 크기를 비교하여 7음을 순서대로 배치하면 다음과 같다. 이를 통해 낮은 음일수록 현의 길이가 더 길다는 것을 알 수 있다.

	도	레	미	파	솔	라	시	도
현의 길이	1	$\frac{8}{9}$	$\frac{64}{81}$	$\frac{3}{4}$	$\frac{2}{3}$	$\frac{16}{27}$	$\frac{128}{243}$	$\frac{1}{2}$

나. 평균율과 소수 학습

평균율은 초등학생이 학습하지 않는 무리수를 바탕으로 이루어지기 때문에 이를 수학과 연결하여 지도하기는 쉽지 않다. 그러나, 기타를 가지고 직접 체험해보는 활동을 통해 평균율을 간접적으로 경험해보게 할 수 있다. 또한 이러한 활동은 초등학교에서 소수의 나눗셈을 연습할 때 사용할 수 있는 좋은 소재이다.

이 활동을 보다 구체적으로 살펴보면, 먼저 기타의 2번 현에 있는 각 음의 현의 길이를 직접 재어보게 한다. 그런 다음, 각 음의 현의 길이를 다음의 현의 길이로 나누어 몫을 소수 셋째자리까지 나타내어 보면 현의 길이 사이의 관계가 약 1.059로 일정하게 유지된다는 것을 알 수 있다. 이때, 1.059는 앞에서 설명한 r이다.

수업자료

위와 같은 내용을 학교 현장에서 활용할 수 있도록 다음과 같이 활동지를 제공한다.

[학생활동지 11-1]

피타고라스음계

1. $\frac{1}{2}$과 $\frac{2}{3}$를 이용하여 다음의 7음을 수로 표현해 보시오.

※ 기본음보다 완전 5도 높은 음 : 기본이 되는 현의 길이의 $\frac{2}{3}$

※ 기본음보다 한 옥타브 높은 음 : 기본이 되는 현의 길이의 $\frac{1}{2}$

음	현의 길이	완전 5도 높은 음
기본 도	1	도-미-(솔)
솔	$1\times\frac{2}{3}=\frac{2}{3}$	솔-시-(레)
레		레-파#-(라)
라		라-도#-(미)
미		미-솔#-(시)
시		-
파		파-라-(도)

2. 각 음의 현의 길이를 비교하고 분수의 크기가 큰 순서대로 배열하시오.

음	기본 도							
현의 길이	1							

3. 위의 활동을 통해 알 수 있는 사실을 쓰시오.

✏

✏

4. 피타고라스음계로 나만의 악기를 만들어 보시오.

[학생활동지 11-2]

기타 안에 숨어있는 수

기타를 관찰하고 기타 안에 숨어있는 수를 찾아봅시다.

1. 모둠별로 기타를 관찰하고 알 수 있는 사실들을 모두 쓰시오.

✏

✏

2. 2번 현의 각 음의 길이를 직접 자로 재어보고 길이를 쓰시오.

음	현의 길이
기본 도	
도#	
레	
레#	
미	
파	
파#	
솔	
솔#	
라	
라#	
시	
한옥타브 높은 도	

3. (현재 음의 현의 길이)÷(다음 음의 현의 길이)을 계산하고 몫을 소수 셋째 자리까지 나타내어 보시오.

(현재 음의 현의 길이) ÷(다음 음의 현의 길이)	식	몫
도 - 도#		
도# - 레		
레 - 레#		
레# - 미		
미 - 파		
파 - 파#		
파# - 솔		
솔 - 솔#		
솔# - 라		
라 - 라#		
라# - 시		
시 - 도		

4. 위의 활동을 통해 알 수 있는 사실을 쓰시오.

✏

✏

CHAPTER

12 나오며

초등학교 교사에게 대수학에 대한 깊이 있는 이해는 중요하다고 할 수 있다. 초등학교 수학의 대부분의 내용이 대수학과 관련되기 때문이다. 그러나 대수학의 방대한 범위와 깊이로 인하여 초등학교 교사에게 적절한 교재를 개발한다는 것은 결코 쉬운 일이 아니다.

중등학교 교사를 위한 대수학이 따로 있고 초등학교 교사를 위한 대수학이 따로 있는 것은 아니지만 그 두 경우에는 대수학 자체와는 무관한 여러 가지 현실적인 차이가 있다. 예를 들어, 대수학과 관련하여 개설되는 강좌의 수는 물론, 논의하는 내용의 범위와 수준도 다르다. 이 책은 초등학교 교사에게 필요하다고 생각되는 내용을 적절한 수준으로 제시한 것이다. 내용의 범위와 수준(깊이)은 저자의 주관적인 판단에 따라 정하였다.

수학의 실용성 측면에서 대수학을 논의할 때 '응용대수학'을 언급하는 것이 필요하다고 할 수 있다. 실제로 중등학교 수학 (예비)교사에게 정보보호학(암호학)이나 정보통신이론(부호이론) 등의 응용대수학적 내용을 소개하는 것이 일반적인 추세라고 할 수 있다. 그러나 이 책은 응용대수학에 관하여 매우 간략히 소개하였다.

다음은 한 교사가 수학을 잘 못하는 학생에게 수학을 가르치는 장면이다. 이 대화는 플라톤의 저서인 '메논(Meno)'에 기록되어 있는 것으로서 교사는 소크라테스이고 학생은 메논의 하인인 소년이다. 대화에 있는 번호는 참고한 책에 있는 번호이다.

[82]

…

소크라테스: (정사각형 그림을 보여 주며)[1] 소년아, 이렇게 생긴 도형이 정사각형이라는 것을 아니?

소년: 예.

소크라테스: 정사각형은 길이가 같은 네 개의 변을 가지고 있지.

소년: 그렇습니다.

소크라테스: 정사각형의 중심을 지나도록 그은 이 선들도 길이가 같겠지?

소년: 예.

소크라테스: 정사각형은 어떠한 크기로라도 그릴 수 있지?

소년: 그렇습니다.

소크라테스: 한 변의 길이가 2 피트이고, 다른 변의 길이도 2 피트이면 그 정사각형의 넓이는 얼마일까? 자, 이렇게 생각하여보자. 한 방향의 길이가 2피트이고 다른 방향의 길이가 1피트이면 2 피트가 한 번 계산되지.

소년: 예.

소크라테스: 그런데 다른 변도 2피트이니까 2 피트가 두 번 계산되네.

소년: 그렇습니다.

소크라테스: 그렇다면 정사각형의 넓이는 2 피트의 두 배이지?

소년: 예.

소크라테스: 2 피트의 두 배이면 얼마이지? 계산하여 내게 말해 봐.

소년: 4입니다, 소크라테스 선생님.

소크라테스: 자, 이 정사각형 넓이의 두 배인 정사각형이 있지 않을까?

소년: 예.

소크라테스: 그 정사각형의 넓이는 얼마일까?

소년: 8 피트입니다.

---

1) 이 설명은 이 책의 저자가 첨가하였습니다.

소크라테스: 넓이가 두 배인 그 정사각형의 한 변의 길이는 얼마인지 알아보고 내게 알려 주거라. 자, 이 정사각형의 한 변의 길이는 2 피트인데, 그 정사각형의 한 변의 길이는 얼마일까?

소년: 소크라테스 선생님, 분명히 두 배입니다.

소크라테스: (옆에 있는 메논Meno을 바라보며[2)]) 메논, 보다시피 나는 소년에게 아무 것도 가르치지 않아요. 단지 질문만 할 뿐이죠. 저 소년은 넓이가 8 제곱피트인 정사각형의 한 변의 길이가 얼마인지를 본인이 안다고 생각하고 있어요. 그런데 모르고 있잖아요?

메논: 모르고 있습니다.

소크라테스: 저 소년이 알고 있나요?

메논: 분명히 모르고 있습니다.

소크라테스: 그는 단순하게 넓이가 두 배이니까 길이도 두 배일 거라고 추측하고 있는 겁니다.

메논: 옳습니다.

소크라테스: 소년이 정규 순서에 따라가는 단계를 주목하여 보세요.

[83]

(소년에게) 소년아, 너는 두 배의 넓이는 두 배의 길이에서 얻어진다고 생각하니? 나는 직사각형을 생각하는 것이 아니다. 이 정사각형 넓이의 두 배인 정사각형을 말하는 것이다. 나는 네가 두 배의 넓이는 두 배의 길이에서 얻어진다고 생각하는지 알고 싶단다.

소년: 예.

소크라테스: 그런데, 이 선에 길이가 같은 다른 선을 더하면 두 배가 되지 않니?

소년: 예.

소크라테스: 그러한 길이의 선 네 개가 넓이 8피트를 만들까?

소년: 예.

소크라테스: 자, 그림을 그려 보자. 이것의 넓이가 8피트라고 할 수 없잖아?

---

2) 이 설명은 이 책의 저자가 첨가하였다.

소년: 예.

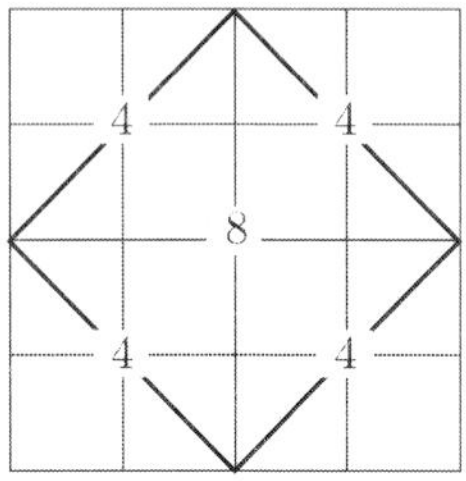

소크라테스: 넓이가 4 피트인 원래의 정사각형과 같은 것이 네 개 있지 않니?

소년: 그렇습니다.

소크라테스: 이는 4 곱하기 4 아닌가?

소년: 분명히 그렇습니다.

소크라테스: 4 배는 두 배가 아니잖아.

소년: 아닙니다.

소크라테스: 몇 배니?

소년: 네 배입니다.

소크라테스: 따라서, 소년아, 길이가 두 배가 되면 넓이는 두 배가 아닌 네 배가 되는 거란다.

소년: 알겠습니다.

소크라테스: 4 곱하기 4 는 16이지?

소년: 예.

소크라테스: 이 그림은 넓이가 16 피트인 그림인데 어떤 선이 넓이가 8 피트인 정사각형을 만들까? 보이니?

소년: 예.

소크라테스: 넓이가 4 피트인 정사각형은 이 반쪽 선으로 만들어지지?

소년: 예.

소크라테스: 좋아. 넓이가 8 피트인 도형은 넓이가 4 피트인 이 도형의 두 배이고, 넓이가 16 피트인 다른 도형의 반이지?

소년: 분명합니다.

소크라테스: 넓이가 8 피트인 도형의 한 변의 길이는 넓이가 4 피트인 이 도형의 한 변의 길이보다는 크고, 넓이가 16 피트인 다른 도형의 한 변의 길이보다는 작겠지?

소년: 그렇다고 생각합니다.

소크라테스: 아주 좋아. 이제, 네 생각을 알고 싶다. 이 길이는 2도 아니고 4도 아니지?

소년: 예.

소크라테스: 결국 넓이가 8 피트인 도형의 한 변의 길이는 2보다는 크고 4보다는 작아야지?

소년: 그래야 할 것 같습니다.

소크라테스: 그 길이가 얼마인지 생각하고 나에게 말해라.

소년: 3 피트입니다.

소크라테스: 이 변의 길이가 2인데 여기에 그 반을 더하면 3이고, 다른 변에서도 그 길이가 2인데 거기에 반을 더하면 3이다. 이게 네가 생각하는 도형이니?

소년: 예.

소크라테스: 이 쪽에 3 피트이고, 저 쪽에 3 피트이면 넓이는 3 피트 곱하기 3 피트 아닌가?

소년: 분명합니다.

소크라테스: 3 피트의 세 배는 얼마인데?

소년: 9입니다.

소크라테스: 4의 두 배는 얼마이고?

소년: 8입니다.

소크라테스: 그렇다면 넓이가 8 피트인 정사각형의 한 변의 길이는 3 이 아니잖아?

소년: 아니군요.

[84]

소크라테스: 그러면 어떤 선일까? 내게 정확히 말해 봐. 정확히 계산하지 않아도 돼. 내게 그 선을 보여 봐.

소년: 소크라테스 선생님, 솔직히 말씀드리면 잘 모르겠습니다.

…

과제 12-1 위 대화의 남은 부분을 읽어보아라.

참고문헌

김응태 · 박승안(2002). 정수론, 경문사.

박승안(2000). 대수학과 그 응용, 경문사.

박승안(2003). 암호학과 부호이론, 경문사.

신현용(2009). 교사를 위한 정수론 개정판, 한국수학교육학회 수학교사 시리즈8, 교우사.

신현용(2011a). 교사를 위한 추상대수학 제2판, 한국수학교육학회 수학교사 시리즈1, 교우사.

신현용(2011b). 교사를 위한 선형대수학 개정판, 한국수학교육학회 수학교사 시리즈7, 교우사.

신현용(2013). 교사를 위한 집합론 제2판, 한국수학교육학회 수학교사 시리즈 4, 교우사.

신현용 · 서보억 · 나준영(2013a). 수직선 위의 화살표, 대한수학회소식 제148호, 대한수학회.

신현용 · 서보억 · 나준영(2013b). 수직선 표기법에 대한 분석 연구, 수학교육학연구 제23권 제2호, 대한수학교육학회.

신현용 · 신혜선 · 나준영 · 신기철 (2014). 수학 IN 음악, 한국수학교육학회 수학교사 시리즈12, 교우사.

신현용 · 유익승 · 문태선 · 신실라 (2014, 출간예정). 수학 IN 디자인, 한국수학교육학회 수학교사 시리즈13, 교우사.

허민 역(2000). 오일러가 사랑한 수 e, 경문수학산책16, 경문사.

Descartes, R.(1952). Arguments, Great Books of the Western World Vol 31, Encyclopaedia Britannica, INC.

Euclid(1952). Elements, Great Books of the Western World Vol 11, Encyclopaedia Britannica, INC.

Newton, I.(1952). Optics, Great Books of the Western World Vol 34, Encyclopaedia Britannica, INC.

Spinoza, B.(1952). Ethics, Great Books of the Western World Vol 31, Encyclopaedia Britannica, INC.

찾아보기

| F |

| G |

| H |

| I |

| K |

| L |

| M |

ㅁ

ㅂ

ㅅ

- 신 현 용 (한국교원대학교)
- 이 지 영 (경기도교육청)
- 강 호 진 (경기도교육청)
- 김 지 영 (서울특별시교육청)

한국수학교육학회 수학교사 시리즈 11

초등학교 교사를 위한 수학개론

2014년 2월 25일 초판 발행
2023년 9월 25일 초판 2쇄 발행

저 자 / 신현용 · 이지영 · 강호진 · 김지영
발행자 / 오판근
발행처 / 교우사

주 소 / 서울특별시 동대문구 약령시로 8 교우빌딩 2층
전 화 / 925-2861~2, 편집부 / 925-2825
팩 스 / 070-7966-8610
E-mail / kyowoo@kyowoo.co.kr
http://www.kyowoo.co.kr

등록 / 1994. 3. 24 제6-0256호

ISBN 979-11-251-0021-8 (93410)

값 22,000원